上海助力打赢脱贫攻坚战口述系列丛书

黄浦的责任

中共上海市黄浦区委党史研究室 编

上海人民出版社　　学林出版社

主　编　张　健

副主编　沃成忠　赵　兵　黄　峻

编写组　马亦男　孙志军　李青芸　陆　晨
　　　　周　敏　胡永隽　俞　凡　彭　华

全面小康路上黄浦担当

（代序）

　　1993 年以来，黄浦区（含原卢湾区、南市区）根据中央精神和上海市委、市政府部署要求，深入扎实推进对口援助西藏日喀则、新疆阿克苏和喀什、重庆万州、云南普洱、青海果洛等地。在组织实施过程中，坚持选优配强干部，做好服务保障，充分调动对口援派干部的积极性、主动性和创造性；坚持以项目为抓手，落实资金，强化管理，做优做实项目；坚持以改善生产和生活条件、促进经济和社会可持续发展为主攻方向，点面兼顾，长短结合，全面深化各项扶贫工作，重点推进农村建设、产业发展、教育支援、医疗帮扶、安全饮水、安居富民工程和异地搬迁后续配套等，努力体现帮扶实际效果；调整转变扶贫协作工作的理念，在强化外部"输血"的同时，更注重增强援助地区内在的"造血"功能，实现更大程度和更广领域内的自主发展，惠及更多百姓。近三十年的接续奋斗，黄浦区为对口支援地区打赢脱贫攻坚战做出了积极贡献。

拿出真金白银投入项目建设

　　对口支援工作是国家交给上海的光荣任务，黄浦理应挺身分担。黄浦区对口支援的大多是边疆及少数民族地区，当地基础设施薄弱，生产和生活条件总体落后。根据援助地区需要，安排建设项目是见效较快的帮扶措施。我们本着量力而行、尽力而为的原则，挤出资金，安排解决当地急、难、愁、盼问题的建设项目，拿出真金白银，快速组织实施，千方百计支援贫困地区建设发展。多年来，以政府财政资金为主，同时动员筹集社会资金，实施了涵盖教育基础设施建设、医疗服务能力提升、群众居住条件改善、城乡交通设施完善等一大批重点建设项目，着力改善受援地群众生产生活条件，解决贫困群众居住难、行路难、看病难、上学难等重大问题。

1992 年，党中央、国务院做出开展全国对口支援三峡库区移民工作的重大决策。同年，上海市委、市政府确定黄浦、嘉定区对口支援万县市，卢湾、宝山区对口支援万县。万县市和万县（后改为万州区）位于三峡库区腹地，是移民安置任务最重的地区。黄浦区政府针对移民数量大、企业搬迁多、搬迁难度大等特点，坚持把对口支援重点放在移民新城建设、社会事业配套项目援建和民营企业搬迁建设上。特别是 2013 年，上海根据对口支援工作的实际需要，确定由黄浦区单独承担对口支援重庆万州的任务。黄浦区启动了万州移民安置小区帮扶项目的调研和规划，每年拿出大量资金帮扶移民安置小区建设，一大批基础设施、公共服务配套项目相继建成。本着"先行先试"的原则探索新农村建设，在村镇社区实施居民点改造、特色产业基地建设、公共服务设施建设等项目。试点村和社区的基础设施条件变好、主导产业规模变大、村庄面貌变靓，一些项目成为重庆市新农村建设的先进典型，收到了面上出经验、点上出形象、群众得实惠的良好效果。除此之外，倾情支持社会事业发展，援建黄柏乡希望小学、新田中学教学楼和上海中学体育场、教学楼、食堂，援建燕山乡敬老院，帮助新田卫生院、溪口卫生院、燕山卫生院改善卫生医疗条件；援建大安镇茶叶基地等一批优质农产品基地的交通路网、水利灌溉等基础设施。如今的万州城乡面貌发生了翻天覆地的变化，库区移民已经从搬迁安置转入安稳致富的新阶段。

1994 年，中央召开第三次西藏工作座谈会，明确"分片负责、对口支援、定期轮换"的援藏方针。黄浦区贯彻落实党中央、国务院关于对口支援西藏的重要指示，积极开展援藏工作，投入资金 2084.87 万元，结合当地社会经济发展、基础设施建设等情况，重点实施让农牧民受益的实事工程项目，先后援助和援建定日县扎果乡卫生院，定日县南果乡希望小学，定日县安康工程建设，定日县图书馆修建工程，定日县行政服务中心设备添置，萨迦县敬老院建设项目，日喀则地区人民医院医疗设施建设，萨迦县民生项目建设，定日县藏民幼儿园扩建工程，萨迦县粮油转化工程等。这些项目的实施，对巩固基层组织政权建设，改善各项基础设施，增强经济发展后劲，推进教育文化事业发展，改善农牧民生产生活起到了十分重要的作用。2013 年上海市对口支援与合作交流工作小组专题会议决定，黄浦区从西藏日喀则地区撤出。

1996年3月，中央政治局常委会议专题研究新疆稳定工作，作出了"培养和调配一大批汉族干部去新疆工作"的决定。黄浦区委、区政府非常重视援疆工作，自1997年至2013年，先后选派了七批次29名干部到阿克苏地区和喀什地区工作。在阿克苏地区，重点推进新农村重点镇村建设，援建一批文化、卫生、教育事业项目，帮助当地实现"五通"（通水、通电、通路、通电话、通广播电视）"五有"（有学校、有医疗保障，有科技文化室、有集体经济收入、有强有力的村级领导班子）目标，在喀什地区叶城县，重点扶持安居富民和定居兴牧工程、产业发展等项目，为阿克苏地区和喀什地区的经济社会跨越式发展和边疆地区社会稳定作出了积极贡献。2013年上海市对口支援与合作交流工作小组专题会议决定，黄浦区从新疆叶城县撤出。

黄浦区1996年起对口帮扶云南省澜沧县、孟连县，后来江城、西盟、景谷县陆续成为黄浦区受援县，帮扶县达到5个。在云南，重点实施整村推进重点村、安居温饱村、小康示范村以及卫生教育基础设施等一大批项目建设。至2017年，共实施安居温饱试点村110个，实施整村推进项目208个，小康示范村2个，新纲要示范村8个；建成白玉兰村级卫生室73个、2幢医技楼，扩建乡镇卫生院2所；建成希望小学56所，支持"一师一校"小学16所，开展"1+1"助学、结对帮助2030名贫困学生，改善3860名贫困学生的就学条件。云南省普洱市澜沧拉祜族自治县竹塘乡云山村云山自然寨是典型的拉祜族聚居村寨，由于交通、水利等基础设施滞后，以传统种植产业为主，经济结构单一，能级低，加上内生动力不足等诸多因素制约，是典型的"少、山、穷"地区，群众生活极为困难，仅能满足基本的口粮需求，绝大部分群众处于深度贫困状态。在黄浦区政府和社会各界的支持下，投入大量资金实施云山自然寨整村改造提升扶贫项目，主要实施农村安全饮水工程、村内道路硬化工程，新建民房、雨污排水沟、家庭化粪池等民房改造和基础设施建设，有效改善了群众的生产生活和环境卫生条件，根本上改变了云山寨人畜混居的状况，村容寨貌焕然一新。

2010年1月，中央召开第五次西藏工作座谈会，确定上海对口支援青海省果洛藏族自治州，果洛州玛多县成为黄浦区重要对口支援地区之一。自此，按照上海、青海两地开展对口支援工作的要求，坚持以当地的实际需求为基础，以改善基层群众的生活条件为出发点开展对口帮扶工作，援建项目资金坚持"80%向基层倾斜，80%向民生倾斜"。援青干部深入玛多第一线开展实地调研，了解高原群众最迫切的需要，把有限的资金重点放在改善当地各族群众基本生活条件、提高公共服务能力等方面。先后援建了玛多县城乡公交客运总站、玛多县牧民综合服务中心、玛多县村级服务点等建设项目。还投入大量援建资金用于实施农牧民定居点标准化建设，改造农牧民定居房配套设施，建成道路、给排水设施、村民活动中心、公厕等一批基础设施，改善牧民人居环境，提高牧民的生活水平。至2020年，累计实施对口支援项目61个。在上海对口支援下，玛多县紧抓机遇，努力加速发展，教育、文化、医疗、基础设施、公共服务等方面已全面提升，城乡基础设施建设日趋完善。

提供优质资源补短板惠民生

黄浦作为上海中心城区的核心区，社会事业资源丰富，基础深厚。发挥黄浦社会事业发展优势、资源优势，提高对口支援地区的教育医疗条件和水平，成为对口支援工作的重中之重。黄浦区集聚教育、卫生优质资源，广泛开展对口地区结对帮扶活动，加强双方交流交往交融。尤其是近年来，援助方式由相对单一的以财力支持为主的硬件建设拓展转变为以师资交流、人才培训、理念提升为主的软件支持，通过互派人员跟岗学习、专家巡回讲学、巡回医疗等具体举措，开展教育扶贫、医疗扶贫，对口支援内涵不断丰富，成效日益显著，受到当地干部群众的欢迎。

在教育支援方面有很多亮点。重庆市万州第五中学，原来是一所万州公认的最为薄弱的以初中为主的完中，因属三峡工程二期水位全淹学校，学校整体搬迁到百安坝上海大道298号，更名为"重庆市万州上海中学"。从1997年开始，上海市、区两级政府出资援助建起了办公楼、教学楼、学生食堂、塑胶运动场、科技楼、学生公寓、多媒体教室等主体建筑，赠送了大量电脑、图书和校服。2009 年 7 月开始，卢湾高级中学与万州上海中学"结对子"，实施人才交流，两校约定，万州上海中学每年派两批教师赴卢湾高级中学培训学习，卢湾高级中学每年派专家组到万州上海中学示范指导。卢湾高级中学还不定期通过名师录像课、互联网远程课程等方式，保持与对方的密切交流。此后，上海市大同中学也与万州高级中学结对共建。十几年间，万州上海中学实现了从一所薄弱学校到万州区级重点学校、再到重庆市级重点学校的跨越式发展。除此之外，卢湾初级中学与万州五桥初级中学、蓬莱路幼儿园与万州飞士幼儿园、青少年科技活动中心与万州区少年宫都建立了合作共建关系。近年来，黄浦区挑选区内 5 所中学、5 所小学与普洱市 5 县，按照一县一中学、一县一小学开展结对帮扶活动；推动大同集团教育品牌输出，帮扶西宁果洛中学。2016 年 11 月，区教育局从教育系统内精心挑选出一批业务能力强、教学管理经验丰富的优秀校长和教师组成黄浦区教育专家团，赴普洱开展了为期一周的校长和骨干教师的培训，赴澜沧县和孟连县开展教师培训工作。在此基础上，每年在帮扶项目中都把校长、教师进修培训项目放在重要位置，先后有 80 余名普洱的中小学校长、教师赴黄浦区进修、学习，跟班锻炼，在长期的交流交往中把上海成熟的教育和管理理念带到贫困地区，带动当地教育事业的发展。

医疗支援方面也有典型事例，一个是万州上海医院，位于五桥百安坝三峡移民新城中心，原先是一所乡镇卫生院，1993 年前后被列为上海市对口支援重点项目。领受任务后，黄浦区积极参与医院软硬件建设。至 2013 年，该院已成为集医疗、康复、教学和社区卫生服务为一体的二级甲等综合医院，承担三峡库区 10 万余移民和万州江南片区及周边地区近 200 万人的医疗急救、防病防治及对基层卫生院的业务指导任务。另一个是双河口街道的项目，双河口街道是万州区规模最大的三峡移民安置小区，是典型的城乡接合部，医疗卫生服务设施落后，当时辖区 7 万多人还没有一所二级医院。黄浦区重点支持街道社区卫生服务中心建设，自 2013 年起，连续三年累计投入 700 万元，用于改善医疗设施环境、新建医疗科室以及提高诊疗技术。2016 年，中心就诊人次比改造前增长 48%，诊疗次均费用减少 8%，住院次均费用下降 13%。这一援建事例得到国务院三峡办和上海市领导的高度肯定，该中心成为国务院三峡办指定的小区帮扶示范点。在玛多，2017 年开始，每年援助实施传染病攻坚及防控项目，开展以包虫病、结核病、乙肝、性病等传染病为主的筛查、病患管理、治疗以及病源防控及健康预防教育等工作，有效控制四大传染病发病率，保障广大人民群众身体健康。

近年来黄浦区启动对云南省普洱市的精准医疗扶贫行动，推出 5 所医院分别与普洱市 5 县，按照一县一医院开展结对帮扶活动，其中，黄浦区香山中医医院与景谷县中医院、瑞金康复医院与江城县人民医院、瑞金医院卢湾分院与澜沧县第二人民医院、上海市第九人民医院黄浦分院与孟连县人民医院、黄浦区中西医结合医院与西盟县人民医院开展结对帮扶活动，至 2020 年已组织三批援滇医疗队分别前往对五县，帮助受援医院推广新技术，拓展新业务。医务人员结合当地医院需求开展切实有效的帮扶工作，通过出资购买专业书籍，开展业务讲座、拓展服务范围等发挥传、帮、带的作用，协助提升医务人员的专业水平，提升当地的医疗卫生服务能力。

突出产业扶贫增强造血功能

习近平总书记指出，"产业扶贫是最直接、最有效的方法，也是增强贫困地区造血功能、帮助群众就地就业的长远之计。"随着对口支援的不断深入，黄浦区的扶贫方式已经从过去的"输血"转变成"输血"与"造血"相结合、更加注重帮助贫困地区增强"造血"功能的阶段。增强造血功能的重点是突出扶持当地产业发展，提升贫困地区的经济自主增长能力。黄浦区结合帮扶地区的实际，利用资源，抓好示范，培育产业，开发市场，带动发展，把产业扶贫作为对口支援工作重点，立足受援地本区县的资源禀赋和产业特点，大力发展具有比较优势的产业，力争每个贫困村都有一至两项优势主导产业。

在三峡移民迁建过程中，库区原有的工矿企业被大量关停，为了重建库区产业体系、带动移民就业，黄浦区每年拿出资金支持三峡移民区产业建设。先后修建了 23 万平方米的标准厂房，帮助他们筑巢引凤，成功引进法国施耐德、广东雷士、三雄极光等一批知名企业入驻，目前该基地年销售额超过 80 亿元，每年贡献地方财政收入近 3 亿元，提供就业岗位 1 万多个。上海市、黄浦区援建三峡移民就业基地，无偿援助资金 1.37 亿元。鼓励和引导企业到万州投资，2014 年，动员优质区属企业全国珠宝首饰行业龙头企业上海老凤祥有限公司进入万州，并于次年将公司西南地区总部设在万州，现在已布局 50 余家网点，带动了上下游产业发展和当地群众就业。在农村地区，帮助当地提高农业产业化水平，援建长岭镇中药材种植基地、太龙镇和黄柏乡古红橘基地、孙家镇猕猴桃基地、甘宁和龙沙镇现代农业园等一批农业产业化项目；帮助和引导万州优质农产品太白银针茶叶、红心猕猴桃、大红袍红橘、白羊柠檬、玫瑰香橙、鱼泉榨菜等进入上海市场。

在云南，帮助孟连、澜沧两县建起了咖啡基地和咖啡豆加工厂，帮助孟连县建造饲料加工厂，帮助澜沧县惠民茶厂进行技术改造；扶持建设沪滇合作澜沧种猪分厂，带动了澜沧县养殖业发展，促进了生猪优良品种的推广；还建成茶园、石斛基地、火龙果基地、砂仁基地等产业项目。在实施云山自然寨整村改造提升项目中，按照人畜分离的标准新建生猪养殖圈舍、肉牛养殖圈舍，帮助云山寨发展花椒、苹果梨种植，调整落后的产业结构，云山自然寨年人均收入从 2017 年项目实施前的 3198 元增长到 2018 年底的 4235 元。产业项目的实施增强了贫困群众的自我发展能力，切实提高了贫困地区的"造血"功能。

青海玛多自然条件严酷、产业单一、就业渠道狭窄，面对这样的发展困境，对口支援从产业扶贫入手，帮助发展高原生态畜牧业。玛多花石峡镇日谢村依托"玛多藏羊"资源优势，于 2010 年成立日旁同兴合作社，按照"整合资源、集中发展、入股分红"的原则运作，统一管理牛羊养殖，带动牧民增收致富。2017 年开始，黄浦区每年在日谢村投入资金改进基础设施，修建暖棚、饲料棚、奶站，购买母畜，不仅提高了产能，在仔畜成活率、抵御自然灾害、动物防疫等方面也发挥了极为重要的作用。2017 年至 2018 年短短一年时间，合作社分红利润增长 4 倍，突破百万元大关。

提升"造血"功能的另一个有效手段是培养人才。对口支援地区的贫困，很大程度上是素质型贫困，安稳致富，人才资源是重要保障。黄浦区每年选派优秀青年干部到受援地区挂职，采取多种渠道和形式，为对口支援地区培训党政干部、教师、医师、社区管理人员等。近年来，本着"扶贫先扶智、扶贫先扶志"的理念，着力智力扶贫，推进人力资源开发工作，持续加大对对口地区干部人才来沪培训力度，黄浦区委组织部、区委党校、教育、卫生等部门，接受云南普洱、青海果洛、重庆万州三地人才来沪培训、挂职、进修，精选黄浦区优秀教师、医生，组成讲师团、医疗团赴对口地区开展讲学和巡回医疗活动，提升对口地区干部人才的能力素质。2018 年实施人力资源开发项目 26 批 2240 人，其中由黄浦区教育局实施培训共 8 批 1842 人，由黄浦区卫计委实施培训 9 批 157 人，培训规模达到历年之最。各相关部门把为对口地区实施培训作为自己的任务，悉心筹备准备、精心组织实施、热情安排接待，将贫困地区干部当作自己的干部一样对待，从课堂教学、实地见习到生活保障，处处体现黄浦区对贫困地区脱贫攻坚的倾情支持，人才培训工作初见实效。

挂图作战聚焦脱贫攻坚

党的十九大明确把精准脱贫作为决胜全面建成小康社会必须打好的三大攻坚战之一，做出了新的部署，要求未来三年集中力量攻克贫困的难中之难、坚中之坚，如期实现第一个一百年奋斗目标。当时黄浦区对口帮扶的 3 省市 7 个县区还有 18.7 万多农村贫困人口需要脱贫，其中云南省是全国脱贫攻坚的主战场，青海果洛州贫困程度深，脱贫难度大，黄浦区肩负着艰巨、复杂的脱贫攻坚任务。黄浦区坚决按照中央《关于进一步加强东西部扶贫协作的指导意见》《中共中央国务院关于打赢脱贫攻坚战的决定》精神，认真贯彻落实上海市对口支援与合作交流工作领导小组的工作部署，黄浦区全力以赴做好对口支援帮扶工作。抓好重点任务，聚焦帮扶地区需求最迫切、群众最期盼的问题，确保帮扶资金拨付到位、项目如期完成，多渠道促进贫困人口就业，努力开创优势互补、互利共赢的合作新模式。2020 年以来，克服疫情的不利影响，巩固发展脱贫成果，在脱贫攻坚战中展现了黄浦的智慧与担当。

援助资金方面，全区上下全面投入，项目资金全面落实。区委、区政府领导亲自部署、调研、考察工作，区四套班子领导带头参与，全区各部门、街道积极行动，健全工作体系，明确责任分工，建立制度规范，制定规划计划，落实问题整改，形成全区上下全面投入脱贫攻坚行动大格局。为更好地助推对口地区打赢脱贫攻坚战，把资金用在刀口上，黄浦区组织相关部门赴对口地区实地调研，实地对接对口帮扶工作。对口支援地区政府扶贫部门围绕脱贫攻坚任务，分层分类统计援助项目，建立项目数据库，提高申报项目的精确性。赴对口支援地区的挂职干部，深入贫困乡镇，进村入户，摸清当地情况，了解当地急需，为精准制定扶贫协作和对口支援项目资金安排提供资料。黄浦区还以党建共建为引领，充分发挥政府财政资金杠杆撬动作用和区域化党建平台作用，引领社会组织和爱心企业参加对口支援工作，形成了政府主导、社会参与帮困、市民奉献爱心的"大扶贫"局面。

援助项目方面，做实"携手奔小康"结对帮扶行动，开展"街镇结对""村企结对""学校、医院结对"等各项工作。在落实"规定动作"的基础上，黄浦区开发"自选动作"，创新帮扶模式，动员和引导区域各类企业，响应党和国家的号召，履行社会责任，开展精准帮扶。2018年开始，实施"百企结百村"结对签约工作，组织区域内100家国企和民企结对普洱市的澜沧、孟连、江城、西盟和景谷等5个县100个深度贫困村，各类企业积极响应，每家每年拿出15万元帮扶174个贫困村。启动实事帮扶项目，通过"三带两转"，即带人、带物、带产业，转观念、转村貌，运用企业资源帮助贫困乡村培育创业致富带头人，基层党组织领路人，帮助贫困地区开展劳动技能培训，组织引导贫困劳动力转移就业，两年里，援助专项资金395万元，组织企业提供4090个劳动岗位，带领用工企业、劳务公司赴对口帮扶地区举办15场劳动招聘会，成功引导314名劳动力到上海就业，帮助培育一批农村创业致富带头人，有关经验做法入选国务院扶贫办扶贫工作培训教材。2019年，黄浦区发改委成功引导德勤管理咨询公司与普洱市签约，为普洱市产业发展提供顶层设计。

积极开展消费扶贫，全力做好对口地区农产品的销售和对接工作。多方寻求打通对口帮扶地区特色产品入沪渠道的方法，开展对口地区农特产品进机关、进社区、进楼宇等行动，全区各重点商圈及国有菜市场增加消费扶贫专柜，直接联结贫困县、贫困村和贫困人口的产品与服务。此外，依托"消费扶贫公益活动""对口地区特色产品展销会""百县百品"精准扶贫行动等平台和抓手，为对口地区特色产品展示、宣传推介、销售、体验、产销对接、公益活动等提供有力支撑，提升商品在沪知晓度、美誉度，推动对口地区农特产品走进上海、走向全国、甚至走向世界。

贯彻落实党中央关于加强东西部协作、开展就业扶贫的总体要求，深化劳务协作。黄浦区政府秉承"当地所需、黄浦所能"的原则，在上海市统筹的基础上，筹集区级财政资金，帮助做好普洱地区的就业精准扶贫工作。加强贫困劳动力技能培训，对有意向的创业人员进行创业能力培训，通过家门口创业的方式带动就业。组织就业招聘，区人社局利用媒体优势，发布岗位信息，介绍在沪工作生活情况，组织企业赴普洱举办招聘会，2019 年吸引 704 名贫困劳动力成功签约。今年疫情期间，黄浦与猎聘网等互联网企业合作，通过网络招聘，"点对点，一站式"服务，成功引导 298 名普洱市贫困人口来沪复工。帮助就地就业，制定补贴政策，就地创设公益性岗位和就近临时安排工作岗位，2019 年帮助实现就地就业 4381 人。

目前，黄浦区对口的 1 区 6 县中，重庆万州区"国家连片贫困区"已于 2017 年 11 月摘帽，青海玛多县于 2019 年 3 月公示脱贫，云南的景谷、江城、孟连、西盟四县先后实现高质量摘帽，澜沧县也已通过第三方评估，胜利在望。

路漫漫其修远兮！今后，黄浦区将按照中央精神和上海市委、市政府的要求，充分认识对口支援工作面临的新形势、新任务、新要求，继续深化与对口帮扶地的交流合作，以巩固脱贫成果，推动受援地区实现高质量发展和高品质生活为目标，站在全国"一盘棋"的高度，更好地展现黄浦的责任与担当，同全国人民一道谱写中国特色社会主义现代化强国建设的新篇章。

（编写组）

目 录

CONTENTS

终身受益的援藏三年

王家栋，1953年10月生。曾任卢湾区民防办主任。1995年5月至1998年5月，为上海市第一批援藏干部，挂职担任中共西藏自治区日喀则地区定日县委常务副书记，分管组织、宣传和纪检工作。

口述：王家栋
采访：周　敏　马亦男
整理：马亦男
时间：2020 年 3 月 18 日

1994 年 7 月，中央召开第三次西藏工作座谈会，座谈会上发出了"全国各地方和中央各部门都要齐心协力共同支援西藏的建设，共同促进西藏的发展"的号召，更进一步明确了"分片负责、对口支援、定期支援、定期轮换"的援藏方针。1995 年 5 月，我作为上海市第一批援藏干部来到西藏日喀则定日县担任县委副书记，主要分管组织、宣传和纪检工作。在世界第三极的雪域高原，面对珠峰脚下特殊自然环境的挑战，为加快定日县经济社会发展，促进民族团结进步贡献出自己一分力量。

主动接受挑战

1995 年第一季度，上海开始选派年轻干部去西藏对口支援。这年的开春后不久，卢湾区召开传达贯彻中央西藏工作座谈会精神的会议，动员党员干部报名，重点鼓励 45 岁以下有一定工作经验的干部主动报名支援西藏。我当时担任卢湾区民政局副局长，也参加了区里的会议。会上我就想，自己基本条件是符合的，也许可以试一试。几天之后，我主动向组织部领导表达了我的意愿，后来正式报了名，再后来经过体检、面谈，顺利通过组织挑选，我如愿走

上了援藏的道路，来到了珠峰脚下的定日县。

　　定日是日喀则几个县里条件最恶劣的，大家开玩笑说这里的环境是"风吹石头跑，氧气吸不饱，四季穿棉袄"，就是说树木植被少，空气中含氧量低，日夜温差大，平均气温低。刚到那里的时候确实很难适应，定日县平均海拔5000 米，县城驻地也要 4300 米。这里气候干燥，常年缺雨水，县城四周是光秃秃的山，灰蒙蒙看不见绿色。县城很破旧，只有一条土路，两边都是泥土房子，只有县政府是两层楼水泥房。这些对于从小生长在沿海地区发达城市的我来说，落差实在很大。一上高原，头胀、失眠、噩梦、鼻子流血等反应很快就找上来，但我最终用坚强的意志和毅力战胜了它。我反复告诉自己，你在这里工作不是干三天，三个月，而是整整三年，尽快适应这里的自然环境才能逐步开展各项工作。经过快半个多月的边工作边调整，高原反应终于减轻，我的身体慢慢适应，可以正常开展工作了。

　　不过身体的不适可以慢慢习惯，远离亲人和家乡的思乡痛苦却很难排解。我排遣思乡之情的办法就是写信。在西藏我写了好多信，给爱人写，给朋友写，给上海的同事写，在交流思想诉说情感中度过一个个漫长的夜晚，援藏生活也显得更加的充实。

除此之外，给我最大慰藉的是我们上海援藏干部活动的"总部"，也可以说是我们援藏工作的"前线指挥部"。第一批援藏干部的总领队是上海派驻日喀则，担任地委副书记的徐麟同志。援藏干部联络小组组长会议定期在徐麟的住所召开，分析干部队伍的思想状况，研究工作重点和下一步工作打算。我们援藏干部经常在这里碰头交流各自岗位上的工作经验，畅谈工作中的体会，促膝探讨人生观价值观。这个住所也是我们援藏干部的一个"驿站"。我每次从外地出差回来，或者从县里到日喀则开会，总会到这里歇一歇，挂个电话给家里报平安，看望一下在日喀则的同志，通报一下在县里工作同志的情况。我们同一批来的援藏干部都喜欢到这里来，不论是在日喀则工作的，还是江孜、亚东、拉孜等其他几个县工作的，每逢节假日，同志们都会聚拢来，看电视，打牌，下棋，复盘评点，切磋交流，暂时忘却了高原艰辛和思乡之苦。刚从上海回来的同志会带来家乡的食品招待在日喀则的战友，喝着"王朝"，吃着"黄泥螺""醉蟹"，再说说上海的变化，算是在艰苦的生活和工作环境中的一丝安慰，共同战斗的氛围和"大家庭"的温暖，给我在珠峰脚下工作和生活增添了战胜困难的信心和勇气。

争取珠峰大本营管理权

我在西藏做的最骄傲的一件事情，就是推动珠峰大本营管理权限下放到县里。定日县境内8000米以上的高峰有4座，珠穆朗玛峰就位于定日县，海拔5200米的珠峰大本营位于定日县曲当乡的嘎玛沟地带，可以说定日是中外旅游者登山探险、科研考察、观光旅游的必经之地。1988年，自治区政府设立了珠峰自然保护区，1994年，保护区升级为国家级自然保护区。

那时候，珠峰大本营的管理和维护由自治区体委负责，我们就非常希望能把管理权限下放到定日县。我们有这几方面的考虑。第一，珠峰大本营自从开放以来，中外登山、旅游团队以及个人爱好者越来越多，管理维护所面临的压力越来越大，珠峰的环境卫生状况日渐堪忧。解决这一问题的最好办法就是由定日县进行属地化管理，更便于了解情况、统筹维护；第二，自治区体委向游客征收的是登山费，但是很多人来珠峰不是为了登山，只是旅游观光；第三，

◀ 援藏干部研究定
日长远发展规划，
左一为王家栋

定日县是国家级贫困县，管理权限下放能够为县里争取更多的财力支撑，获得更多发展空间，有了发展才能带动其他方方面面。1995年定日县一年的财政收入总共才25万元，那时候，我们卢湾区民政局福利企业收缴的管理费也有25万，作为一个总人口4万的县，这么点财政收入什么事情也做不了。另外，环境维护、交通维护都需要人手，可以促进就业。总之，如果能把管理权限下放到县里，定日县的财政状况也会随之改善，解决贫困问题才有支撑，好处很多。

基于以上几点，我们下定决心要把珠峰大本营的管理权争取到手。我和县委书记一起起草报告，向日喀则地委行署汇报，再到自治区层面交涉协商，积极奔走，情况终于有所松动。到我们这批援藏干部离开的时候，管理权限还没下放，但第二批援藏干部接着上，一直坚持不懈地跟进，后来终于把这件事给办成了。珠峰大本营管理权下放县里，给定日县注入了强劲的活力。珠峰大本营管理费成为县域经济的重要来源，加上援建资金，定日的配套建设逐步跟进。可以说这件事情是由我们这批援藏干部起头做的，实实在在地促进了定日县的发展。

筹款建设珠峰路

我来的当初，定日县里没有像样的马路，县城的主干道是一条土路，人难走车难开，县城状况非常落后。游客要去珠峰游览也不会从定日县城中转，旅游车经过定日也不愿意开进县城里来，白白错失了很多潜在的发展机会。我们领导班子研究下来感觉，要改变县城面貌就必须铺一条柏油马路。想法是好的，但是没有钱。建一条柏油马路最起码需要50万，定日县一年的财政收入也就25万，经费哪里来？要知道，我们是第一批援藏干部，当时上海对口援藏的各项政策还没有落实，不像现在每年都有几千万的援助资金，我们那批援藏干部不带资金进藏，所以要做任何工程都得自己筹集资金。我们县委书记许一新是松江的干部，他提出让我们各回自己的区里去筹钱。定日县的上海干部分别来自松江、卢湾、普陀和崇明，我们给每个区派了50万元的任务，要求大家回到各自的区里筹钱。

1995年10月，我们组织了定日县党政代表团，由我带队回到上海筹集资金。说实话，当时大家心里都没底，90年代中期区一级财政也不宽裕，能不能拿得出50万？如果区里拿不出，该怎么筹集这笔钱？回来的路上我一直在盘算，甚至想到找企业去化缘。我之前在区民政局任职，认识一些企业家，要是区里没钱我也可以找他们募捐一点。回来之后，我向组织汇报了情况，区委开书记办公会议，区委张恭伟书记明确表态，"我们区派出去的干部，应该由我们支持解决"，非常爽快地同意了我的请求。区里从财政资金中拿出50万，落实了我们分配承担的份额。后来我也去找了几家企业的老总，他们纷纷慷慨解囊，为西藏发展做贡献。当时定日县的教学条件比较艰苦，几个年级的学生共用一个教室是常事，二三年级在一个教室里上课，四五年级在一个教室里上课，而且教室非常简陋，为了采光就直接在教室屋顶上开个洞，学生席地而坐。我回上海的时候把这个情况也跟区里反映，区教育局也资助了5万元，帮助我们实施"屁股离地工程"，就是给学生买凳子。这一趟我个人总共为定日县筹集了70万的援助资金，我们代表团总共筹集到了170多万元的援助款。

钱的问题解决了，我们又去争取了正在附近施工的武警部队公路支队承担施工任务。我们是在去日喀则联系工作的路上遇到武警部队的，向他们说明了情况后，武警战士积极支持，压路机、柏油材料全都由他们负责解决，特别是柏油，西藏买不到，要到内地运过来，武警部队公路支队一直在西藏搞各种工程，联系起来驾轻就熟，很快就搞定了这些工程上的事情。经过昼夜施工，两个月后，一条宽 10 米，长 1470 米的柏油马路出现在定日县县城，我们把它定名为珠峰路。几个月后，柏油马路两旁出现许多"新面孔"：饭店、百货店、蔬菜铺、卡拉 OK 厅……再过几个月后，有路过的旅游车开进县城来了。定日县的县城逐渐像样起来。

我们从上海"化缘"来的这笔钱，除了建珠峰路总共花了 80 万左右，剩下的近一百万还资助了 4 所希望小学，逐步改善学校的硬件设施。

培养选拔藏族干部

组织工作方面，三年里我为定日县起草了《县级干部廉洁自律的若干规定》《定日县干部建房的若干规定》《定日县干部在经济交往中的若干规定》和县三套班子联席会议议事规则等一系列规章制度，帮助当地完善各项规章制度，也算是把上海的先进工作制度和经验带到了西藏。

藏族干部都很好相处，他们大部分都年轻而充满朝气，干劲十足。印象最深的是一位叫明玛的藏族女干部。定日县长所乡非常贫穷，当地要发展，必须解决用水问题。早在我们去之前，定日县就实施了长所水利干渠工程，明玛任水利队队长，负责这个项目的攻坚。县里组织了大量民工会战长所，高峰时期上工程的工人多达 2800 人。明玛同几个技术员，白天在外测量，晚上伏案计算，一天工作 12 个小时以上，吃住全在工地，艰苦的野外作业让明玛身患多种疾病，但她依旧坚持冲锋在第一线。在她的带领下，1995 年全长 35 公里的长所干渠全线贯通。为此，我起草了《向定日县水利队队长明玛同志学习的决定》《表彰定日县明玛等九位同志决定》等文件，号召大家向她学习。

西藏还有很多像明玛这样的干部，他们思想活跃，积极主动，但是由于定日地处边陲，各类信息、书籍来源较少或滞后，干部的思想观念、政治素养与

◀ 在县中学表彰会上为先进教师戴哈达

东部沿海还是有差距的。我要做的就是要好好地团结他们、带动他们，引导他们进一步发挥定日县主人翁精神，加快脱贫步伐。为此，我还经常组织当地干部搞些活动，中华人民共和国对香港恢复行使主权的时候组织他们收看政权交接仪式，1998 年第十六届世界杯足球赛的时候组织年轻同志观看比赛，等等，尽我所能为他们创造条件开阔眼界，增进感情。

在定日县担任县委副书记期间，我还主持并参与了定日县乡镇干部换届工作。1996 年上半年，定日县乡镇党委、人大、政府换届，根据地委组织部的要求，要对乡镇干部进行下乡考察。我和县委组织部副部长组成一个工作组，开着车下乡实地走访、交流、谈话，考察干部和班子情况。那段时间，我们连续十几天都在乡里，白天不停地与干部谈话、交流，晚上十点钟才休息。乡里的物质条件非常艰苦，我们和当地藏民一样吃住，饿了就着水吃两口糌粑，困了就和衣而卧。就这样没日没夜地连轴转，连续两个多星期，把几个县的乡镇干部情况摸个遍。和我一起下乡考察的一位藏族干部跟别人说，王书记真能吃苦，这么没日没夜地干。但我想的是，定日县是个有着 130 公里边境线的大县，基层干部的政治素养和才干直接关系到祖国边疆的稳定，因此对当地干部的选拔任用一定要慎之又慎，只有认真透彻地摸清楚每个人的具体情况，才能为顺利做好乡镇换届工作提供坚强的组织保证。

维护边疆稳定

我们在西藏还有一项主要任务就是保持西藏稳定，加强民族团结和维护国家统一。西藏是我国神圣领土不可分割的一部分，藏民族是祖国民族大家庭中不可缺少的一个成员，面对任何分裂祖国的阴谋，我们都要做坚决的斗争。我在定日三年的工作，坚决贯彻执行这一中心思想。

当时为了统一思想，县里面要召开机关干部大会，把整个县里的人都召集起来传达中央和自治区的指示精神。定日县1.39万平方公里，有两个上海那么大，当地又交通不便，道路艰难，交通工具落后，召集一次全体干部大会相当不容易。但稳定当前，会议是必须要开的。我们拟定计划，提前一个礼拜写好通知，专门开车到每个乡里把通知发下去。等到开会前一两天，派拖拉机把书记、乡长们一个个接过来，每个乡一辆拖拉机，来了之后安排住在县里的招待所。开会那天，我做了主题发言，十分明确地要求全体共产党员在这场分裂斗争面前，一定要立场坚定，在政治上同党保持一致。在我们县委领导班子的共同努力下，定日县的整体情况还是比较稳定的。

回想这三年，始终感觉对家庭有所亏欠。但是为了祖国的边疆稳定，为了帮助西藏人民加快脱贫致富，我愿意到最艰苦的地方去。三年援藏，使我终身受益。

像建设自己的家乡一样建设西藏

　　黄建荣，1961年2月生。现任黄浦国有资产管理有限公司党委书记、董事长。1998年5月至2001年5月，为上海市第二批援藏干部，挂职担任上海市对口支援进藏干部联络组定日小组副组长，挂职担任中共西藏自治区日喀则地区定日县委副书记、常务副书记，分管教育、文化、卫生、宣传和县委办公室等工作。

口述：黄建荣

采访：周　敏　董海婴　王达新

整理：董海婴

时间：2020 年 4 月 9 日

　　22 年前的 1998 年，我作为上海市第二批援藏干部，挂职担任西藏定日县委常务副书记。从东海之滨来到雪域高原、珠峰脚下的定日，条件艰苦，环境陌生。定日属于高原温带半干旱季风气候区，昼夜温差大，气候干燥，年降雨量少，蒸发量大，日照时间长，年平均日照时间达 3393.3 小时，高原紫外线强烈，气温偏低，年平均气温 2.8—3.9 ℃。初到定日，巨大的反差，强烈的责任，我在全新的岗位上履职尽责，帮助当地发展经济，改善生活，像建设自己的家乡一样建设西藏，努力跑好自己手中的这一"棒"。现在回想起当年援藏的情景，桩桩件件，历历在目。

接受组织召唤

　　那年，按照市里要求，区里召开全区干部大会，进行援藏工作动员，鼓励符合条件的同志踊跃报名。得到这个消息后，我做了认真的考虑，论年龄和其他要求我符合，但是由于对西藏情况缺乏了解，要在那边工作三年，适应特定条件下的气候环境，自己心里也是没底，甚至有点担心。

　　当时有几个情况，促使我下定决心。当时号召学习孔繁森，他从山东到西藏工作了大概十五年左右，从一个普通的援藏干部成长为地委书记，舍小家为大家，毕生献给了西藏雪域高原。这个故事对我们青年人影响蛮大的。大家都以他为楷模，不仅要做好本职工作，关键时刻，能挺身而出，到祖国最需要的地方去。在这样的背景下，我感觉既然我符合条件，而且长期受党教育，关键时候应该冲出去。报名之前，我和家里也商量了，虽然父母 70 岁了，小孩才 10 岁，读小学。但想想这点困难每家都有，总得有人舍小家为大家，在基本做通家属工作后，根据组织要求我报了名，体检、面试、政审合格后，很快名单确定下来。

组织上很重视。我们区委、区政府专门召开了欢送会，我代表第二批援藏干部在大会上发言并表态。记得是 5 月 17 日，市政府在上海展览中心开了全市欢送大会，我们区里来了多位领导。我的父母、妻儿、姐姐、姐夫都来给我送行。现在回想起来，那时的场面很隆重热烈。

离开上海我们先到成都，在那里休整了三天，为接下来上高原做准备。5 月 20 日早上 6 点多，我们乘坐第一班从成都飞往拉萨的飞机。在海拔 3600 米的拉萨，第一次看到那边的蓝天白云，完全和我们这里不一样。

上海援藏的地区是日喀则。我们在日喀则地区政府所在地休整了五天，第一批援藏干部来迎接我们，与我们进行工作交接。

从拉萨到日喀则，是沿着雅鲁藏布江走，相对来说还有成段的柏油马路和水泥路，但从日喀则到我们定日县的 240 多公里距离就没有像样的路了，虽然是 318 国道，其实就是沙石路，很多路破烂不堪，如逢雨季更加泥泞难走，久居城市的人们可能无法想象那是怎样的路。

定日县海拔 4350 米，是上海对口支援的 4 个县中基础最差的一个，属国家级贫困县，海拔最高，经济最落后，工作、生活条件最差。那里流行这样一句话：光秃秃的山不长草，火辣辣的太阳不觉热，走上几十里路不见人。但是，既然来了，就让自己静下心来，按照组织要求，结合当地实际去工作，去完成好援藏任务。

面对一个个挑战

一到那里，有几个严峻而现实的问题即刻摆在了我们面前，给我们工作和生活带来很大的困难和挑战。

第一是缺氧。海拔每上升一千米，空气中的氧气含量减少 10%，4 千多米意味着含氧少去 40%，相当于只有平原地区 60% 左右。因为我个子大，消耗也大，整天气喘吁吁的，导致心跳加快，躺在床上心速每分钟 150 次。时常头疼，刚去的时候不适应，只能吃止痛片。空气特别干燥，鼻子出血。最难受最痛苦的是晚上睡不着觉，每天晚上看到床就发愁，没办法只能服安眠药，至少要吃三到四片后，才能半梦半醒到天明。就这样，进藏两个多月，体重一下子减了三十几斤。三个月以后才逐渐适应，对我来说这是蛮痛苦的一个过程。长时间缺氧，甚至对记忆力和注意力也会有一定影响。

第二是缺水。当时那边没有自来水，完全用井水，井水离我们住的地方比较远。通讯员每天给我挑水，水是很宝贵的资源，要反复用两三次，派好几次用场才倒掉。那里的井水中含氟量极高，不用牙膏也能将牙齿刷得白而亮。

第三是缺电。定日县几乎是电力供应最紧张的地方，刚去的时候几乎没电，后来用柴油发电机给我们县领导每天晚上供应两小时的电，大概在八点到十点之间。即便如此，也只能提供大概是 110 伏左右的低压电，电灯只亮了一半，就像我们小时候用煤油灯一样，半明半暗。后来我在拉萨买了一个变压器，用来升高电压，这样可以使电压调到 200 伏左右，但是电视机时常雪花状，很模糊。晚上大部分时间都要用蜡烛。我的寝室有三间房，一个客厅和两间房间，因为要来回走动，所以蜡烛要点上五六根，想想蛮浪漫的，其实就是满足基本的照明。

第四是缺通信。定日县地处偏远山区，当时对外联络通信很不方便。信息闭塞，只能看到当地报纸，电视又看不清，唯一对外联系的电话，全县只有两条电话线。我们平时对外联系是用电报，对乡镇是用单边机联系。我记得第一年，卢湾区体育局给我寄报纸，到我这里一般要半个月才会看到，尽管如此，至少我可以从中了解上海和外界的一些情况。记得我们去了大概十天半个月后，没办法对外联系，家里很着急。一个休息天，我们专门安排一位同志，守在电话机旁负责拨电话。半天才拨通一个电话，还是单通道的，只能听到对方讲话，对方听不到我们说话。所以后来我和家里说，如果我电话打过来听不到

▲ 1998 年 9 月，慰问藏族同胞

声音，就简单报个平安，说明我没问题就行了。这种封闭的生活既要适应，又要做好工作，还是蛮艰苦的。

我们刚到的时候，县里洗澡、理发的地方都没有。我们定日县援藏小组有七个援藏干部，来自松江、卢湾、普陀和农科院。我们在一起，发挥各自所能，有人负责烧饭，有人负责理发。临走前夫人教我学会了打针，想不到到了那里竟发挥了作用，我们当中有位兄弟，因有慢性疾病，每周需注射药物，我为他服务了三年，成了打针高手。最初我们都在县食堂吃饭，后来条件好点了，我们就买了一个柴油发电机和小冰箱，自己买点菜，冻起来，用来改善生活。

扎实做好援藏工作

我们先用两个多月的时间，跑遍了县里 21 个乡镇，49 个委办局。经过调研，我们制定了三年援藏工作总的发展目标，包括确定一些项目。这些工程有基础设施建设项目，也有社会事业发展项目。为了推进项目建设，落实资金是关键，我们通过努力多争取资金，多争取一些项目。另外我们还千方百计向上海对口支援单位争取资金。那个时候没有统筹政策，都是自己去争取的。

◀ 援藏干部检查义务教育工程建设情况

　　在教育方面我们还是花了蛮大的力气。那时很多适龄儿童无法上学，仅51%的入学率，还有一半的孩子流入社会。定日县是国家级贫困县，很多家庭很穷，孩子上不起学，所以我们千方百计创造条件，让他们上学。为此，我们在全县召开了教育工作大会，以县委、县政府的名义出台了一个加快定日县教育事业发展的实施意见，制定了三年目标、任务、措施，要求举各方面之力，千方百计地把教育事业从落后的状态改变过来。我们和乡党委、乡政府签订了责任书。教育局与各校签订教育工作目标责任书，实行分级办学、分级管理、分级负责措施。当时我们做了几项工作，从硬件方面，我们建了一所希望小学和3所义务教育点（即村教学点），置办桌椅板凳，解决学生屁股离地的问题。教学点虽然不像乡中心小学或完小那样设施完备，但也要想办法至少建两间房间，不让孩子露天上学。软件建设中，通过培训，进一步提高教师业务素质，组织部分骨干到上海培训，但更多是依靠日喀则地区教委，把我们的教师送出去，或者请他们过来培训，提高教师的教学水平和技能。千方百计帮助具备条件还没有上学的学生，完成九年制义务教育学习。我以前在卢湾区团委工作过，通过团区委，组织上海141名小朋友，与定日县的141名小朋友结对，开展1+1的手拉手活动，资助一些钱，让这些原本辍学的或者还没有上学的小朋友，重返学校，走进课堂。三年中，我们还争取到卢湾区教育局、体委提供的 24 台电脑，在县定日中学设了一个计算机房，让学生开始接触计算机。我们还争取到卢湾区教育局捐的 4000 多套校服，让定日县一半的学生穿上校服。在教育上面我们投入的比较多。三年援藏结束的时候，我们专门做了统计，当地学生的入学率从原来的 51% 提高到 72%，但是还没做到全部上学；巩固率从原来的 75% 提高到 96%，小孩子中途辍学的情况也有所改观。基本形成从村教学点到乡中心小学、完小、初级中学的教育网络。

在文化方面，我们是多争取设备，发展县里的广播电视。当时县里电视机只有三个频道，后来在上海东方广播电台、电视台，闵行区广电局的支持下，援助了一批广电设备，从原来 3 个节目增到了 13 个节目。记得设备来了以后和上海方面的人一块调试，搞到很晚了，当调出东方卫视时，我们一下子激动得跳起来，总算可以同步时间看东方卫视的节目了。后来有线广播也开始实行 24 小时播放，我们定日县还设了一个演播室，每周一次或两次播放县里重大事项和新闻。到我离开的时候已播出 120 多次。我们还用援藏资金建立了县文化中心，开设了图书馆、歌舞厅等。

在卫生方面，藏族同胞看病是很困难的，因为县与乡之间距离很远，交通也不便，也没有公交车，都是骑着驴或马，不知要走多少路才能看一次病。为缓解这一现状，我们新建了县人民医院，改善了当地的医疗条件，还建了长所、曲当和翁嘎等中心乡卫生院，并争取到上海捐助的部分医疗器械，初步形成乡、县两级卫生网络，基本解决了当地藏民看病难问题。

为了定日的建设发展，我们还积极争取自治区的项目支持。记得到定日县三个月后，大概在 9 月份，县里有个 4000 万的水利项目，但项目资金迟迟没批准下来。这个项目涉及自治区多个管理部门都要会签的，一圈下来，少了哪个章都不行。那时我们主动请缨去争取六个项目和资金。我与另一位从普陀区来的黄海威副县长一起到拉萨。找到了发改委、财政厅、建设厅等八个部门的主要领导，苦口婆心，据理力争，反复争取，最终顺利将项目和资金批了下来。

我们七个援藏干部来自上海不同的单位，在特定的时间、空间，因为特定的任务走到了一起，成为团结协作的命运共同体和配合默契的兄弟。因此，相互之间大事讲原则，小事讲风格，一个共同的想法就是把事情做好，把资金管好，坚决守好政治关、经济关、生活关。我们去的时候每年县财政收入才八十多万，连吃饭、工资财政都难以保障，老百姓人均年收入大概700多元，许多藏民家徒四壁，穷得叮当响。由于县里财力有限，很多事情没办法做。通过我们各种努力，使当地各项事业在原来基础上得到新的发展。

援藏花絮

进藏才2个月，即7月初，西藏进入雨季。县政府从单边机接到信息，地处中尼边境地区的绒辖乡，由于连日遭特大暴雨的袭击，洪水肆虐，河水猛涨，桥梁冲毁，道路中断，部分山体出现滑坡，乡政府所在地及周围群众的生命财产危在旦夕。县委、县政府立即召开紧急动员会，要求速派工作组奔赴灾区指挥抢险。我主动报名参战。

第二天一清早，我与常务副县长赶紧带上几箱方便面，在县公安局长和人民武装部政委的陪同下，赶往绒辖乡。绒辖乡是定日县中最偏远的地区，极为闭塞，一年之中有半年时间因大雪封山不通路。我们一路上顶风冒雨，一会儿颠簸在乱石滩上，一会儿爬行在陡峭的山坡上。途中不断有乱石从山上滚落下来。有时前方有巨石挡住去路，我们只得下车，齐心协力，肩扛手推，清除障碍。在翻越海拔6300多米的"富士拉"山时，更是风雪交加，冻得全身发抖，无法下车。就这样，我们冒着危险，顶着严寒，没有退缩，继续向前。车近绒辖沟的时候，由于路上不断有积雪产生，车子直打滑，随时都可能滑下山涧，发生车毁人亡的危险。

当车行驶到距乡政府还有15公里左右的地方时，发现前方的一座木桥早已被洪水冲得无影无踪了。幸亏乡党委书记带领一群藏族群众来接应我们，我们只能下车手拉手趟越急流，徒步前行，走走停停，停停走走，花了2小时才赶到目的地。

到乡政府已是晚上八点，我们不敢休息，立即由乡领导带路，冒雨察看受灾情况，听取详细汇报，制定了四条抢险措施，分成三组立即执行。到晚上十

◀ 在绒辖乡指挥抗洪救灾

点，各组传来消息，人畜全部撤离危险地带，暂无人员伤亡，这时我们才稍松了一口气。晚上躺在湿乎乎的有浓烈酥油味的床上，感到寒气逼人。半夜我梦中仿佛跌进了汽油缸中，猛地醒来，发现满屋弥漫着汽油味，观察许久，才发现我床头桌上的一盏熄了的汽油灯正在漏油，我赶紧打开窗户，将汽油灯拎到室外，望着同伴体乏熟睡的样子，暗自庆喜没用打火机，要不然后果不堪设想。

第二天雨小了，当我们准备返回时，乡政府院内早已聚集许多自发而来的群众，他们是来感谢我们的。

我在扎果乡有一个对口的扶贫点，从县里开车至少45分钟才到。我第一次去他们家的时候，乡里面党委书记陪同，当地藏民知道我是县里的领导，用藏语说大领导来了。这户藏民夫妇带着三个小孩，没有一个上学的，有两个是光着屁股的。家里没有牲口。没有牛羊就没有生活资料。家徒四壁，唯一值钱的就是一个热水瓶。房子很低，门更低，必须腰弯才能进去，这也是一种风俗，藏民感觉这个门开得太大，妖魔鬼怪可能会进去。牛粪羊粪混着放在屋里边，房间黑漆漆的，什么东西都看不清。主人特别好客，找了半天找出一只碗，往衣服上擦几下，然后给我倒了一碗酥油茶，茶的颜色呈咖啡色。后来知道，酥油茶是分很多档次的，颜色越深质量越差。但人家也是真心实意的，我不管怎样也要喝点。了解完他家的情况后，我表态说捐点钱，乡党委书记说，藏民的生活习惯是有钱了就买酒喝，如果真的捐献的话，钱给乡里，由他们作计划安排。我觉得有一定的道理。但是我当场提了几个要求，第一，具备条件的小孩子都要上学；第二，要给他们买牛或羊；第三，除了这家人家之外，其他人家乡政府也要给予更多的关心。我拿出 5000 元钱给了乡里，并表示过段时间还会过来看的。当我走出藏民家的时候，看到门口站了许多人，拿着钥匙排着队，不知所以。后来知道，大家都希望我去他们家里再看一看。这个情况说明，当地贫穷不是一个点的问题，是整个面的问题，需要帮助的人真的很多。

后来每年我都会到帮扶过的扎果乡那户人家去看一看。两年以后，在乡政府的努力下，藏民居住的房子得到了修缮。我帮扶的那家人家买了两头牛和十只羊，在他们家旁边增加了一片种植地，三个孩子其中两个大一点的都去上学了。

经历是一笔宝贵的财富

　　吕军，1967年11月生。现任金外滩集团副董事长、新黄浦置业股份有限公司监事会主席。2001年5月至2004年6月，为上海市第三批援藏干部，挂职担任中共西藏自治区日喀则地区受援办副主任、日喀则地区行署副秘书长，负责援藏项目的管理，协调落实推进援藏项目。

口述：吕 军
采访：周 敏 余 旭
整理：周 敏 余 旭
时间：2020 年 3 月 19 日

自 1989 年立信会计学校毕业进入黄浦区住宅办工作后，我工作单位几经变动，到过黄浦区建设局、建委，工作岗位从计财科出纳、会计、副科长、科长，可以说是没离开过黄浦，也没离开过财务会计岗位。2000 年黄浦、南市两区"撤二建一"后，转任黄浦区建委综合业务科科长，主要负责委属企业的发展战略、国企改革等工作。2001 年 5 月至 2004 年 5 月作为上海市第三批援藏干部进藏，担任日喀则地区受援办公室副主任，后又出任行署副秘书长，主要负责援藏项目的资金管理，协调落实推进援藏项目。

志愿报名 接受挑选

转任黄浦区建委综合业务科科长，应该说工作领域比以往要宽阔，有财务工作为基础，工作也可以说是干得有声有色、得心应手。2001 年 3 月初，在一次建委干部会议上，委领导通报了一件事，意思是黄浦区启动新一轮外派干部选拔工作，向西藏、新疆、三峡库区等地派遣援建干部，自愿报名，多批选派。首批是向西藏日喀则地区派遣 2 名干部，分任两个岗位的工作，一个岗位是文化局副局长，另一个岗位没听清，当时也没有很在意。下班回家后，晚上静下心来想想，好像跟自己关系还挺大的，为什么呢？其他搞不太清，但条件我记住了：男性、35 岁以下现职正科或副处，更主要的是最后一项：中共党员，我都符合硬指标条件，就应该响应组织的号召，主动报名，接受组织的挑选。毕竟事关重大，我同家人商量并获支持后，向组织递交了报名材料。

4 月中旬，区里通知按照 1:3 的比例选派六位同志参加市里统一组织的体检，主要是心、肺功能的检查。区里很重视，派车送派车接。体检过后，建委党工委书记找我谈话多次。因为，尽管体检是安排 1:3 的比例，但我在受援办副主任这个岗位报名者中的综合条件和匹配度是最好的，所以组织上有意选择我，需要及时关心了解我的思想情况变化以及家人的态度。

现在想来，自己还是蛮平静的，那段时间家里也不谈这事，单位同志之间也没怎么谈起，直到 4 月最后一个工作日，通知我 5 月 1 日区委常委、组织部部长要来家访，这事结果就明朗了。部长家访一是慰问，二是宣布区委决定。我被任命为黄浦区建委副主任，挂职担任西藏日喀则地区受援办副主任，并且通知月底出发。

紧接着利用五一假期忙着筹备进藏行装，特别是御寒用品，羽绒服、羽绒裤、棉皮鞋等，已到 5 月份，买齐这些东西也不容易。上了班，抓紧手头工作的收尾和移交。等忙完了这些，5 月中旬到市委党校参加集中培训。培训中，既有民族宗教政策风俗的教育，也有医护专家应对高原反应的指导，最重要的是聆听了第一批上海援藏干部领队徐麟同志（现任中宣部副部长）结合自身三年援藏经历，从援藏工作政治的高度和当地工作的现状所做的工作报告，让我对援藏工作从一个概念转化了较为具体的内容。通过培训班，也了解了我们第三批援藏任务的总体情况。第三批援藏干部共有 50 人，领队是尹弘同志（时挂职日喀则地委副书记、现任河南省省长）。进藏后共分六个组，两个组 21 人在日喀则地区各部门，另有 29 名分四组分别支援江孜、亚东、拉孜、定日四县。我和黄浦区科委派出担任地区文化局副局长的郑晓东同志都分在第一组。

适应环境，履职尽责

5 月 27 日，上海第三批 50 名援藏干部在陪送团的陪同下，离开东海之滨、繁华都市，经停成都休整并同山东援藏干部会合，在 5 月 29 日到达拉萨，再转日喀则，远赴万里（从上海人民广场出发，沿 318 国道行驶 4900 公里可至西藏日喀则地区），开始为期三年的援藏工作。

西藏，没去过的人想去，因为那里有蓝天、白云、雪山、寺庙；西藏，没去过的人又不太敢去，因为那里平均海拔 4000 米，日喀则地区 3860 米，高海拔造成空气含氧量低，一般是内地的 60%—70%，高原反应给人的感觉像是头戴上了紧箍，严重时可引起脑水肿、肺水肿，危及生命。

进藏后，各人都同前一批援藏干部忙着交接，我们一开始三五天都住宾馆，等送走了上一批后，腾出了宿舍，我们才搬入常住的宿舍。一开始住宾馆的时候，以躺为主，也没感觉特别的高反不适，但是搬入宿舍后，忙于打开行李，归置东西，半天时间搞定，觉得自己挺行的，但就这么一点体力活，到了晚上，也就是搬入宿舍的第一个晚上，头痛欲裂，恶心反胃的感觉令人领教了高原反应的厉害。第二天躺了一天才缓过神来，再也不敢大意。在西藏工作期间，包括回来后都有人会问我，是否适应高原，要多久能适应高原。实际上谈不上适应，内地人员进藏，心跳和血压都要上升，始终是一种负重前行或者说是走平地相当于登楼的感觉，这是待长了也缓不过来的。所谓适应，也就是慢慢说话，慢慢走路，甚至于慢慢吃饭，不要让心跳得更快，放缓氧气的消耗，以避免或减缓高原反应。

我进藏后碰到的最大困难不是在气候环境上，而是在工作上。我这个日喀则地区受援办副主任进藏了，应该干什么？应该怎么干？经过一番对接和调研，了解到这个部门设在行署，是一个日喀则和上海、山东联合办公机构，主任由日喀则地区行署副秘书长兼任，是一名当地的干部，副主任分别由对口支援地区上海、山东委派，另有工作人员 3 名。在我之前，并无援藏干部担任此职位，自第四批起该职位也无援藏干部担任。这个岗位的主要职责是提出受援需求、接受受援资金物资、组织实施或者督促相关部门组织实施并做好情况汇总工作。我到岗后，发现上海市援藏资金安排项目在每一批进藏前都已由两地政府对接完成，而援藏干部筹措资金主要用于本县域或本部门支持相关工作开展，资金量不大，项目也较小。我的工作似乎只剩下资金物资汇总统计和编写援藏工作简报了，一时找不到更多的抓手。

自 1994 年 7 月中央第三次西藏工作座谈会确定"分片负责、对口支援、定期轮换"工作以来，中央拨巨款建设道路、桥梁、水电、通讯等基础设施逐渐发挥作用。前两批六年的援藏工作为我们打下良好工作基础，同时我住的三层砖砌宿舍也是第二批建的，生活条件极大改善。尽管也有领导说过：和平时期进藏工作，躺着也是做贡献。但是我已经是第三批来援藏的，总不能庸庸碌碌混三年，既然来了，就应该扎扎实实干三年，总不能等兄弟们三年忙完了，我帮着统计汇总。在进藏后开展的大调研大讨论过程，我向领队汇报了调研成果和自己的一些苦闷。当时，领队并没有像对其他同志一样马上下任务、做指导，而是安慰我：不要着急，到时有你忙的时候，不要到时叫忙不过来哦。事后明白，当时援藏工作组已着手筹划上海援藏工作机制的调整和提升。

2001 年 6 月 25 日，中央召开第四次西藏工作座谈会，明确对口支援工作在原定十年的基础上再延长十年，并明确把"一加强，两促进"（加强党的领导，促进西藏经济跨越式发展，促进西藏社会长治久安）作为新世纪西藏工作的重要方针。结合对第四次西藏工作座谈会精神的学习贯彻，为更好做好第三批援藏工作，7 月初，我陪同尹弘对上海对口四县展开调研，同大家一起分析，中央对西藏的支持力度会更大，上海市委、市政府也会紧紧跟进，而且随着上海前二批六年对口支援的影响，上海各区县对对口支援也愈来愈重视，援助力度也会加强。随着资金量的增加，应以集中力量办大事的要求，统筹集中管理资金、项目，让援助资金更多向农牧区倾斜。这些想法都得到了各县工作组的高度认可，取得共识。由此上海第三批援藏团队在内部成立项目管理办公室，由领队总抓负责，一位同志管建设施工，一位管资金拨付，再加上我。先是四位，后期又补充了一位，项目办就开始运转起来了。

我在项目办工作主要是三项。

第一项是统筹协调，这也是我最主要的一项工作了。做计划，通过调研沟通协调，形成《上海市第三批援藏项目规划》，也就是做计划，大概有 2.5 亿的规模，170 个左右的项目。筹资金，根据确定的项目规划，市政府已安排 1.5 亿，其余 1 亿资金除了社会捐赠，主要由援藏干部通过努力争取选派单位

筹措，大概是人均 200 万左右，这个任务压力蛮大的。在书记支持下，筹资方案得以顺利形成，黄浦区承担了其中 300 万的资金额度。审核拨付资金，按理说只要勤沟通，多跑现场掌握项目进度审批就行了。实际上项目面广而分散，分布在四个县，不仅是多跑而是"跑了多了去了"。三年来，行程 4 万余公里，风餐露宿，足迹踏遍了几乎每一个项目现场，在西藏下县下乡几乎没有公路，山路险，加之行署的车辆车龄长、车况差，下乡时多次碰到险情。最险的一次是冬天从西线考察项目返回日喀则途中，车胎坏了 8 次，边修边跑，最后离定日县城 6 公里处车胎爆裂，全靠县里派车救援，才避免在零下 30 多度的旷野中被困。另外一个难点在于我们资金到位是晚于项目进度的，包括有些是钱到了，项目还没开；有些是项目先开了，钱没到，这就需要统筹协调，保证项目正常开展。还是一句话，幸好大家都很团结，很支持。综合平衡，统筹是要看结果的，平衡是个动态平衡，一开始是个计划，有调整有充实，且在执行过程中有结余也有超支，最终上海第三批援藏资金（物资）做到了 3 亿出头的规模，总体结余在 1% 左右。这在总体上不能超，超了就意味着要占用第四批的资金，但也不能结余太多，结余太多意味着我们好不容易筹措的资金没有发挥应有的效用。这项工作书记给我的要求是上下 3%。我想我自己是学这个的，

理应按照上海的工作标准和要求做得好一点，我想我是做到了。做统计，通过三年的动态调整和执行，完成《上海市第三批援藏项目资金（物资）统计一览表》，综合反映工作成果。

第二项是上海市第三批重点项目的属地配合工作，如扎什伦布寺文化广场、农业机械化等项目。扎寺文化广场由上海园林集团负责实施，主要是在日喀则市地标、也是班禅大师驻锡地扎什伦布寺门口修建文化休闲广场，供市民休憩和文化展示。施工场地周边都是宗教产，有一天扎什伦布寺寺管会平拉主任来找我，说了半天，意思是施工方侵占了他们寺庙的土地。施工方说是按图施工，当地规划土地部门解释半天，主任也听不懂。这是一个既要保护宗教财产，又要保证上海重大援建工作顺利推进的问题。我调阅了地籍图，也支持施工方按图施工的合理性，但怎么去跟主任说呢？主任也曾来过上海，对上海也有深厚感情，只是对他而言，也是责任重大。想了想，我同主任商量我们一起去现场吧，他带着秘书，我们三人一起冒着夏日的阳光用皮尺实地丈量，取得共识，工程也能继续推进。又如：我负责"农业机械化"项目的组织实施，是中央确定由上海市政府出资援建的第三批8个重点项目之一，计划投资1000万。2001年组织了120台中型拖拉机及配套机具运抵日喀则，分发各县投入当年农牧业生产。2001年回沪，我利用休假期间多方考察，同宝钢西部贸易公司签订合同，采用钢结构彩钢面板这一西藏当地新工艺、新材料建设江孜县、拉孜县拖拉机维修中心。2002年初刚进藏不到10天，顾不上高原反应造成的身体不适，就带领技术人员奔江孜，赴拉孜，实地考察项目建设地点，修改设计图纸，审定建设方案。整个项目顺利于2002年4月份开工建设，6月份建成竣工。8月份上海市党政代表团团长、市委副书记刘云耕为拖拉机维修中心开业典礼剪了彩，成为率先建成的日喀则地区上海、山东两省市承担的重点项目，在项目的跟踪管理过程中，深入各县乡了解到由于性能良好，有效地改善农牧区生产条件，提高生产效率，加快当地农机化步伐，深受当地农牧民群众欢迎。我还积极联系上海援藏办追加投资150万，购置小型和手扶式拖拉机各60台，使更多的农牧民从该项目中得到实惠。

第三项是组织项目审计。2003年各项目陆续进入建成期，尹弘书记提出我们做工作、做项目要"让西藏人民满意，让上海人民放心"，加强对援藏资金的管理，要开展审计工作，这也就从第三批开始做的。我一方面提请市合作交流办对市政府重点项目由上海委派审计人员审计，另外对自筹资金百万以上的项目请自治区审计厅推荐专业机构开展审计，并对审计过程中的一些问题或口径积极协调。

三年很快过去了，正应了进藏时尹弘书记所说："你不要到时候忙不过来。"在离藏两周之际，上海的第三批援藏干部考核团都完成对我们的考核回沪了，我又接到任务，要陪同自治区《援藏》刊物记者实地考察上海对口支援项目，也是为第三批援藏任务光荣结束，展示各地援藏成果，表达自治区对全国各地支援工作集中宣传，那也是责无旁贷。

坚强后盾，增辉黄浦

回首往事，如果说我还是为祖国民族团结、为西藏日喀则地区发展做出自己应有的一点点贡献的话，要感谢黄浦区委、区政府领导全力支持和殷殷嘱托。在农牧民心中，援藏干部都是中央派去的，我们代表着北京。派出干部只是在台前，个人的努力背后是全区以及区建委的支撑，三年间黄浦区委、区政府派出党政代表团三批，区建委派出代表团二批赴西藏考察工作，慰问援藏干部，给了我和郑晓东同志极大的精神支撑和物质支持。2002年夏天，徐建国区长带队到西藏日喀则地区考察慰问，我和郑晓东汇报了各自援藏工作的开展情况，汇报需黄浦区承担的援藏项目任务，共计资金300万元，其中100万元用于支持藏族民族文化事业，200万元由联络组统筹用于地区"幸福家园"保障性安居工程项目，建国区长充分肯定，全力支持，当即对随行的组织部长和区府办主任说："不能让我们的外派干部再自行去化缘了，看样子回上海后，我们要建立一个对口支援项目资金筹措机制，不光是西藏还有援疆、援三峡库区等，由区财力和区国企共同出资，把它当成一项政治任务来抓好抓实。"又对随行的建委主任和科委主任两位说："项目资金的钱我来落实，援藏干部的工作经费和家属的日常关心工作你们派出单位要关心好、保障好。"这些机制举措随后都得到一一落实，解除外派干部的后顾之忧和压力，得以全身心地投

2000 年 8 月，黄浦区徐建国区长赴西藏考察，并慰问援藏干部

入援藏工作一线，保障各项工作的顺利开展。

别梦依稀，收获满满

如果说三年援藏，我在艰苦复杂环境里能够完成任务，自身还能得到锻炼提高的话，我体会最深的是得益于领队的言传身教和 50 名援藏干部的齐心团结。三年间，我多次陪同领队一起同车下乡镇、赴县城开展考察调研，受益良多，不光是学到了做什么，更是知道了一件事为什么要去做，增强了政治意识、辩证思维和大局意识。当 2004 年我们最后一次开工作会议的时候，都兴高采烈地等着当地给我们开欢送会、回上海喝庆功酒时，援藏团领队非常严肃冷静地提醒我们，大家三年来经受艰苦环境的考验，也做出了一定的成绩，自身能力也得到了锻炼和提高，你们想过没有，你们或是三年前得到提拔或是回沪即将得到提拔和重用，走上更重要的岗位，但是上海的变化日新月异，上海的干部也在成长提高，如果说刚进藏时我们要学讲"西藏话"，现在要重新学习"上海话"了，要注意克服"本领恐慌"。一语惊醒梦中人，过后的几天里，大家都安静了很多。直到现在我也很少主动跟人提起。三年援藏不是什么资本，只是自己一段珍贵而又难得的经历。回沪后我担任黄浦区审计局副局长，

◀ 临别之际，扎寺
民管会萨龙平拉
主任送上祝福

2007 年担任区府办副主任，后又担任区属企业党委书记等职，其间也有很多的急事、难事，因为曾经经历，所以也能办得比较妥当。

2004 年 6 月 15 日我踏上了返沪的归程，此情此景自当铭记。三年援藏收获了太多的鲜花和掌声，组织上给予了极大的关怀和呵护，但我们所做出的一点点应有的奉献在三年援藏结束之际，才发觉在做出巨大奉献的老进藏干部面前，显得是那么微不足道。

回首往事，援藏光荣，青春无悔。

剪不断的西藏情

　　沈永兵，1972 年 12 月生。现任黄浦区五里桥街道党工委书记、人大工委主任。2004 年 6 月至 2007 年 6 月，为上海市第四批援藏干部，挂职担任中共西藏自治区日喀则地区定日县县委副书记，主要分管组织、宣传、工青妇，协助管理珠峰管理局、旅游局、教育等。

口述：沈永兵
采访：周　敏　沈　超
整理：周　敏　沈　超
时间：2020 年 3 月 4 日

2004 年 6 月，我作为上海市第四批援藏干部，来到了定日。定日县位于祖国西南边陲，隶属西藏自治区日喀则地区，地处喜马拉雅山脉中段北麓，珠峰脚下，平均海拔 4500 米，是珠穆朗玛峰自然保护区的中心地带，东邻定结县、萨迦县，西接聂拉木县，北连昂仁县；东北靠拉孜县；南与尼泊尔接壤。县域面积近 1.4 万平方公里，当时人口不足 5 万。由于受到严酷的自然条件等诸方面因素的影响，整体发展水平较低，属国家级贫困县。

一段难得的经历

那年我 32 岁，在团区委工作，担任团区委副书记。看到援藏工作任务的通知，我对照各方面条件符合基本要求，虽说当时家里的情况比较特殊，爱人正好怀孕，但与家里商量后还是主动报了名，经过一番选送程序，我被选上了。2004 年 6 月 4 日，市领导为第四批 50 名援藏干部开了简朴而隆重的欢送会，很快我们就带着上海人民对口支援西藏日喀则地区人民的神圣使命出发了。

巍峨的群山、洁白的云朵、清新的空气，还有随处可见的牦牛、黝黑而淳

◀ 走访慰问困难户

朴的笑脸，这是我心中西藏的模样。一切都是那么新奇、那么令人激动，这是我曾经无尽好奇和向往的地方。然而，随着时间的推移，初到西藏的新鲜和好奇逐渐消失，随之而来的是单调和枯燥，日子似乎也变得漫长了。高寒、缺氧、莫名的孤独、无尽的思念、刺眼的阳光、艰难的攀爬，这些才是常态。刚到西藏时挑战非常大，由于缺氧，晚上根本睡不着觉，第一个星期每天都要吃安眠药才能入睡。夜晚，没什么娱乐，电视也看不了，点一支蜡烛，躺在床上开着窗户数星星，看着月亮从这头到那头，往往要到凌晨两三点才睡着，那种孤独是最难熬的。饮食基本上是川菜，如果不能吃辣基本上吃不了，而且因为高原气压很低，水的沸点只有 70 多度，菜都是用高压锅做的，烧出来不好吃。但是我倒很愿意吃藏族同胞的一些食物，当地人说吃一点会缓解高原反应，所以酥油茶、甜茶、糌粑我都吃，有一段时间我一个月都吃不了什么东西，只能吃糌粑，所以环境真的能够改变人。在西藏，走同样的路需要更多的体力；在西藏，做同样的工作需要更多的准备；在西藏，停电是经常性的；在西藏，有很多很多的交通意外，需要面对太多的意想不到……很多地方没有手机信号，出发工作之前我会告诉家里人，接下来一段时间没有信号，让他们不用担心，当时只是习惯性的关照，并不觉得有多重要，但回过头来想想，一旦真的长时间接不通电话，电话那头家人焦急等待的心情是可想而知的。我第一年休假回来的时候孩子降生，儿子2岁之内基本不在他身边，是我爱人一个人带着他，所以她很辛苦，我内心很是歉疚。援藏，严苛环境的适应、工作的压力、家庭的牵挂，身心的考验直扑过来的日子，是我人生中一段很难得的经历。

嘎玛沟历险

当时，定日县一年的财政收入只有420多万，绝大部分靠旅游业。旅游业的发展离不开有吸引力的旅游产品和必要的基础设施，充分利用当地独特的自然资源，全力打造珠峰品牌和嘎玛沟品牌，形成旅游资源优势，使旅游业真正成为县域经济的持续增长点，这是我们着力推进的一个发展战略。起初，外地游客一般是先游览参观扎什伦布寺，当天坐车到定日县住宿，第二天凌晨起来看珠峰日出，再从珠峰观日点直接返回日喀则。在定日过夜的地方是离县城八公里远的白坝村，那里有一家条件比较好的宾馆，经常住得很满，而在县城却找不到差不多条件的宾馆。游客几乎不进县城，更不可能夜宿，对县城的消费带动作用很有限。要想富，先修路。为此，我们提出在原先三条小路的基础上打造"一纵三横"的道路布局，完善定日县城的交通。重点是"一纵"，造了一条雪豹路，也成为如今县里的一条主干道。同时，考虑到游客对住宿的需求，我们沿着雪豹路对城区进行扩建，新建了宾馆，吸引了很多旅行团入住，有力地支持和推动了旅游业的发展。

嘎玛沟是珠穆朗玛峰国家级自然保护区脱龙沟核心区的一部分，脱龙沟核心区位于定日县与定结县的嘎玛藏布（藏布是河的意思）及其西侧坡谷，西抵珠峰，南抵尼泊尔巴隆国家公园，东西长55公里，南北宽8公里，是一条海拔从2100米到5300米的美丽山谷。它以茂密的森林、五彩缤纷的杜鹃、清澈亮丽的湖泊溪流、陡峻的峡谷以及独具魅力的夏尔巴人风情为显著特色，被英国探险家称为世界上最美的峡谷，是定日县得天独厚的自然景观和旅游资源。为了更好地了解掌握嘎玛沟的地理地貌气候生态等，我们组织了对这一区域的徒步考察。

经过一番精心准备，下定决心启动嘎玛沟之行。之所以说"下定决心"，

◀ 2006 年 5 月考察
嘎玛沟开发项目

是因为嘎玛沟徒步探险路线长、海拔高、地形复杂、体力消耗大，再加上有大片无人生活区域，因此，一路上需要大量的协同人员和足够的物资保障。穿越嘎玛沟的线路有五条，涵盖了沿线不同的地貌景观。我们有充足的时间，考虑尽可能多的考察内容，所以决定将一、二和四号线合并起来，确定了十一天的日程方案。从定日县城协格尔镇出发，车行四个多小时就到达嘎玛沟所在的曲当乡。曲当乡是定日县两个有林乡之一（另一个是绒辖乡），虽然乡政府所在地海拔 3670 米且不在林区，但是气候不错，非常湿润，林木植被较好，含氧量也不低。一到乡政府我们就开始练习骑马，因为嘎玛沟之行有两天需要骑马，而我们一行十三人中有好几个从来没骑过马，有必要学一学骑马的基本要领，适应后面的行程。由于我刚在绒辖乡体验过骑马的感觉，所以这次显得非常得心应手，骑得也越来越有感觉，不一会儿就可以策马扬鞭，在草地上奔驰起来。当天，我们夜宿珠峰宾馆，这是定日县珠峰管理局建造的宾馆，由于嘎玛沟的游客很少，且基本上只有外国游客，所以宾馆的规模很小、设施也非常简陋，只是一个简易的招待所而已。睡至半夜，突然感觉一阵阵恶心，大约 3 点钟时起床吐了个彻底。这已是到高原两年来常有的现象，莫名其妙地发烧、莫名其妙地拉肚子、莫名其妙地呕吐、莫名其妙地睡不着觉。这些没有征兆的身体反应对于我来说已习以为常，不过对于接下来的徒步线路考察还是有点担心，毕竟漫漫山路征程还没迈出第一步呢。

第一天宿营地是措嘎布。第二天，离开措嘎布营地，路越来越险、越来越难走。走不多远，就是一处雪山，我们必须沿着雪山的岩壁穿越过去。岩壁很陡，协同人员先行，在雪里踩出一个个脚印，确保安全后，再让我们沿着他们的足迹前行。这段路很长，我们放慢了前进的速度，确保每个人都能安全通过，一路上与雪亲密接触，我的手指都冻麻了。离开雪山后大约走了两小时的路，突然后面追上来一位赶犏牛（黄牛和牦牛的杂交牛）的小伙子，告诉我们有两头犏牛从刚才经过的雪山上摔了下去，后面的牛见状都吓坏了，再也不敢往前挪。如果犏牛队过不来，露营装备就到不了，就意味着我们没法扎营，在这冰天雪地里露天过夜，实在是一件很可怕的事情。而凭我们当时的体力，想在天黑之前返回到上一个营地已经是不可能了。于是，我们决定派所有的协同人员一起去帮忙，想办法把扎营的装备运过来，我们几个人则在原地休息等待。天下起了大雪，阵阵寒意侵来，我们在风雪中体验着野外生存的艰辛。实在太冷了，我们开始分头寻找树枝、牛粪等可以生火取暖的东西，好在我们中有人抽烟，常备打火机，否则就得尝试钻木取火了。在漫天风雪的荒郊野岭，四个人围着一堆烧不旺的火，取暖、等待，在艰难而无助的环境里，在雪山旷野间，在大自然面前，人变得如此弱小。在默默等待中，我们期望等来好的消息！五个小时以后，信使来报，协同人员为犏牛修出一条路来，犏牛队已经安全穿过雪山，正向临时营地赶来。刚才摔下去的那两头牛，一头伤得过重死了，另一头伤情较轻还能继续随行任务。虽然损失了一头牛，但我们毕竟脱离了险境！由于耽搁了不少时间，我们已经没法赶到原定的扎营地——毕布穷，只能在临时营地过夜了。第四天的宿营地是沙基塘，海拔 3620 米，是徒步 2号线和 1 号线的交叉点。第五天我们选择往上走，也是走马观花嘎玛沟。第六天是艰难的行军，行程共 9.1 公里，但因为全是上坡，所以前进得很慢。随着海拔越来越高，一路上树木越来越少、越来越小。第七天，艰难行进间，被一阵阵轰隆隆的声音吓到。"雪崩啦！"有人叫起来。只见对面的雪山上，大片大片的雪从山顶排山倒海般倾泻下来，伴随着一阵阵闷雷般的轰隆隆的声音，好在还有一段距离，并未对我们的安全和行程带来影响。第八天，我们决定取消去珠峰东坡营地的计划，改为折返，宿营措学仁玛，全程也缩短了一天。傍晚，我突然发烧流鼻涕，想到第二天要翻越朗玛拉山口，于是赶紧吃药，喝西藏特色的姜汁可乐（在可乐中加入姜丝煮沸），再加一片力度伸。半夜，风大雨急，雨水倾泻在帐篷上发出噼里啪啦的声响，身上很冷，使劲裹住睡袋也无济于事，迷迷糊糊过了一夜。第九天是最后一天步行，要走的都是海拔比较高的路段，特别是朗玛拉山口海拔有 5400 米，且坡陡路险，一路上又是风雪交加，任务不可谓不艰巨，挑战不可谓不大，一路上全是乱石，行进速度根本快不起来。八小时的步行后，我们到达了宿营地轮珠林村，海拔 3907 米。由于没有宽敞的平地，帐篷斜着搭在稍缓的坡上，这一天实在是太累了，将就着安营扎寨。不过当我们看到自己的坐骑时都高兴极了，明天有马骑了！第十天，返回定日。这十天在惊险万状和身体几次不适中度过，但我们完成了考察开辟新旅游线路的任务，为嘎玛沟后续探险旅游的开发奠定了重要基础。历尽艰险，我感到嘎玛沟景区的未来，一定会成为徒步生态旅游、探险、科考的理想之地，并与尼泊尔马卡鲁—巴隆国家公园相连，成为世界一流的环珠峰跨国旅游极品线路。

教育扶贫和干部培养

　　教育是民族振兴和社会进步的基石。扶贫先扶志，扶贫必扶智，教育是拔穷根、阻止贫困代际传递的重要途径。在援藏期间，我抓的一项工作就是教育，具体来说，就是落实"普六""普九"工作。刚来定日的时候，县里适龄儿童和青少年小学六年的义务教育普及工作已进入扫尾阶段，不久我们把工作重心放到"普九"上，落实教育法规定的普及九年义务教育的要求。这件事情，在内地和沿海地区已经得到较好的落实，基本不成问题。但在西藏地区，因地广人稀、教育发展还存在较大的不平衡，游牧民的生产、生活方式也影响到义务教育的实施，长期以来始终无法达到"普九"的目标。由于教育设施条件有限、教师资源不足，教学质量难以提高、教育管理跟不上，加上民族区域的种种特殊性，基础教育的普及和提高存在比较突出的问题，政府管理的压力

不小。为此，我们首先是抓教育设施的改善，在援藏资金中安排一部分资金为定日小学建造一座综合教学楼。同时，按照自治区政府的部署，抓基础教育的普及率，2006 年完成普及六年制义务教育的攻坚，包吃、包住、包基本学费，让全县适龄孩子都能上学。另外是教资的问题，外地援藏的教师不会说藏语，当地的孩子听不懂普通话，所以支教的老师教不了。基于此，我们开始培养优秀的藏族老师，就是在藏族老师中培养一些既会普通话、又会英语的老师。

　　干部工作是县委重中之重的一项工作。我曾建议县委量才而用，把合适的人放在合适的位置上，要重视藏族干部的培养，同时也要重视汉族干部的培养使用。这期间，我碰到的最吃重的事情是乡镇领导班子换届。当时县里面的班子不全，县长、宣传部长、组织部长都正好调走了，没有及时配上来。我作为分管的副书记，面临这么多乡镇的换届，所有的工作都必须到第一线去，我该怎么做？毕竟来的时间不长，对乡镇干部也都不是很熟悉，而干部情况的熟悉是工作的基本保证。我跑遍每个乡镇去调研，首先面临的是语言问题，最复杂的是人名，藏族名字中重名的很多，我记得一个乡有三个巴桑次仁（音），大巴桑次仁、中巴桑次仁、小巴桑次仁。因为名字一样，考察干部碰到最大的问题就是搞不清楚哪个是哪个，要花很多的时间去了解干部，只能自己"扑上去"做。然后再去搭班子、做调整、做方案，虽然难度非常大，最后还是很顺利地做完了。

第一年到定日，发现县委、县政府部门中除了援藏干部外没有一个正科级实职的当地汉族干部，职级最高的就是一个主任科员。担任的职务是县委办的副主任，县委办主任是县委常委、副处级干部，是援藏派过去的，所以我们感觉干部配备需要进一步完善。那一年提任干部 50 个左右，有藏族干部，也有汉族干部。藏区的汉族干部，能听懂讲好藏语，同时和外界交流比较方便，对促进民族融合发展和团结进步有积极作用，尤其在乡党委这个层面上，在把握质量标准的前提下，配备一定数量的当地汉族干部，对促进民族地区发展尤为重要。

多年来，在国家的大力支持下，每年分配一些大中专毕业生充实到县级机关及一些乡镇工作，以优化干部队伍结构，提升整体素质。我们鼓励干部多学，以前党代会、人代会的报告都要翻成藏文，而且是用手工刻蜡纸，于是我开始学打字，把藏语的输入法学会。县委有翻译室，我对翻译室的同志讲，"今天开始你一定要学会藏文输入，你看我不懂藏文都学会了，你们凭什么不会呢？"这样他们开始学，从那以后都是打印版。这只是个细小的方面，说明干部有了基础条件，还必须在工作实践中督促培养。我认为，新生力量加入进来是一件非常好的事情，但干部的成长需要"浇灌"，有意识的带教很重要，以身作则、言传身教很重要。

总有一种牵挂在心头

2007 年 6 月 3 日，启程去拉萨和日喀则迎接新的一批援藏干部。三年的时光，让人怀念，更让我怀念的是这个我在定日的家。无论是拉萨，还是日喀则，虽然气候和生活条件都比定日好得多，但这里始终是我在西藏的家。还清晰地记得那年前的 6 月 5 日，我们经过七小时的颠簸，迈着艰难的步伐，走进这座城市。那未曾见过的隆重的欢迎场面让人感动，那一张张真诚的笑脸永远铭刻在心。后来者来了，我们该走了，但又有些依依不舍。

几个月后，我去田子坊，突然有家卖唐卡的小店的店主认得我是定日的，有些惊喜，想不到在上海有很多人以不同的方式和西藏发生着联系。每次路过一些藏式小店，总要驻足停留，看一下里面的东西，跟店主人聊聊。自己的生活就这样跟西藏缠绕，终于明白了为什么叫西藏"情结"，真是一个永远都无法解开的"结"。工作累了的时候，想想西藏，想想那些熟悉的人、熟悉的地方，想想自己的付出和带来的变化，心里就暖洋洋的。

援藏是人生一次非常好的历练

朱畅江，1966年7月生。现任黄浦区总工会党组书记、常务副主席。2007年6月至2010年6月，为上海市第五批援藏干部，挂职担任中共西藏自治区日喀则地区定日县委常委、常务副县长，分管县建设局、安监局、劳动局、司法局、消防大队等工作，协管办公室、公安局、财政局，联系当地驻军，县武装部。同时受领对口援助项目的报批、组织实施工作。

口述：朱畅江
采访：马亦男　俞　凡
整理：董海婴
时间：2020 年 3 月 30 日

　　2007 年，我报名成为第五批援藏干部。我之所以报名，是受第二批援藏干部，也是我的老领导的影响。那时我在黄浦区文化局当办公室主任，时常听他讲援藏的故事。我在部队工作过，总觉得当兵的人应该走南闯北，出去历练一番。再说，家里也非常支持，虽然那时候女儿还小，只有 10 岁；我自己呢，还住在部队里，即便家里有什么困难，跟部队原来的同事、战友打个招呼，还是可以帮忙照顾一下的。于是，我放心地踏上了援藏之路。

一路往高处行

　　我援藏的地区是日喀则的定日县。西藏是宗教氛围比较浓郁的地区，所有的县城都是依寺而建，我们叫县，他们当地叫"宗"。定日县城协格尔镇依曲德格寺而建。我和其他的援藏干部一起，从海拔 3600 米的拉萨出发，沿 318 国道一路向上走，经过海拔 3900 米的日喀则，最后到达海拔 4300 米定日县城所在的协格尔镇。318 国道，是从上海人民广场一直延伸到定日县的一条东西向的主干公路，我去的时候已全都是硬化的柏油或水泥路。当地县委、县政府专门组织了一个车队，我们共 50 个人，由拉萨乘车前往日喀则。这是因为预

▶ 在珠峰测量纪念碑

防出事故，只让两个人坐一辆越野车。为了安全，从拉萨到日喀则的路上，沿路所有的马路道口都有公安执勤守护，保证路上不出事。记得到达的时候，整个县城大概有四五千人出动，机关干部、学生、农牧民群众、当地驻军，都敲锣打鼓地欢迎我们，献哈达，场面隆重热烈。

上海对口援助日喀则 5 个县，我们所在的定日县是最远、海拔最高的。定日县有 2 个镇，11 个乡，总共 13 个乡镇，面积相当于上海的 2.5 倍。协格尔镇是定日县城所在地，海拔有 4300 米。单个乡的面积也很大，绒辖乡是离协格尔镇最远的一个乡，到那边的道路不是硬化路，都是土路，开车要一天。绒辖乡也是定日县海拔最低的地方，海拔只有 2000 多米，其他乡镇的海拔都比县城高。我曾去过云南玉龙雪山，海拔和定日县一样，也是 4300 米。我上玉龙雪山时没有缺氧的感觉，觉得去定日应该没问题。但到了定日才知道，两个地方完全不一样。玉龙雪山那边的含氧量远远高于西藏，因为那里有树、有雪，而定日很干燥，没有雪，含氧量低。刚到拉萨的时候，我就很喘，觉得像踩到棉花上一样，两腿发软。到了日喀则，觉得很难受，浑身没劲，路也走不动。到了定日县，头也痛起来，当地干部让我们少许喝一点酒，说有好处，活血。果然酒一喝，一下子觉得活络了，就没有了头痛、脚软等高原反应的症状，走路的时候感觉没有什么不舒服了，就是有点喘，多喘几下就没事了，不像在日喀则的时候，马上要吃保心丸。在定日县虽然也很喘，但心脏跳得不那么厉害。

我在协格尔镇待了一个多月以后，就去海拔 5200 米的珠峰大本营值守，前后待了六十来天。以后也经常去大本营，巡查、蹲点，有时候还陪代表团去观光、检查。从那以后，我进藏再也没有出现过高原反应。

笑谈高原生活

藏族干部对援藏干部确实非常关心。听老同志讲，当年西藏最困难的时候，实行供给制，所有的藏民家庭一人一个月一双解放鞋，一块上海牌洗衣皂，一支中华牙膏，一条 414 毛巾，用的都是上海制造的日用品，所以他们对上海印象非常好，加上前面第一至第四批援藏干部在定日县的工作非常努力，为我们打下了良好的基础。

西藏那边四川人特别多，吃辣的比较多，我们也要跟着适应。我们援藏干部都居住在县委大院里，居住条件和环境总体上比以前好多了。就是下乡的时候，村或乡的卫生条件比较差，比较艰苦些。有时候一定要在村或乡里过夜，就住在乡政府或村委会的会议室，用的厕所都是旱厕。睡的羊毛垫上有很多"欺生"的虫子，太厉害。我每次下乡都会带着风油精，睡前在脖子、脸上擦上，钻进睡袋，被虫叮咬要轻一点。

定日县当时没有电，给我们带来很大困难。当时全部靠光伏电站供电，然而质量却不怎么过关，时好时坏，供电也就时有时无。小型的水力发电站虽然建了很多，但也存在许多不确定性。水力发电虽说是一种很好的绿色环保的办法，但是因为定日植被很少，基本没有什么树，都是光秃秃的山，所以水土流失很严重。引洪渠本来就比较窄，宽一米左右，高度也就一米。建好的沟渠一两年里就会被泥沙堵满、淤塞。即便是在发大水的时候，由于沟渠变窄或淤塞，洪水也是四散漫流，并不全顺着开挖好的沟渠向装有发电机组的方向流动，往往造成原有的引洪渠引不到水，而没办法发电。当时，我们想办法争取到一些经费用于发电导流渠的疏浚，在雨水充沛的日子，就能保证晚上供应一到两小时的电。我们充分利用这一两小时看看电视，也就只能接收到一个频道，即县电视台转播日喀则电视台节目。手机、电脑充电基本是靠柴油机发电来保障。

还有就是缺水，到冬天，河床里基本没有水，整个定日县，一年仅仅是到夏天下几场雨，往往都是中午下雨，下雨的时候含氧量高，人顿时觉得困了，可以好好睡个觉。缺水的日子比没有电的日子更难熬。因为水源很远，只能打井取水，当地人都喝井水。水中矿物质多，含氟量很高，腐蚀牙齿，当地老百姓牙齿全的人不多。井水里泥沙也很多，我们生活用水除了必须喝的饮用水是矿泉水外，其他都和当地居民一样。冬天，我们也和当地干部群众一样，购买干牛粪取暖。定日县的冬季，漫长、寒冷，常常整夜没电，我们就围坐在火炉旁，每隔三五分钟加次牛粪，享受着"绿色"空调。

在定日最困扰我的是咽炎发作，本来就有慢性咽炎，再加上高原影响，干燥，咳得很厉害。在那边什么药都吃了，压不下去，打吊瓶也不行。当地干部非常重视，告诉我，吃糌粑和酥油茶管用！还专门到老百姓家去订购，拿回来送给我。日喀则地区最好的糌粑是白朗县出产的，定日县人大常委会主任卓嘎的老家在白朗县，告诉我当地的糌粑很好。从此，她每次回白朗县，都会给我带糌粑。把糌粑、酥油茶合在一块，像米糊一样吃，刚开始感觉很难吃，但确实有润肺功能，很快咽炎就控制住了。

当地汉族干部大多曾在西藏服役，退伍以后，考到西藏的大中专院校，毕业后留下来，被分到边境乡镇当干部。他们很能吃苦，脸上都有高原红。

履职尽责，心系群众

当时定日县的援藏干部来自松江、卢湾和静安区，共有5个同志，分别担任县委书记，副书记，县委常委、常务副县长，常委、县委办主任，还有建设局长。我到定日县担任常务副县长，分管的工作是建设局、劳动局、安监局、司法局、消防大队等，协管办公室、公安局、财政局，联系县武装部、当地驻军。政法委书记是当地的一位藏族干部，我跟他合作得非常好，一个在县委，一个在县政府，我们俩共同保证了许多工作的落实。

◀ 检查商场食品
安全

　　定日县和尼泊尔有 118 公里的边境线，虽然没有通商口岸，但边界便道较多，而且珠峰大本营在定日县域内，外国游客也较多，其间还有奥运圣火登顶珠峰等活动。维护边疆的安定团结和西藏老百姓的生命和财产安全成为我们的头等大事，一丝一毫不能马虎。

　　奥运圣火登顶珠峰的时候，我负责保障沿线的安全生产、消防工作。包括防止出现食品安全等问题。在定日县工作的三年，安全工作一直是我们关注的重点，其中防止学生放假回家翻车问题，是我们抓的一项重要的工作。定日县乡村是没有中学的，整个县就一所初中，义务教育要求每个孩子都要上学，所以，几千名孩子基本上住校生活。一到放假，乡里就会派车把孩子们接回乡政府所在地，再由父母接孩子回家。有的乡很远，要翻山越岭。出来一次不容易，借着乡里的卡车到县里接学生的机会，司机们大多会顺便集中采购生活物品，以致人货混装，学生的行囊放在卡车上，孩子们坐在行囊上。车上没有挡板，行驶在盘山公路上，稍微一震，人就容易摔出去。我们发现以后，就给乡里下通知，要求多跑几趟，不允许人货混装。我在的三年里，这项工作抓得很紧，坚决不允许人货混装，没有发生一起与此相关的交通事故。

　　在抓消防安全工作的过程中，查处私收成品油非法销售，杜绝消防隐患一事，让我从中学到了很多。那时刚到定日县不久，县公安局长（当时西藏各县的公安局编制为正科级）给我报告一个情况，从县城到珠峰大本营将近两百公里的路，要开四五个小时的车，尤其是岗嘎镇，是通往中国与尼泊尔边境的国家一级口岸——樟木的必经之路，由当地一些人通过关系，低价收进大量的汽柴油，然后贩卖给非法售油的生意人，途经车辆的用油大多喜欢到私人售油处加油，而不愿到较正规的中石化、中石油加油。岗嘎镇一度非法售油成蔓延之势。这里的油商集中了上百桶油，有的油商，建有两层楼房，楼下一、两百平方米的房子里全都存放油桶，楼上住人。他们的消防意识很差，连基本的消防瓶都没有。定日县很干燥，万一烧起来十分危险。县公安局一直想清理，但这些做生意的人多多少少跟县里、乡里的干部熟悉，碍于人情，一直没有清理。正好那段时间，自治区在清理整顿国道沿线消防安全隐患，我从防火角度考虑，这个事情必须管。刚开始的时候，我是一腔热血，觉得很简单，就跟县公安局长说，全部没收！然后就下指令，发通知，七天时间收了数百桶油。我们县长桑珠，那时有公务正好在拉萨，他打电话跟我讲，有人电话都打到他那儿去了，说我没收了好多油，不还给他们，可能会引起不稳定，要求我们稳妥处置。后来，我们同公安、工商、安监部门商量，还是要给油商，其实也大都是

◀ 检查加油站安全设施

当地藏族百姓一个出路，让他们在一个月时间内把油桶全部想办法处理掉，今后不得再从事类似活动。事情杜绝以后，我要求公安局凡是发现一桶就没收一桶，不要等到集中了上百桶再收，这样处理起来也容易。通过持续不断的打击，定日县杜绝了私收成品油的问题，既消除了火灾隐患，又起到教育、震慑的作用。

关心百姓安危，用心用情。记得有一次，我和同事乘车返回县城，傍晚五六点钟，天有点暗了，我们在快到定日县城大概还有三十多公里的时候，看到一部拖拉机翻在国道的沟下，一位藏民躺在那里。跑去一看，那人摔得很惨，昏迷不醒，一个眼珠几乎要脱离眼眶。我们想，再不赶快救治就会冻死在路边。我们打电话给县医院叫救护车。后来医院救护车花了三四个小时才赶到，天都黑了。在等待期间，我们当即把藏民抬到公路上，给他喝水等，并进行一些简单的处理。我跟院长讲，当地农民有合作医保，你们一定要把他送到日喀则，日喀则如果救不了，就送到拉萨去，我要听你们的消息。后来这位藏民在拉萨得到及时抢救，眼睛保住了。事后我们了解到，这位藏族小伙子用政府扶贫给的钱，盖了新房，高高兴兴地到拉孜县城买了新的手扶拖拉机开回来，由于是新手不太会开，加之又喝了一点酒，一转弯就翻到沟里去了。后来县政府通讯员专门在日喀则报刊发写了一篇文章《人的生命最宝贵》。

当地民风非常朴实，藏族朋友跟你交朋友，是真心实意的交朋友。虽然他们的物资比较匮乏，但是他们会把最好的东西拿出来。记得，每次下乡，到村里、藏族百姓家，当地的村干部、普通的农牧民都会献上纯洁的哈达，敬上自酿的青稞酒，满了再满，送上真诚的祝福！记得，离开定日欢送我们返沪的那天，当地干部、农牧民甚至曲德寺的喇嘛送的哈达，将我们的脖子上挂满了，再挂满，每个人收到的哈达有数百条之多！

挖掘有限财力，实现社会效益最大化

我们这批援藏干部，实行一岗双责，除了承担县里分管工作之外，还要负责承担援藏建设项目。我们这批定日县的援藏资金三年共三千万，其中一千万作为农牧民安居工程的补助资金，其余主要建设两大类工程，一类是改善办公条件的工程，一类是惠及民生的工程，诸如县城主干道珠峰路的建设工程、县城供水工程、新农村建设示范点工程等。

项目的选定是我们花了 2 个月的时间，深入定日县 10 个乡镇和 15 个行政村，在充分征求当地乡村干部群众、农牧民意愿的基础上，在第四批援助项目实施和取得经验的基础上，经援藏定日县工作领导小组统筹研究后确定，根据轻重缓急量力而行。珠峰路项目的选定是全县干部群众热切期盼的结果。它原系第一批援藏干部修建，随着时间的推移，其功能已不能满足发展的需要，加之破损严重，坑洼随处可见，稍有小雨即积水遍地、泥泞不堪，恶臭不断，给沿途居民生活带来了较大困难，也制约了定日县以旅游为主的经济发展。尽管认识到修建一条两侧布满商家、机关、住宅的道路，其难度远远高于在开阔地带的翻修铺设，但我们依然毫不犹豫地将该项工程确立为第五批援藏项目中的一号工程。

在选择新农村建设示范点项目时，我们切实与当地实际"无缝对接"，不搞形象工程。比如针对果热村无公共卫生设施的状况，确定修建公共厕所和修缮饮用水源的方案；针对集体经济实力单薄的状况，确立了修建短期育肥基地和青稞加工坊的方案。在查子村，我们提出村委会电化教室的建设要与藏民生活相匹配的思路，等等。

然而，有时计划不如变化快。在建设过程中，会出现很多新情况。比如说县老干部活动中心、公安局办公楼内部装修、人武部营房的维修，原来都没在项目计划中，当初征询的时候，当地干部没有及时提出，后来有关部门又有需求就又提了出来。又比如县公安分局提出要在 318 国道上建一个检查站，原来的检查站就是一个帐篷，零下三十多度的时候，帐篷顶不住，所以也迫切需要建设。我们认为，首先要保障农牧民群众每家每户的安居工程资金，以及基层急难愁项目资金。在资金总量不能改变的情况下，我们只能从类似司法局附属工程建设这样的大项目中压缩项目管理费用，挤出一些资金，用来组织安排临时增加的项目，所以我们资金的运作是非常紧张的。类似这样的情况，曾发生过七八起。后来我们用管理资金和其他的备用资金，压缩施工管理费用，以满足新增项目的资金需求，把这些项目任务也完成了，基本满足了阶段性建设需要。

在具体实施项目的过程中，存在很多困难。我们对定日的地理环境缺乏了解。当地霜冻期非常长，气温寒冷，昼夜温差很大，白天最高温度三十多度，但太阳一下山，最低温度可达零下十几度，最冷的时候零下三十余度，所以过了国庆就不能施工了，否则会影响工程质量，这也是援藏工程每过五六年、七八年就要重新翻建的原因。为了更高质量地完成援建工程，我一方面利用休假回沪的有限时间，到图书馆收集专业资料，购买工程技术知识软件等；一方面向能者请教，尽可能保证工程的顺利实施。

工程建设中，委托的项目施工队伍，都是前几批援藏项目使用过的队伍和工程管理、施工人员，比较熟悉工程项目施工流程，保证了工程的进度和质量。在用工上，我们则在项目施工中尽可能招收当地的农牧民，采取以工代赈的形式组织实施项目和生活帮扶。三年中，我们累计实施对口援藏项目 37 个，涉及资金 3478 万元人民币。这些项目建完后，当地干部反映比较好，所有项目均顺利接受了当地和上海两轮审计。我们始终认为，任何工程的后续维修保养一定要跟上。后来我们在给有关方面的报告中，建议在援藏资金中，一定要预留 10% 左右作为后续维护资金，或在后续资金安排中增加此类经费，以避免建设项目因缺乏后续维护，局部问题导致整体停运或无法正常使用，造成新的浪费。

心态决定一切，我十分珍惜这次援藏难得的机会。在定日县工作期间，家里也非常支持，女儿也由小学升入初中，中间我除了正常的休假回沪外，均在藏工作。我认为如果身体状况还可以，耐得住寂寞，想做点事的话，援藏不失为人生一次非常好的历练。

萨迦留下了我的脚步

　　周红卫，1966 年 11 月生。现任黄浦区南京路步行街办公室主任。2010 年 6 月至 2013 年 6 月，为上海市第六批援藏干部，挂职担任中共西藏自治区日喀则地区萨迦县委常委、常务副县长，分管商务、人力资源和社会保障、旅游、民政、司法及对口支援等方面工作。

口述：周红卫
采访：周　敏　董海婴
整理：董海婴
时间：2020 年 4 月 10 日

当时上海市委组织部挑选援藏干部有个范围，要从现职科长和后备干部中选拔，鼓励符合条件的同志积极报名。西藏在我想象中就是经济不发达、交通不便、生活艰苦，也正是这样才需要得到帮助，尽快发展起来。我作为一名共产党员，作为一个受党多年培养的干部，应该响应组织的号召，在与爱人、女儿商量后，我按照组织要求报了名。经过多次筛选，其间还开了多次座谈会，初步确定 2 位同志。体检合格后，最终确定了我。我作为上海市第六批援藏干部，任职的岗位是萨迦县委常委、常务副县长。

适应环境　战胜困难

援藏是我自愿的，但当时我的心情还是比较忐忑的。

市委组织部专门组织培训学习，让我们尽快了解当地经济社会发展情况，并邀请第四批的领队赵福禧、第五批担任萨迦县委书记的纪晓鹏给我们介绍当地情况，听了各种情况介绍后，我也做了充分的准备，购买了高原生活、工作的必备物品，为进藏作好心理、思想、物资等各种准备。到了西藏之后，发现各类生活用品在拉萨都能买到，这方面的供应已经不成问题，但是，气候条件、生活环境、饮食习惯等方面与上海相比差别就太大了。自然环境比较严酷，来到远离上海近5000公里的萨迦县城，从海拔不到10米的上海一下到海拔4480米，海拔升高，含氧量减少，严重缺氧是对人最大的考验。打个简单的比方，假如有个东西不小心掉在地上，你都不想弯下腰去把它捡起来，因为就算弯腰的那一下也会让人感觉很累，气接不上。

萨迦县是上海对口西藏5个县中基础条件比较差的一个县，面积6800多平方千米，比上海还要大一点，当时人口只有五万，还没有我们黄浦区一个街道的人多，车在路上开个把小时看不到一个人是正常的事。由于干旱少雨植被少，远远望去，路两边种的树基本没几棵活的，而其他地方几乎寸草不生，风一刮起来漫天尘土飞扬。当时我们县城里缺水、少电，晚上只有看星星。萨迦县城三面环山，基本上每天下午一点左右至晚上八九点都要刮风，天气与新疆相似，一天中气温变化较大，一年中很多时间里，即便是晴天，也是白天有太阳时暖暖的，早晚气温就很低，需要额外加热取暖，一般都用烧牛粪取暖。县城里包括政府机关的用电，主要靠水力发电，有个水电站，有水的时候就有电，没水就没有电。第四批援藏期间，建了一个太阳能发电站。生活中没有自来水，当地人主要靠井水。但是那边井水中含汞量比较高，我一吃就拉肚子，所以三年里基本都喝矿泉水。饮食上我们也自己烧过，但是路也走不动，实在没办法烧。为了尽快适应环境，我边吃药、边休整、边锻炼、边适应，从心理上、生理上战胜险恶的环境，尽快适应环境。

我们与当地干部的沟通都是用汉语，当地很多干部都会汉语。应该讲我们党和政府对西藏是关心的，在全国各地建有藏族学校，他们成绩好的孩子，经考核选拔后有一部分被送到内地学校培养，所以他们都能讲汉语，回西藏去参加考试后，基本上都能进大中专院校，毕业后大都进入机关企业事业单位，成为我们援藏工作中与广大藏民沟通的重要桥梁，也成为建设西藏的重要力量。

做好打基础的工作

三年中，我担任萨迦县委常委、常务副县长，分管人力资源和社会保障、

◀ 援藏干部为"结对帮扶"的萨迦县孤儿送学习用品

商务、旅游、民政和政府的日常工作。有大半年时间，我们县长在外学习，政府工作我具体抓得多一点。主要是民生保障、劳动就业、教育、维护稳定等经常性基础性工作，具体是一些比如每年的春耕生产、年底青稞种植方面的田间管理、各重要节点的稳定、农牧民的技能培训、教育质量的督查、农牧民草场及水利管理等。主要还是尽可能从长远计议，做一些有利于保障当地经济持续发展、农牧民能真正实现脱贫致富的实事工程。我们刚去的时候，由于当地农牧民劳动技能水平有限，县里的一些工程比如：开路架桥、挖沟埋电缆，都招来自四川、湖北的外来务工人员，主要以四川农民工为主，他们稍微会一点藏语，劳动技能比较高，又能吃苦耐劳，所以他们赚的钱要比当地农牧民赚得多一点。为了帮助当地农牧民增加收入，我们规定所有工程，包括援建工程项目的用工，都必须招用当地农牧民，让他们参与项目建设，使政府扶贫政策与提高当地农牧民收入相结合，但重要的前提是要设法提高当地农牧民的劳动技能。当时区里拨付我们援藏资金几十万，我们就用这笔钱作为启动资金，并争取到自治区人社厅与日喀则人社局的就业扶持资金、项目、人才等方方面面的支持，在全县9乡两镇的积极参与下，委托县中学职教中心，针对群众的热门需求，适时为农牧民开展专业技术培训。每年每个乡镇定期培训钢筋工、水泥搅拌工、电焊工，还有拖拉机驾驶员等。经过培训，他们劳动技能的提高还是蛮快的。三年后我们走的时候，当地的农民工的收入也提高了。此外，当地的劳务输出从人数到质量都得到增长和提高。

萨迦县每年的7、8、9三个月是雨季，由于当地植被少，土地储存不了雨水，一到雨季极易发生泥石流等自然灾害，往往辛苦大半年，一场雨下来前面的付出全泡汤，甚至颗粒无所。针对这种情况，为保护农牧民的种植积极性，县委、县政府商量，实施了一个好的政策，由政府民政局牵头对所有在田间种植青稞的农牧民家庭按种植面积购买种植保险，一旦自然环境变化，青稞收成不好，保险公司就会按照自然环境恶劣程度的等级及种植的面积，为他们理赔，以此保护当地农牧民从事农业生产的积极性。

我们还实施提高各类人员的参保覆盖率，并达到97%，为地区之首，基本上县里的所有人员都参保了，由政府予以补贴。另外，还受理了持有萨迦县户籍的困难户、应届区外高校生关于教育救助申请的审核和受理工作，相继落实了高校学生的资助资金，保证了经济困难家庭子女顺利上学。到我们走之前，还对寺庙的喇嘛和尼姑参照农保为他们买了保险，为他们建了卡，按规定可以去日喀则看病就医。我们还积极争取上海师范大学团委的支持，并获得资金2万元，为萨迦县中学购买了图书。

切实改善藏民生产生活条件

我们萨迦县援藏小组6个人，来自上海静安、青浦、黄浦、普陀四个区。我除了担任常务副县长外，还与援藏小组一起，集体负责落实援藏项目。我们去了以后，深入9乡2镇的11个乡（镇）小学、11所卫生院、8所寺庙、25个县直部门走访调研。以调研为基础，在援藏工程项目的确定上，提出"以加强民族团结为己任、以改善民生为落脚点，以增强自我发展能力为突破口，着力改善农牧民生产、生活条件和促进农牧民增收"的总要求。在项目论证方面，我们邀请有关专家、专业人员，实地查看项目实施的自然条件、地理环境，论证项目建设的可行性，评估项目的效果。在论证的基础上，制定了援藏三年计划和五年规划。

◀ 萨迦镇居民用上
了方便卫生的自
来水

　　从改善民生的角度，我们首先考虑解决当地农牧民饮水和用电两大主要问题。一是萨迦县城供水工程的建设，这是上海援藏资金单体投入最大的一个项目，总投资3500多万元。一开始我们在调查摸底的基础上，经县发改委与地区、自治区等逐级沟通，初选自治区发改委下属设计院的找水打井队在县城周边打井找水，钱花了不少，时间也蛮长，打的井不是出水不多就是水质无保证，只好再调整方案，经充分认证，我们从13公里以外电站边上的一个水库，通过引水工程，把水引到我们县城，建了一个水厂，改善当地居民的饮水条件，提高饮水质量，保证饮水安全。但是由于自然环境的原因，当地的冻土层有一、两米厚，每年的10月份就上冻了，10月份以后就没水了，直到第二年的5月开春解冻才有水，也就是半年有水，半年没水，仍要喝井水，不能全年满足当地居民需求。二是萨迦县电站的建设。拉萨有个电力公司，电网沿318国道经过萨迦，从318国道到我们县城大概6公里的路，我们通过方方面面的力量，经地区与自治区相关电力部门，以项目与扶贫的名义，找到西藏供电局，拉了个支线，到2013年5月份终于把电网引到我们县城，县城及周边的居民可以用上电了。

　　另外我们还搞了新农村建设，把援藏资金转移给县政府，县政府也贴点

◀ 萨迦寺周边环境
整治一新

钱，统一组织在扎西岗乡、萨迦镇、雄麦乡修建一些公共设施，小流域治理和饮水灌溉工程，以及一些群众亟须的生活设施，改善农牧民居住条件。以前农牧民是分散居住的，通过新农村安居工程建设，一些有条件的农牧民集中到了马路两边和交通便利的地方居住，不仅便于管理，同时也是为了鼓励他们在马路边或县城旁，建塑料薄膜大棚种植蔬菜，搞一些经营活动，卖一点土特产，开个小饭店。路边经常会有旅游的人往来，一来解决了他们的生活来源，二来也为游人提供了方便。

萨迦县的县名就是因有萨迦寺，县城所在地的萨迦寺具有特殊的历史地位。1961年，萨迦寺被国务院确定为第一批全国重点文物保护单位。"文化大革命"期间，萨迦寺遭到严重破坏，萨迦北寺变成一片废墟。改革开放后，萨迦寺逐步获得修复。21世纪初，国家将萨迦寺、布达拉宫、罗布林卡共同列为西藏自治区三大重点文物保护维修工程。为利用好这些资源，发展当地经济，我们走之前，建了一个旅游服务中心大楼，是集旅游咨询、旅游集散、旅游住宿、旅游餐饮服务为一体的旅游接待服务设施。争取各方资金，投资新建了萨迦寺停车场、厕所等旅游基础设施，改善了旅游景点周边的环境。

招商引资发展经济

那些年西藏也在投资进行大建设，重点解决当地农牧民的就业问题，千方百计想方设法把县域的经济发展起来。318国道经吉定镇穿过萨迦县，吉定镇边上有一个大矿山，是一个荒无人烟的地方，石头很多，可以做水泥原料。经多方论证，我们决定以县政府、日喀则地区与山南地区的雪莲水泥厂三方合作的方式，吸引他们来这里投资，建雪莲水泥厂分厂，销售由雪莲水泥厂负责，销量不用愁的。雪莲水泥厂分厂建设要通过环评，其中也要征得当地老百姓同意。由于当时老百姓担心会污染环境，也得不到实惠，就不同意。所以我们让镇里面安排，把镇上老百姓组织起来，分批用大客车把他们送到山南总厂参观，让他们实地感受一下，看一看水泥厂的环境有没有污染；同时，他们也感受到，建了水泥厂以后，当地农牧民不仅可以去厂里务工，直接增加收入，而且周边的农牧民还可以建些塑料大棚种植蔬菜水果，建各类商店，为厂里工人服务。这些带动了周边地区经济的发展，给当地农牧民也带来致富的机会。雪莲水泥有限公司萨迦分厂落户投产后，县财政的年收入达到3000万元，其中，水泥厂的收入占比很高。而我们刚开始去的时候，县里面的财政收入一年才500多万元。

我们还跟自治区争取到了建一个加油站的项目。作为水泥厂的公共配套设施建设，这很重要。有那么多的车子需要加油，而且从发展当地经济和商务的角度，这也是一个十分必需的项目。审批过程非常严格，环保方面的要求很高，尤其是要进行安全和环境评估。那时候，为了建这个加油站，我跑了好长时间，跟方方面面沟通。同时，在走访过程中，我还就发展相关配套的农牧业，让镇里面拿出具体的实施方案。

拉萨、日喀则最不缺的就是太阳能，记得初到萨迦调研时，当地老百姓最盼的是有电与水。西藏当地有一些小型的电网，也多数是靠水力发电，主要供几个大的城市。也正是这个原因，每到冬季，城市居民家里常常会遇到停电，除了靠太阳能保证日常照明外，取暖只能靠少量木柴或是牛粪。没有足够安全可靠的电，不仅制约了西藏地区人民的生活改善，也制约了这里的生产发展。

　　火力发电污染环境，水力发电又受到季节制约，而太阳能这种洁净的能源却是上天赐予当地的宝贵财富。当时政府对太阳能发电有补贴，所以我们引进了山东龙源太阳能发电厂。在吉定镇边的一座山上，投资建造了一座太阳能发电站，我们无偿提供土地，鼓励企业投资建设太阳能发电站，既享受政府给到的补贴，又造福了当地百姓，并且还提高了县政府的财政收入水平。

　　援藏的三年，无论是政治上的历练，还是工作能力上的提升，对我来说收获是很大的。回想起来，这三年中为农牧民开展劳动技能培训，使当地农牧民的务工收入从来时的一天 50 元增长至走时 150 至 200 元一天；参与吉定水泥厂的推进，使县里财政收入从每年 500 万元增长至 3000 万元；帮助解决萨迦县城的电力供应。我没有辜负组织的期望，圆满完成了任务。我也要感谢沪藏两地及方方面面的领导和同志们对我个人及家庭的关心帮助，使我能安心工作。萨迦留下了我奔波的脚步，传递黄浦，传递上海人民，对藏族同胞爱和温暖的脚步。

一笔终身受用的财富

吴尧鑫，1952年10月生。曾任松江区委副书记、区人大常委会主任，金山区区长、区委书记，中共上海市市级机关工委常务副书记，上海市第十四届人大常委会委员、农业与农村委员会主任委员。1999年6月至2002年6月，担任上海市第三批援疆干部联络组组长、中共阿克苏地委副书记、黄浦区委副书记。

口述：吴尧鑫
整理：陆　晨

随着时间的流逝，人们对于过去时光的记忆会逐渐淡忘。然而，三年援疆，是每位援疆干部人生旅途中一段难以忘怀的经历，在艰苦复杂的环境中，不仅圆满完成了援疆任务，更多了一份对阿克苏的情缘。而且经受了考验、增长了才干，更是获得了一笔终身受用的精神财富。

率队出征　西北边陲

1999年上半年，党中央做出了加快西部大开发的战略部署。为维护新疆的稳定，促进新疆的发展，落实中央有关援疆工作的要求，4月26日，上海市委组织部召开了第三批援疆干部选派工作动员会。经过全市各级组织的精心挑选，确定了39位援疆干部。6月中旬的一天下午，市委组织部的领导来黄浦区，向区委领导传达了市委领导的意见，要改变以往援藏援疆的领队由郊县选派的做法，第三批援疆干部的领队将从黄浦区选派，明确由时任黄浦区委常委、区委组织部部长的我来担任。那天，我正在基层搞调研，即时被召回了区委办公室，市委组织部领导向我传达了市委领导的要求，问我是否有困难。那年我已47岁，父亲年事已高，体弱多病；身患癌症的岳母正在治疗之中；女儿在读初三将面临中考。尤其是母亲去世不久，父亲还沉浸在悲痛之中，很需要得到子女的陪伴和安慰。说实在的，到了这个年纪，怎么会没有一点困难呢？但我还是义不容辞地表示：坚决服从组织安排。

在短短七天之内，一方面做好各项工作的移交，另一方面还得抓紧做好进疆前的各项准备。尤其是要妥善安排好家事，我没有如实告诉父亲要去援疆三年，因这对年近 90 岁的老人来说难以想象，我不忍心增加父亲的担忧和牵挂，只是说要外出学习一段时间，不能经常回来。进疆不久，正逢父亲生日，那天我只能在电话里表示祝福，他老人家指责说："你为啥不回来？一个人能有几个 90 岁？"我很愧疚地说，学习忙，实在走不开。

我没能赶上参加由市委组织部举办的第三批援疆干部培训班，只是拿到了一份 40 位援疆干部的名单。根据新疆的实际情况，中央明确援疆不同于援藏，以技术援助为主。我们这支队伍具有三个特点：一是以教师、医生和科技人员为主，平均年龄 36 岁，最年轻的 25 岁；二是专业技术层次高，硕士、博士 12 位，全部具有中级以上专业技术职称，其中高级职称有 20 位；三是党员和预备党员 36 人，还有 1 名民主党派成员。上海第三批援疆干部完全符合中央的有关要求，可我发现这批年轻的专业技术人员各方面的差异还是较大的：不少同志是第一次出远门，有些是刚引进的"新上海人"，还有 4 位未成婚。要带好这支队伍，完成援疆任务，我深感责任重大。

6 月 23 日下午 2 时 15 分，上海第三批援疆干部乘坐新疆航空公司 9502 航班飞往乌鲁木齐，肩负着上海市委、市政府领导提出的"经受新的考验，接受新的任务，做出新的成绩，让新疆人民满意、让上海人民放心"的嘱托，出征祖国的西北边陲——新疆阿克苏。

务实为民　注重实效

1999 年 6 月 26 日，援疆干部抵达阿克苏。西北边疆艰苦的生活环境，对长期生活在沿海地区的我们来说非常不适应。一系列的新情况、新问题接踵而来。如何使援疆干部尽快担当起重任，过好思想关、工作关和生活关，是当前面临的现实问题。在阿克苏各级党政领导的关心支持下，我要求大家首先要确立主人翁意识，虚心向当地的干部群众学习，在各自的工作岗位上坚持多听、多看、多问、多调查、多思考、多研究。结合工作实践，积极探索，找准定位，勤思巧干，严于律己，尽快地融入当地干部群众新的集体之中，顺利实现角色转变，与大家打成一片。

阿克苏地处塔克拉玛干大沙漠的西北边缘，经济欠发达，是贫困地区。基层单位的领导对援疆工作寄予不同的期望：有的要求引进先进的观念、技术、管理；有的要求加强两地之间的经济、技术的合作与交流；有的则是简单地将援疆工作等同于项目、资金、设备的援助。面对各种要求和议论，以技术人员为主的援疆干部确实感到有压力，一时找不到头绪：有的困惑，有的为难，有的束手无策，有的还产生了急躁情绪。我组织大家认真学习、深刻领会上海市委提出的参与西部大开发要追求实效，重在创新的精神和新疆维吾尔自治区党委提出要将援疆工作做大、做实、做好的要求。在全面分析总结前三年援疆工作，回顾入疆半年来的工作实践的基础上，集思广益地提出了《务实为民再作贡献——上海援疆干部联络组 2000—2002 年工作设想》。我们清醒地认识到，新形势下的援疆不同于 20 世纪 50 年代的屯垦戍边，也不同于六七十年代的边疆建设，而是落实中央关于"两个大局"的战略，在支援西部大开发中，实现东西部优势互补、共同发展。因此，援疆工作必须坚持"务实"，即实事求是，不脱离实际；实实在在，不摆虚架子；注重实效，不图名利得失。援疆工作的立足点就是务实为民，为新疆各族人民办实事、谋利益，促进阿克苏地区经济社会发展，让各民族人民过上小康生活。新三年援疆工作设想体现了上海援疆工作的连续性、开拓性，得到了上海市援藏援疆工作领导小组和阿克苏地委、行署的充分肯定，地委向自治区党委作了专报。

每位援疆干部自觉践行务实为民的精神，在专业技术的传帮作用、两地交流的桥梁作用、民族团结的促进作用、文明建设的示范作用、廉洁自律的表率作用等"五大作用"中充分发挥个人的专业技术优势和上海援疆干部的整体合力优势。

我们为提高阿克苏地区的医疗卫生、教育教学、文化宣传等方面的工作水平做好传帮带。在阿瓦提县和温宿县的援疆教师不仅带好高中毕业班，还在素质教育、教学管理、教学方法等方面作示范、促提高，得到地、县两级教育部门和教师、学生的一致好评。2001 年高考成绩也达到这两所学校历史上最高

▶ 走访了解农产品
销售

水平，所取得的经验和做法在全地区得到了推广。12 位援疆医生不分昼夜为各族群众治病救人，解决了大量的疑难杂症。还新开设了脑外科、眼科、中医肛肠科等，全面提升了医院的医疗水平和管理水平。经援疆医生、教师和专业技术人员的三年带教，当地一大批技术人员的业务水平都有了不同程度的提高，尤其是 35 名业务骨干技术过硬，已能独当一面。

将阿克苏地区丰富的资源优势转化为经济优势，实现市场经济条件下沪疆两地优势互补、互惠互利、共同发展。我们利用上海的"窗口"优势，通过上海新闻媒体全方位地宣传阿克苏的两个文明建设，宣传西部大开发中阿克苏的新举措、新成就，以提高阿克苏的知名度，促进招商引资。在上海有关单位的支持下，每年阿克苏党政代表团来上海，都召开阿克苏地区招商引资洽谈会、经济技术项目推介会等，寻求经贸合作的机会。一批种牛、种羊、种鸽和优良种子等农业、畜牧业的援助协作项目进入了实质性运转。阿克苏的苹果、香梨、核桃、红枣、大米等优质农产品先后进入上海市场，获得上海人民的青睐，并取得了非常好的经济效益。三年里，援疆干部想方设法牵线搭桥，推动两地合作交流，做了大量卓有成效的工作。

鉴于阿克苏地区人才紧缺的状况，上海市实施了"1998—2005 年为阿克苏地区人才培训计划"。上海市政府每年出资 100 万元，为阿克苏培训党政干部、经济管理干部与专业技术人员，深受当地干部的好评。上海援疆干部选派单位也予以大力支持，三年内先后派出了 40 余名专家、学者赴阿克苏讲课或进行业务指导，受训者超过 5000 余人次。同时，阿克苏 300 余名基层党政干部和管理技术人员分别到上海有关单位学习和挂职，形成了具有上海特点的对口援助新机制。

为使边疆各族人民能感受到党和政府的关怀，感受到祖国大家庭的温暖。我们本着项目援助要量力而行不搞形象工程，让人民群众能得到更多实惠的要求，这三年上海用于阿克苏经济与社会各类事业的项目援助总额达到 2970 万元。由上海市人民政府援建的阿克苏地区少年宫，有小剧场、展览厅、活动室等，并开展形式多样的活动和培训，吸引了各族少年儿童积极参与，家长们纷纷称赞。上海有关单位先后在阿克苏市、阿瓦提县、库车县等地援建了 5 所希望小学，缓解了入学难的问题。还捐赠了图书资料、教学仪器、X 光机、显微镜、诊疗器械、药品以及电脑、传真机、投影仪等设备，极大改善了阿克苏的教学、医疗和办公条件。由上海市水务局援助 30 万元作为村民自筹资金，落实国家防病改水计划建成了阿克苏市托万阿勒地尔水厂，解决了喀拉塔勒镇 4 个行政村 540 户共 2700 多名村民和 6800 头牲畜的饮用水问题。在全疆开展的第 18 个"民族团结教育月"活动中，第三批援疆干部共同助养了一名由维吾尔族夫妇领养的汉族小女孩，负担她从 8 岁至 17 岁的生活与教育费用（我们返沪后将助养费交当地民政部门专款专用）。此外，我们还为阿克苏地区扶贫帮困、助残救灾捐款共达 12 余万元。

援疆干部立足本职岗位身先士卒，在促进观念转变、规范管理、改进工作方法和提高工作效率等方面下功夫，发挥好文明建设的示范作用。阿克苏地区下辖八县一市，有 13 万平方公里。我任地委副书记，分管地委宣传部、地委党校、工青妇等群团组织、地区精神文明建设和教育、科技、卫生、文化、体育、计生、广播电视、报社、档案等部门。意识形态工作在边疆少数民族地区尤为重要，可是这些部门的领导有畏难情绪。我从抓部门主要领导转变思想观念入手，结合工作实际，加强软实力建设。注重整体的统筹策划，将工作

◀ 在由上海援建的
启明学校（地区
聋哑学校）了解
特殊教育的情况

商量好后，由分管的行署副专员出面布置，明确责任，培育典型，以点推面抓落实。充分调动当地干部的积极性，经常与他们交流情况，分析问题，探讨对策，传授工作方法，注重关心每一位干部的思想、工作和生活。由于在提高干部素质、振奋精神上下足了功夫，较快改变了摆困难多、想办法少的局面。

　　地区聋哑学校地处阿克苏市城乡接合部，校舍损毁严重，条件十分简陋，还发生过治安案件，我看在眼里，急在心里。作为地区分管领导有责任采取措施，改变现状，不能再让这些需要特殊关怀的孩子成为被遗忘的人。但涉及资金等因素，困难确实不少，因地区财力有限，不可能拿出资金来改建学校。上海浦东新区获悉后援助了 50 万元，虽为雪中送炭，可还是有很大缺口。我在调研排摸的基础上，运用置换的方式，有效地整合了资源，妥善地实现移址扩建，既盘活了存量资产，又促进了经济发展，还解决了新建学校的资金来源。我提议将新建成的聋哑学校更名为启明学校，这所新建的学校成了南疆地区一所条件最好的特殊教育学校，还面向南疆其他地州招生，这件事在南疆地区震动很大。在我们回沪前告别时，还集资捐款 2.5 万元给学校，学生们紧紧拉住我们，以各种方式表示舍不得我们离开。

为推动阿克苏地区两个文明建设，援疆干部联络组向地委建议组织开展"地区文明建设十佳个人"评选表彰活动。这件事的初衷是这样的，前二批每位援疆干部都以个人名义与当地群众结对帮扶，大家提议我们这一批集体做一件更为有意义的事。40名援疆干部捐款筹资10万元，设立"上海援疆干部—阿克苏地区两个文明建设奖励基金"，为期三年用于奖励"文明建设十佳个人"。经地委讨论决定成立了评选表彰领导小组，制定了《开展阿克苏地区文明建设十佳个人评选表彰实施意见》。这项评选表彰活动在阿克苏地区各族群众中激起热烈反响，营造了良好的社会氛围，我们离开后又延续了好多年。

援疆干部在阿克苏的一言一行特别引人注目，能否自觉地发挥廉洁自律的表率作用，树立和维护上海援疆干部的良好形象，显得十分重要。在日常工作和生活中，援疆干部认真把握党的民族宗教政策，尊重民族同志，注重民族团结。始终抱着谦虚谨慎的态度，切实做到了没有因为在新疆工作三年而产生临时观念，也没有因为来自大都市、有专业特长而高高在上。随着赞扬声逐渐增多，我要求大家保持清醒的头脑，防止因自满情绪而导致工作中好表现自己，防止因急躁情绪而导致工作不够谨慎，防止得过且过而放松严格要求。三年来，经济部门的援疆干部在招商引资中，严格按照有关规定办理，拒收财礼；管建设工程的援疆干部，抓质量安全动真格，拒绝宴请；援疆医生为患者治疗，拒绝红包；援疆教师为学生补课不收任何费用，还自己掏钱资助贫困学生；在地县市领导岗位上的援疆干部，下基层调研，轻车简从，从不给基层添麻烦。在廉政建设方面严格要求自己，也影响和带动着身边的同事力求做到勤政廉政。援疆干部严于律己、无私奉献的先进事迹赢得了阿克苏干部群众的广泛赞誉。

1999年至2002年，阿克苏地区连续三年的GDP年均增长10%以上。可以说，对口援疆对当地经济社会发展，扶贫帮困改善人民群众生活的作用日益明显，为边疆稳固、民族团结、社会稳定的促进作用和维护作用日益凸显。

有舍有得　历练人生

40位援疆干部是一个特殊的群体，他们来自上海各行各业，每个人的经历、学历、资历、能力、性格及爱好各不一样，所从事的工作也都不同。进疆

◀ 深入贫困村慰问

以后，如何经受得住从东海之滨到戈壁大漠、从熟悉的工作到陌生的岗位、从家庭生活到寂寞单身、从上海人到阿克苏人转变的严峻考验，这不能仅有热情，主要是靠每位援疆干部的自警自律、人格人品和无私奉献。而思想境界和品格精神的升华，就是需要在艰苦复杂的环境中锤炼。因此，援助是双向的，三年援疆对援疆干部来说，确实是舍了小家做出了牺牲和奉献，但新疆也为我们提供了锻炼成长、施展才华的舞台。对援疆"舍"和"得"的辩证理解，增强了每位援疆干部做好援疆工作的自觉和自信，大家十分珍惜这次难得的学习和锻炼的机会。

阿克苏地区气候干燥，沙尘暴、山洪、传染病多发，又属于地震的多发区，再加上少数民族的生活习俗，这些对我们来说很不适应。朱建锋和花炳灿同年同月同日出生，都是由上海现代设计集团选派，到阿克苏后又同在地区设计院，一个担任院长，一个担任总工程师。这两位从未有过领导经历的年轻人，一下子走上了主要领导岗位，接手一个自负盈亏的单位，我真的为他们俩担心。刚开始的一段时间我两三天就得过去看看。最先两次去，问他们吃啥了，都说是吃面条。第三次去我还没问，他们俩就说吃过了。在聊的过程中总感到两人坐立不安，突然闻到了焦味，原来他们还是在下面条，结果将面条烧糊了。进疆后的第一个月，他俩基本上天天吃面条。三年下来，这两位年轻人不仅跨过了生活关，还任劳任怨，直面挑战，带领全院设计人员开拓市场，圆满完成了每年的任务。尤其是在"阿克苏文化艺术中心"和"阿克苏少年宫"这两项地区标志性建筑的重点工程建设中，发挥了至关重要的作用。援疆干部在特殊环境中履行着特殊的使命，我把严格教育管理同关心爱护贯穿于全过程。有的同志生活自理能力比较差，就创造条件帮助他们学会照顾自己；不喜欢吃腥膻辣食品的，就要求大家相互照顾，逐步适应少数民族的饮食习惯；日夜工作、生活在一起，相互间难免会有些磕磕碰碰，就宣传身边的闪光点，弘扬正气，将一些不良倾向和误解消除在萌芽之中；为了丰富业余生活，为每人庆祝生日，节假日组织大家包馄饨、包水饺或会餐改善伙食，还组织棋牌、摄影、保龄球等比赛。

2000年12月连续9天下暴雪，气温骤降到零下30多度，遭灾后我和联络组成员走访了每一个援疆干部，确保大家的工作生活不受影响。2001年4月6日傍晚又遇上了50年未遇的沙尘暴，狂风裹挟着沙尘滚滚而来，刹那间黑云压城，室外的能见度不到一米。室内充满着沙尘的"腥味"，晚上只好戴着口罩睡觉，早晨醒来，有同志将室内的沙尘扫成一堆，写上"一夜尘土"。自然灾害严重影响了生产生活，商店关门，食堂关闭，给我们的生活造成了困难。我要求由组长负责想办法解决吃饭问题，自己赶到受影响最严重的县，与大家一起共渡难关。

根据三年工作设想、每个阶段的工作任务、不同时期的不同要求，联络组每季度提出一个主题，有针对性地开展思想教育。对工作中取得的成绩，好的思路，有效的方法，进行总结提炼，供大家学习借鉴。对遇到的困难，进行分析研究，引导大家拓展思路，不断提高工作水平。针对存在的问题和倾向，从"四自三严"（自重、自省、自警、自励，严格要求、严格教育、严格管理）的高度分析原因，提出整改和防范措施。当6名同志转为正式党员，4名同志也加入了党的组织后，我就以党员的标准来严格要求，以讲党性、重品行、做表率、严于律己，引导大家加强党性锻炼，自觉接受党的考验。

这三年，援疆干部从严律己，切实做到了不随意参加宴请，无一涉足舞厅、桑拿等娱乐场所。工作中没有出现失误给当地造成经济损失，生活中也没有产生不良的社会影响，更没有因为各种困难而影响工作。严谨的作风来源于组织的从严管理，来源于个人的自觉锻炼，来源于同志间的友情关爱。共同的使命，共同的责任，援疆干部结下了兄弟般的情谊，更是在艰苦复杂的环境中培育了我们的共同志向与价值趋向。

不到新疆，不知道祖国有多大；不去援疆，不知道使命有多重。援疆干部牢记使命，不负重托，坚持务实为民，充分发挥"五大作用"，以较为出色的实绩和严于律己的良好形象，得到了新疆维吾尔自治区党委、政府和阿克苏地委、行署的充分肯定，赢得了阿克苏各族人民的高度赞誉。援疆干部联络组荣获新疆维吾尔自治区民族团结先进集体；先后有30名同志被上海和新疆两地各级党组织评为优秀党员，其中1人荣获上海市优秀共产党员称号；14名同志被新疆维吾尔自治区党委、政府或地委、行署评为优秀援疆干部；1人被评为上海市对口援助先进个人。

2002年6月23日我们回来了，三年的援疆时间很短暂，但三年的经历确实是非常难得的。我们为自己能以实际行动参与西部大开发战略的实施而感到自豪；能为加强民族团结，促进各民族共同发展、共同繁荣作出努力而感到高兴；能为在边疆地区履行党的宗旨，实践"三个代表"而感到光荣。虽然，我们回沪已经18年了，但在打赢脱贫攻坚战的关键时刻，再来审视和回顾三年援疆，更能感受到意义非凡，这必将对我们今后的人生之路产生深刻的影响。

我的援疆战友团

黄剑钢，1958 年 11 月生。曾任上海市委巡视组副组长、正局级巡视专员。2008 年 7 月至 2010 年 12 月，担任上海市第六批援疆干部联络组组长、中共阿克苏地委副书记，上海市政府驻新疆办事处主任、卢湾区副区长。

口述：黄剑钢

整理：周文吉　王雅婧　李青芸

> 援疆兄弟心在大漠飞翔，
> 心系金色胡杨，情牵欢腾的多浪。
> 援疆兄弟胸中有朝阳，
> 待到边疆赛江南，举杯把歌唱……

当年上海援疆战友们共同填词的一首《援疆兄弟》，把我带到祖国遥远的边陲——南疆大地。博物馆、妇幼保健院、二中分校、幼儿园、启明学校、公安 110 指挥中心，一幢幢崭新的建筑掠过眼前，阿克苏人民在绵绵细雨中盛情欢迎的场面、两年多拼搏奋进的场景，熟悉的笑容、熟悉的脸庞、熟悉的身影、熟悉的城市，一幕幕浮现在我的脑海。

调研开局

2008 年 7 月 27 日，我带领第六批 60 名援疆干部来到阿克苏。此时，上海援疆工作正步入第十一个年头。经过十年的积累，已由最初的摸索阶段，渐渐踏出了清晰路径，积累了比较成熟的经验，而步入正轨。

到了阿克苏，稍作休整，我就坐不住了，惦记着尽快对地区的两县一市进行实地调研。希望通过"解剖麻雀"式的了解，尽快熟悉情况、展开工作。按

第六批援疆干部到达阿克苏，受到当地领导和各族群众的热烈欢迎

照惯例，我们先请地委、行署领导介绍当地的情况，有什么说什么，畅所欲言，越详细越好。我们也听取以往、特别是前一批援疆干部的工作情况介绍，同时希望获得当地人民群众对援疆工作的要求和建议。随后，我们工作团队兵分七路，开展专题调研，聚焦改善民生，从扶贫开发、劳动就业、医疗卫生、精神文化四大类入手，对当地社会经济现状进行深入调查研究，力求精准"把脉"。两个多月中，我们走访超过200个单位，现场考察200多次，召开座谈会190余次，个别访谈300多人……收集了大量一手资料，听取和征求各方意见，足迹遍布阿克苏的广袤大地。

在对掌握的情况进行分析后，我们对阿克苏当地的社会经济状况有了更深的把握，这些也是一些欠发达地区普遍存在的问题，集中表现为：基础条件落后，基本建设水平与发达地区存在一定的差距，教育、卫生、文化等公共服务供给不足；人才缺乏，人才的数量、结构和质量不适应发展的需要；市场开拓能力较弱，当地优势资源，尤其是特色农副产品没能得到有效的开发利用，资源优势未能转化为产业优势、经济优势。

这些问题客观真实地摆在我们的眼前。有些问题需要长期努力，一时难以根本解决，需要逐步积累，久久为功。但有些诸如人民群众生产生活、医疗卫

▲ 上海援疆项目——阿克苏地区二中（分校）开工建设

生、文化教育方面等，与当地老百姓息息相关的问题，我们要设法尽快解决。于是我们决定，把这一阶段援疆工作的目标对准解决这些问题，将有限的资金花在为当地老百姓解决急、难、愁、盼的问题上，不搞形象工程，一切援助工作以真正做到改善民生为出发点，立足当前，着眼长远，夯实民生服务基础建设，我们的破局就从这里入手。

援疆项目资金都是阿克苏和上海两地配比。当时，项目总投入额达到 4 亿元左右，其中 2.5 亿元来自上海市委、市政府和各派出单位的大力支持，1.5 亿元来自当地政府。事实证明，这种资金配比有利于每个项目的推进工作。我们这一批安排的援疆项目共有 162 个，建设类项目就有 145 个，其中 90% 都是民生项目。比如在基建方面，秉持"向基层倾斜，向贫困边远地区倾斜"的原则，对阿瓦提县、温宿县两个贫困县的村容村貌整治、完善水电气和医疗、教育保障为主的新农村建设项目就达 12 个。在教育方面，重大扶持项目主要有阿克苏地区第二中学、阿克苏地区示范性幼儿园、阿克苏地区启明学校等。阿克苏二中采用寄宿制，学校设施齐全，能同时容纳 60 个班级、3000 多名学生的就学、生活需要。阿克苏地区示范性幼儿园建成后，其规模也称得上是南疆地区排名第一的幼儿园了。

牵线搭桥

当地干部自然非常关心项目工程，不过我们援疆干部的劲头更足。每年春节前夕，我们61位同志会分批回到上海休整，身在东海之滨，大家的心却依然留在阿克苏。干部们休而不息，忙碌奔波于上海市农委、教育、卫生、旅游等部门，联络项目、开辟渠道、搜集信息，为阿克苏农牧民寻求来年的致富之路。

功夫不负有心人，在援疆干部不遗余力的"吆喝声"中，阿克苏的冰糖心苹果、大枣、甜瓜、葡萄、香梨等，成为上海家喻户晓的优质果品。由援疆干部筹建的"阿克苏特色果品一条街"，在位于松江区的上海国际食品城开张迎客，并逐步打入长三角及国际市场。当地的果农笑开了颜。

2009年10月26—30日，以整体宣传推介阿克苏文化、旅游、民俗及丰富独特的资源，展示阿克苏对外开放的形象为主的上海"阿克苏宣传周"活动隆重举行。此次活动以"龟兹故地·西域精粹——魅力阿克苏，森林城市·油气富集——活力阿克苏，塔河韵·浦江情——情谊阿克苏"为主题，通过政府引导、企业与社会参与、市场运作的方式，全方位、多层次、多角度宣传推介

◀ 在上海举办的阿克苏宣传周活动

阿克苏。

在上海"阿克苏宣传周"期间，阿克苏旅游推介会、阿克苏纺织工业推介会、阿克苏果品营销恳谈会、神奇的阿克苏——摄影、农民画作品展、阿克苏农副产品展销会等活动精彩纷呈、各具特色，吸引了诸多上海市民争相而至，共赴这场"精品盛宴"。

在这个宣传周里，阿克苏与上海、浙江、江苏等地企业签订了 20 个合作项目，金额达 61.58 亿元，涉及石油化工、农副产品深加工、物流、旅游、果品购销等领域，进一步扩大了阿克苏在上海及长三角地区的影响力，增强了阿克苏自身发展的能力，进一步推进了沪阿两地的交流与合作，成为当时空前成功的一次宣传推广活动。

播种造血

经过前五批的援助，阿克苏地区的经济社会发展已有了长足进步，但地区的人才培养还跟不上形势发展需要。阿克苏缺医少药，通过上海多年援助，虽然医疗设施逐步改善，但高水平的医务人员确实匮乏。比如妇幼保健院已启用快一年了，当地医生还不会使用上海带去的医疗设备，第一例剖腹产手术仍是由上海的援疆医生完成的。硬件上去了，软件却没能及时跟上，类似情况难免让我们暗暗扼腕。

随着援疆具体工作的层层展开，我们越来越清晰地认识到，想真正改变阿克苏地区的"先天不足"，不但需要资金支持的"输血"式帮助，更必须拓展到"造血"的层面。

上海市党政代表团来阿克苏考察后，全市各委办局、各援疆干部派出单位和社会各界人士纷纷组团来阿克苏考察，并在资金、物资、技术、人才培训等方面给了我们大力支持。有了上海大后方的全力支撑，我们信心满满，提出了"两端培训、重在当地、拓宽领域、效果为先"的人才培养思路，大批量、大规模地为当地培养各行各业的急需人才。

我们积极发挥纽带作用，一方面争取把上海先进资源"请过来"，另一方面推动阿克苏当地人"走出去"。在地区人力资源和社会保障局担任副局长的张玉磊多次与上海协调联系，争取到在阿克苏首次举办劳动保障干部研修班，并争取100万元引进了职业教育远程网络工程，实现了阿克苏职业培训与上海同步进行，让上海的先进技术和工作理念有望在阿克苏早日落地生根。

到第六批援疆工作结束，我们帮助培训当地各行业人员7000多人次，开设班级140余个。其中，我们组织在上海培训了85个班次，1700多人次；邀请上海有关单位的专家学者在阿克苏举办培训班55个，培训5300多人次。数据极其振奋人心，我们相信，有了人才，留下一批技术过硬的干部，才能为阿克苏的发展带来无限可能。

战斗团队

我们61位援疆兄弟，来自上海各个行业不同的单位，为了一个共同的目标走到一起，组成了一个特殊的团队。而这个团队又俨然是一个大家庭，平时除了工作，我们还组织丰富多彩的活动，比如读书、征文、摄影、乒乓球等文体活动。每逢节假日，我们更是欢聚一堂、共度佳节，让远离家乡的兄弟们感受到大家庭的温暖。

特别是每年的中秋佳节，上海市都会组织"相聚月圆时"援建干部视频联欢会。每到这一天，我们都会把阿克苏分会场布置得既有民族特色又能体现我们援疆干部的精神风貌，我们会通过视频与上海的亲人见面，会把我们援疆的情况向上海的领导和派出单位汇报。

援疆期间另一件难忘的事情是我们过的每一个集体生日。在上海，或许我们的生日都是在自己家中度过，又或者男子汉的生日容易被本来就幸福安逸的生活忽略。而在新疆，援疆干部还要经受孤独的考验，因此，我们努力做到不忘记每一个兄弟的生日。生日当天，联络组都会买上生日蛋糕，召集大家过集体生日，充分体现上海援疆干部大家庭的温暖。这个传统一直延续到现在，虽然大家不在一起聚会庆生了，但每到有兄弟生日，在我们第六批援疆干部的微信群里，大家都会热情地送上祝福。

在近三年的时间里，在遥远的边疆，在艰苦危险的环境中，在援疆使命的感召下，我们 61 位援疆兄弟一起互帮互助、克服困难、同心协力做好援疆工作，结下了深厚的兄弟情谊。

我们第六批援疆干部平均年龄 39.5 岁，正是年富力强的时候，团队里的 61 位援疆干部被派到当地各个具体岗位任职，最大限度发挥各自的潜能，如同一颗颗火种，为援疆事业发光发热。

兄弟们平时工作繁忙，很难碰面，如何使整个团队做到"形散而神不散"呢？作为领队，我除了关心大家的生活，更着力关注团队的精神面貌。我们在全体援疆干部中开展了"牢记援疆使命，奉献援疆事业"的主题教育活动，并且发挥大家的积极性和集体的智慧，共同讨论认清我们所面临的形势和肩负的责任，形成第六批援疆干部精神，着力打造"三个一"，即"一面旗帜、一种精神、一支队伍"。

在整个援疆期间，我们的干部个个激情满怀，很快就成了不怕苦、不怕累甚至不怕牺牲的战士，但是援疆干部自身的安全问题，却是我心中惦念的大事。当时我十分清楚，三年后除完成援疆工作任务，把 60 位援疆兄弟平安地带回上海交给他们的亲人，这是我援疆的另一份沉甸甸的责任。

在入疆前，我们就了解到新疆特别是南疆地区不仅环境艰苦，政治斗争形势也比较复杂、严峻。我们全体援疆干部迎难而上，全力以赴投入到维稳工作中。

为了方便人员管理和工作联络，61 位干部按照所在区域和行业分成七个小组，组长分管组内成员的工作汇报，我负责接收七个组长的情况汇报。"7·5"事件后，我及时调整汇报周期，要求干部们每天晚上都要沟通情况，确保每一个兄弟的人身安全及工作纪律。直到援疆工作的顺利完成，我心中一块久久悬着的石头才落了地。

经过和应对了一起又一起的突发事件，我们的队伍也得到了锻炼和成长，"谦逊好学，艰苦奋斗，团结进取，务实奉献"的精神始终指引和激励着 61 位援疆兄弟前行，也正是有这样一支具有极强凝聚力和战斗力的队伍，才确保了我们整个援疆工作任务的顺利完成。

真情奉献

怎舍得哟就这样离开，怎舍得哟就这样告别！

吐木秀克的国旗啊是否每天照样升起？

阿热勒的杏树啊是否还是那样茂密？

恰克拉克的老乡啊是否已住上安居？

佳木镇的小女孩啊是否还在为上学早起……

这是时任温宿县委宣传部副部长的援疆干部陈峰告别阿克苏时写下的诗句，它充分体现了上海援疆干部对新疆、对阿克苏的深厚感情和无限挂念。

阿瓦提是援疆对口县市中最偏远、贫困的一个县，我对这片贫瘠的土地情有独钟，时常到那里走村访户，看望乡亲。2009年初，当我走进拜什艾日克镇东维一村时，听说阿娜古丽因家庭贫苦将不能继续求学，连忙送上助学金，鼓励她放下包袱，安心学习。像阿娜古丽那样因贫困面临辍学的孩子还有很多，我们看在眼里，急在心里。我们61个援疆干部自发组织，以"一帮一"的方式结对，每人资助一名家境困难的高中学生，每年提供1000元的教育援助资金，协助他们完成求学梦想。孩子们纷纷表示要好好学习，不辜负上海"亲戚"的关爱和希望。

走在援疆的路上，每个援疆干部的事迹都能写成一部感人的故事集。这些事迹不只是他们自身竭尽所能、造福边疆人民的见证，也是沪阿两地人民深厚友谊的见证。每每回想往昔援疆的日子，不仅工作实效令人欣慰、奋斗历程令人慨然，更珍贵的是那一幕幕与当地干部、百姓相处的片段。

时任阿克苏地区公安局副局长的援疆干部虞星波，从一踏上阿克苏的土地，就被接踵而来的突发事件推到了维护稳定的第一线：直接参加奥运安保和一系列事件侦破线索的收集取证和后续防控工作。烈日下的戈壁滩命案现场、通宵达旦的案情分析会、紧张异常的审讯……他这一坚持，就是他援疆的整个过程，近1000个日夜。

援疆医生白强是上海交通大学附属新华医院泌尿外科副主任，入疆后任地区第二人民医院副院长。三年中，他先后完成手术 200 多台，成功抢救危重患者 8 人，先后获得阿克苏地区创新技术 7 项、新疆维吾尔自治区创新技术 2 项，高超的医技赢得了同行们的赞扬。医者仁心，遇到贫困的农牧民患者，他还经常自掏腰包买药为病人救治。有一次，白强做完手术已经是半夜一点，刚躺下不久突然接到 170 公里外拜城县医院的求救电话，他不顾工作疲劳，立即乘救护车赶赴当地，及时为一名生命垂危的 7 岁维吾尔族小孩施行手术，成功挽救了这个孩子的生命。每每提到他，边疆人民都会由衷称赞，上海来的医生"亚克西"（维吾尔语"好""优秀""棒"的意思）。

援疆教师田豪，在调研中了解到维吾尔语版的计算机教材种类比较少，汉语直接翻译的版本大多理论性较强，维吾尔族学生学习计算机操作有难度，由此他萌生了编写一部《双语计算机操作指南》教辅材料的想法。田老师从学维吾尔语做起，从研究汉语版计算机教程入手，并与当地两位维吾尔族教师联手，耗时两年多，终于编写完成了这部轻理论、重操作的《双语计算机操作指南》，受到了维吾尔族学生的欢迎。

骨科医生马一翔，下班后正在理发，突然接到医院电话。一听到有 7 个车祸伤员送到医院，他马上起身，顶着"阴阳头"夺门而出。直到第二天，他抢救完伤员才回到理发店，修剪完另一半头发。

在阿克苏市担任招商局副局长的援疆干部徐帮林，从进疆第一天起就把自己当成了阿克苏市的"推销员"，在国际金融危机影响的大背景下，奔走于乌鲁木齐"乌洽会"、成都"西洽会"、杭州"浙商 500 强企业会"、上海"农展会"，不怕"坐冷板凳""看脸色"，苦口婆心地与客户谈判，为阿克苏市连年大幅度超额完成招商任务做出了重要贡献。

2010 年 11 月，正值上海第六批援疆工作接近尾声之际，时任阿克苏农办副主任的援疆干部李建刚的父亲病危。李建刚为能如期完成手头的援疆工作，一直坚持到所有援疆项目圆满收官才与大部队一起离疆。而此时，却又受阿克苏沙尘与乌鲁木齐冻雾天气影响，航班一再被取消，大部队的返程硬是被延误了三天。当我们抵达上海接受隆重的欢迎之时，李建刚连夜赶往杭州看望父亲，而结果是，虽然见上了父亲最后一面，却还是没能听到父亲最后的嘱托。

援疆期间,时任阿瓦提县文广局副局长的援疆干部邓晓东的妻子生下他们的女儿,被我们称为"援疆宝宝"。为纪念这份与援疆的缘分,邓晓东给女儿取名"邓莘媛",谐音"新缘",意即与新疆有缘。

短短三年,援疆干部们如同沙漠里坚毅挺拔的胡杨树,已经深深扎根在边疆广袤的土壤里。他们把阿克苏当成自己的第二故乡,在援疆工作中把自己的真情奉献给了这一片热土,以实际行动在各族人民心中树立起援疆干部良好的形象。

时光流逝,当年我们豪情满怀踏上新疆大地的记忆,可能有些细节会淡去而变得模糊,但每当《援疆兄弟》的歌声响起,在阿克苏地区的那段经历、那些日子就会重现眼前。三载远赴西域、帮助建设祖国边疆的经历,让我多了60位并肩奋斗的兄弟,结识了天山脚下淳朴的父老乡亲,成为我人生中不可多得的光辉岁月,刻骨铭心,长存于心。

甘做天山脚下的一颗铺路石

——三载援疆往事记

　　徐国恩，1959 年 6 月生，曾任中共黄浦区委统战部副部长，中共黄浦区委台湾工作办公室、黄浦区政府台湾事务办公室主任。2002 年 7 月至 2005 年 7 月，为上海市第四批援疆干部，挂职担任中共新疆阿克苏地区温宿县委副书记，分管宣传、教育、卫生、科技、文化、广播电视、工会、共青团、妇联等工作。

口述：徐国愚
采访：陆　晨　李青芸
整理：李青芸
时间：2020 年 3 月 10 日

　　2002 年 7 月，我作为上海市第四批援疆干部中的一员，在领队金士华（联络组组长、阿克苏地委副书记）率领下，奔赴祖国边陲新疆阿克苏温宿县工作。温宿县地处天山南麓，塔里木盆地北缘，与吉尔吉斯斯坦、哈萨克斯坦接壤，边境线长约 160 公里，地域面积 1.46 万平方公里，辖 5 乡 5 镇、12 个农林牧场，21 万人口中有 23 个民族，其中维吾尔族占近 73.4%，其余为哈萨克、俄罗斯、汉族等，是一个以维吾尔族为主的多民族聚集区。

　　根据组织安排，我担任中共温宿县委副书记，主要分管宣传、教育、卫生、科技、文化、广播电视、工会、共青团、妇联等工作。虽然，工作性质、内容都发生了重大变化，但我始终没有放松自我要求，在新的岗位上，我把为温宿县各族人民谋利益作为自觉追求，把这次援疆经历当作践行党的宗旨的最好机遇。在援疆三年的岁月里，有许多事都令我难以忘怀，今天想起，一切仿佛就发生在眼前。

患难与共的鱼水情

　　在我刚到温宿的第三天，阿克苏地区就遭受了百年不遇的特大洪灾，我和

◀ 援疆干部为群众分发西瓜、肉、馕等食物

其他援疆干部迅速投入到抗洪救灾工作中，与几千名干部、群众并肩作战。当时我手拿大喇叭站在大堤坝上一边做抗洪动员，一边及时向联络组汇报灾情。我们还自己出钱购买了西瓜、肉、馕等食物送到抗洪一线的群众手中。联络组组长金士华也在第一时间为温宿县送来 10 万元救灾款和 1.5 万元的物资，并到受灾较为严重的村民家中慰问，得到了当地群众的称赞。经过这次抗洪救灾，更加深了我们上海干部与当地群众的鱼水情谊，也为之后三年的援疆工作奠定了良好的群众基础。

我到任的第二年，遇上了非典，在防治工作中，温宿县成立了领导小组，我担任领导小组常务副组长一职，为科学有效防治非典疫情，我们采取了一系列措施，包括制定《温宿县传染性非典型肺炎防治预案》，缜密部署非典防治工作，层层签订责任书，明确各单位的防治任务。同时建立疫情报告监测制度，强化流动人口管理，严把入口关，我们在 314 国道上设立了检查站，并在县医院和各乡镇场开设发热门诊和留观室，组织人力迅速建造传染病医院。非典疫情关乎人民群众的生命安全和健康，因此，防治工作来不得半点马虎，我们是高度重视的，对每一个环节都严格把关，这期间我们还成功组织了两次非典防治预演，得到了地委、行署以及当地居民的高度肯定。

我的维吾尔族亲戚

温宿县克孜勒镇的农民吐逊·阿吾提一家，是我扶贫帮困的对象，在援疆三年中，我与他们家结下了深厚的友谊，每年的春耕及特殊的节日，我都会去看望他们，并为他们送去生产、生活用品，多次与镇长阿不都·卡德尔·毛尼东孜商量能够帮助他脱贫的途径和方法。

2004年7月的一天，女儿来疆看望我。她满心欢喜地来到温宿，一切对于她来说新鲜又好奇，戈壁、草原、白雪皑皑的托木尔峰都是她的向往。她指望我能带她好好玩玩看看，可第二天我却把她带到了吐逊·阿吾提家里。吐逊一家看到我和女儿的到来，都非常高兴，热情地招呼我们，用维吾尔语夹杂半生的汉语说着我与他家的交情，女主人吐逊·古丽用衣服裹起十几个刚煮熟的鸡蛋硬塞到我女儿的手上，女儿望着吐逊一家赤着双脚，没有门窗的泥房，杂乱的院落，竟一时不知该不该接。见此情景，我赶紧做手势让女儿接下这代表吐逊一家盛情的鸡蛋，我感觉他们真是用心尽力了。接着我把女儿带到吐逊家的牛棚里，一头怀孕的母牛和一头小牛正在吃着草料，我悄悄地告诉女儿："这是爸爸年初在集市上买了送给吐逊家的。"女儿高兴得忙着又是拍照又是和吐逊一家人合影。在回县委住地的路上，女儿望着车窗外飞驰而过的荒漠戈壁说："爸爸，吐逊一家的生活真不容易啊。我吃的这鸡蛋感觉比上海吃到的香很多。"这两句话虽没什么关联，可我知道女儿的内心在想着许多许多……看来，带女儿来看吐逊一家使她有许多感悟，从此吐逊一家的状况也成了她心中的牵挂。

那年秋季的一天，我刚从乡镇检查完工作返回县委，车未停稳，只听门卫急切地喊："徐书记，你家亲戚来看你了。"我纳闷，最近没有亲戚提起要来看我呀。话音未落，门卫已把吐逊·阿吾提夫妇两人带到了我跟前，我恍然大悟："啊，是亲戚，是亲戚呀。"只见他俩穿着一身新衣衫，红光满面，随行的翻译艾山江·牙孜告诉我，他们清晨5点就坐着板车（马拉车）出发特意来看我。吐逊激动地拉着我的手说："书记，我家今年丰收了，现在已有三头牛了，一头奶牛挤奶可以卖钱了，还有果园的葡萄也甜得很，今天我带两箱自己家种的葡萄请你尝尝。"望着吐逊夫妇，我心有所思，我们为百姓做了一点点好事，可百姓却把我们当亲人，虽然我们同维吾尔族同胞长相、语言不同，但只要真心真情，心与心是相通的。我每年都会收到乡、镇、场送来的水果，我都让教育局、县妇联转送给生活有困难的农牧民，唯有这两箱葡萄我留给了自己，慢慢地品、慢慢地尝、慢慢地去感受人生的价值。

2005 年 6 月，在结束三年援疆返沪前，我又特意去了一次吐逊·阿吾提家。车未进村，我远远地就看见镇书记、镇长、吐逊一家在村口迎接。吐逊·阿吾提一家已经住进了高大宽敞的新房，圆圆直直的梁柱还散发着原木的清香，吐逊特地穿上了新皮鞋，我看见幸福洋溢在他们脸上。其实我内心十分清楚，并不是我一个人帮助吐逊家脱了贫，主要还是当地党和政府的支持和帮助，我只是在吐逊家脱贫的路上给予了一点微薄的帮助，我真心期待有许许多多的"吐逊"能过上这样的好日子。

为了千千万万个"古丽"

援疆三年，我几乎跑遍了温宿县的乡、镇、农、林、牧场教学点，孩子们的学习成长始终是我内心深深的牵挂。2004 年 3 月的一天，我与分管教育的副县长阿孜古丽、教育局书记吴淋等一行驱车 70 余公里，来到与吉尔吉斯斯坦接壤的萨瓦甫齐牧场教学点调研。白雪皑皑的托木尔峰仿佛就在眼前，远远望去只有两间土坯房的校舍镶嵌在白杨林中显得原始古朴。当车驶进校园时，映入眼帘的是门窗不全的房屋，一节废铁轨做的"钟"挂在树杈上，全校十几位师生在"操场"上迎接我们这些难得一见的"大领导"，我快步走到老师和孩子们中间，按维吾尔族礼节行礼，然后热情地握着校长那双长满老茧又开裂的手，细细询问孩子们的学习情况，实际上此时询问已是多余，眼前的所见足以说明一切。两个老师、十几个 7 到 11 岁的孩子，无法分班教学，老师既教授语文、数学，又教绘画、体育，多年来这里的孩子无一人能考入县高中。我又一一询问孩子们的生活情况，孩子当中没有一人能听懂汉语，阿副县长充当起了翻译，当我看到一名叫努尔古丽的女孩饭盒里仅有半块馕，得知其每月全部生活费只有 60 元时，我的内心受到了震撼。人民群众的所思、所盼、所需

◀ 由卢湾区出资援
建的温宿县希望
小学教学楼全貌

就是我们一切工作的落脚点。回到县委住地，我一连几个晚上辗转难眠，教师、孩子们期待的眼神时时浮现在脑海，作为一名援疆干部、一名分管教育的县委副书记，肩负的责任重啊！为温宿县多建几所学校，让更多的孩子得到相对优质的教育，成为我心中的梦想。我一方面召开教育工作协调会，制定攻坚克难教育改革方案；另一方面积极向联络组、温宿县委、上海卢湾区委汇报改建学校、合并学校、民汉合校的设想建议，四方奔走、八方求助。功夫不负有心人，在联络组组长金士华（时任阿克苏地委副书记）的关心支持下，争取到闵行区华漕镇和浦江镇的项目援助资金 150 万元及当地的配套资金，分别建造萨尔甫齐闵行华漕希望小学和吐木秀克闵行浦江希望小学，我凭借曾搞过建设项目的经验，对项目的设计、施工建设和工程中遇到的问题积极协调解决，严把质量关，从而保障项目的顺利竣工。

当我 10 月份再次来到萨尔甫齐牧场，半径 50 公里，附近 5 个教学点，686 名农牧民的孩子已在这所崭新的校舍里上课了。在挂有"上海春蕾女童班"教室的窗口，我看见努尔古丽正在聚精会神听老师讲课，在女孩脸上洋溢着幸福的笑容，古丽从此可以衣食无忧，安心地学习，快乐地成长。回到操场，我抬头仰望在蓝天白云下高高飘扬的五星红旗，内心充满了自豪和喜悦。

▲ 卢湾区政府向温宿县希望小学捐助建设资金

　　与此同时，由卢湾区政府援助的 80 万元项目资金加上当地政府配套 40 万元资金建成的温宿卢湾希望小学也已落成。1137 平方米的新教学楼成了进入县城的最好标志。县城 5 个社区，680 名学生，28 名教师告别低矮、摇摇欲坠的平房和旱厕，全部搬进了新楼。每当 26 岁的臧运章校长见到我，总会激动地向我报告学校的发展，讲述民汉学生团结友爱的故事，每当我踏入这所学校，在教室的黑板报上总有"可爱的上海人"等内容，在操场上的孩子们会围在我身旁喊我"上海伯伯"，伸出小手拉我跳起欢乐的民族舞蹈。

　　这一年，在县委、县政府的支持下，在我与教育局领导班子的共同努力下，调整了各类学校布局，把全县 151 所中小学合并为 94 所，使全县的教育资源得到了优化，教育制度的改革打破了教师终身制，民族团结和"三个离不开"教育成效显著，全县教育质量在地区排名上升为第 4 位。由我担任项目建设领导小组组长，县政府投资的 2400 万元青少年活动中心项目正式启动。

　　这一年，我被新疆维吾尔自治区妇女儿童工作委员会授予"实施两纲工作先进个人"荣誉称号。每当我看到这些欢快地沐浴着阳光雨露的各族孩子们，心中总会涌动着为孩子们再做些什么的愿望。千千万万个孩子、千千万万个"古丽"的幸福成长，祖国的花朵向阳盛开，就是我最大的心愿。

　　三年，远离上海，远离亲人到阿克苏工作，对家庭，对自己都存在很多困难，但这是人民的需要，党的需要，我能以实际行动参与西部大开发，能为加强边疆的民族团结、经济发展、社会稳定做出自己的一点贡献而感到高兴，能在边疆地区履行党的宗旨，践行党员义务而感到光荣。援疆三年，我无怨无悔。

援疆，是我一生无悔的选择

王宇，1972年10月生，现任上海交通大学医学院附属第九人民医院黄浦分院党委委员。2005年7月至2008年7月，为上海市第五批援疆干部，挂职担任新疆维吾尔自治区阿克苏地区温宿县卫生局副局长，分管医政、医学会、人员培训、艾滋病防治、安全生产和新型农牧区医疗。

口述：王　宇
采访：陆　晨　李青芸　陈屹人
整理：陆　晨
时间：2020 年 3 月 26 日

2005 年夏，我加入上海市第五批援疆干部的队伍，从东海之滨的大都市，来到天山脚下的新疆维吾尔自治区阿克苏地区温宿县，开始为期三年的援疆征程。三年时间转瞬即逝，但阿克苏茫茫的戈壁滩、晴热干燥的气候环境和阿克苏人民艰苦奋斗的精神已经在我身上留下了生命烙印，"柯柯牙"精神不断激励着我，让我在往后的人生路途中，多了几分勇于担当、奋发作为的昂扬气质。

第二次远征

1996 年，我毕业于上海中医药大学针灸系针灸专业。毕业后，在上海市卢湾区香山中医医院担任一名针灸医生，从事了两年的临床医疗工作。后来先后任医院医务科的干事、医务科科长、院长助理和副院长，主要从事行政管理工作。2000 年 4 月，组织安排我到当时的卢湾区团区委挂职青工部副部长。挂职期间，上海市招募第三批青年志愿者赴滇扶贫接力队，正好需要一名针灸医生，经过组织考察，认为我是合适的人选。我也非常愿意为偏远贫困地区的人民提供医疗服务，同时又可以开阔眼界、锻炼自己。于是我积极响应号召，告别家人，来到祖国的西南边陲云南省文山州丘北县中医医院，重拾临床的老本行，为当地人民开展了为期半年的医疗志愿者服务。

说起来，我与祖国的边陲之地真是有着不解之缘。2005 年，上海选派第五批援疆干部，开展为期三年的援疆行动。阿克苏地区温宿县需要一名既有临床经验又有管理经验的男性卫生系统管理干部。我再一次符合条件，于是时隔五年我又接到了援疆的任务。不过这次与援滇时的情况发生了很大的变化。我初为人父，孩子才四五个月大。如果援疆，一方面我会错过孩子 3 岁前我对他的照顾；另一方面由于我和妻子的父母都相距较远而无法照顾，抚养孩子的责任就会压在妻子身上。考虑到家里的情况，我对于报名就有些犹豫。当天回家后，我跟妻子谈了对孩子和家庭的顾虑，同时又觉得组织需要我，作为一名党员干部应该站出来承担责任，而且从各方面条件来看，我是非常适合的那个人选。出乎意料的是妻子像当年援滇时一样支持我去报名，她说孩子虽然还小，但是办法总比困难多，有机会加入援疆大业，也是难得的人生经历。第二天一早，我就去单位填写了报名表，经过层层遴选，最终确定由我去援疆。就这样，我交接了工作，告别家人，来到祖国的西北边陲新疆阿克苏温宿县。现在回想起来，一次是去祖国的西南端，一次是去祖国的西北端，这加起来三年半的两次志愿经历丰富了我的人生阅历，也让我开阔了视野，开阔了胸襟，至今受益匪浅。

从基础和细节做起

让农牧民直接得实惠，是上海援疆工作的一大理念。而我所从事的医疗卫生领域更是直接关系民生，既牵涉到基础设施建设，又与农牧民的身体健康息息相关。

我援疆时担任的岗位是温宿县卫生局副局长，分管医政、医学会、人员培训、艾滋病防治、安全生产和新型农牧区合作医疗。温宿县卫生局和爱卫会、红十字会是合署办公的，其中卫生局包括书记、局长在内只有 11 名工作人员，而其他两个部门只有主任和专职副会长各 1 人。所以在实际工作中，我们十多个人一起承担了卫生局、爱卫办和红十字会的工作。我清楚地记得，7 月 28

援疆期间，在全县 22 个乡镇场组织开展艾滋病、地方病、结核病防治知识暨推行新型农牧区合作医疗宣讲活动

日到温宿县卫生局第一天上班，局长就安排我下乡察看农村改厕的工作情况。接着半年不到的时间，我跑遍了温宿县两所县直属医院，五乡、五镇和 12 个农林牧场所属的 19 个卫生院，甚至连各乡镇的 104 个卫生室，也调研了将近三分之一。而在温宿的三年，我每年都会把这些医院和卫生院全部走一遍，为系统地了解温宿县卫生系统人员、设备基本状况，以及开展各项业务工作，奠定了牢固的基础。

应该说新疆的医疗管理水平、人员学历和技术水平以及基础设施建设，与上海相比存在着一定差距。举个很小的例子，对于医疗废弃物——一次性注射器的处理，我们要求先毁形，把注射器的针头折弯，推杆折断后再把活塞推到底，拔出推杆，使得注射器无法再次使用才算符合标准。但当地乡镇卫生院的工作人员，很少遵守这个规定，我甚至在大街上看到小孩子拿着注射器当玩具玩，这是非常危险的。了解情况后，我马上跟局长汇报必须严令禁止二次使用医疗废弃物，必须严格按照规定动作进行销毁，否则不仅会造成二次感染，也会污染环境。为了严格管理医疗机构，我结合每年开展的"医疗机构管理年"活动，根据当地的实际情况，修订了各项规章制度和考核要求，并对县直两家医疗机构和乡镇场 19 家卫生院每年进行两次全面考核，把规范要求和安全理念，通过有效的管理和监督落实到位。

我在下乡的时候，除了常规的巡视考核工作，还开展地方病、结核病和艾滋病预防知识和新型农牧区合作医疗的宣讲活动，担任汉语主讲。当地的地方病是缺碘性甲状腺肿，俗称"大脖子病"。新疆由于地处内陆，四面不靠海，当地老百姓习惯食用"土盐"，其实就是岩盐，平时拿着锤子到盐山上敲一块石头下来，用研钵碾碎，泡上水就可以析出盐分。由于长期的饮食习惯，他们认为用土盐烹调的食品更香更有盐味，所以不愿意用加碘盐。而碘元素摄入的缺乏，不仅影响成年人身体健康，还会导致儿童智力发育迟缓。为了让老百姓能够接受加碘盐，我时常用老百姓日常的语言进行宣传。比如在入户宣传时问，你吃土盐吗？吃土盐小孩子要"勺的"（新疆当地土语把傻瓜称为"勺子"）。还到农牧民的家里检查是不是在食用加碘盐。另一种常见的疾病是结核病，对于发达地区的人来说，结核病离大家似乎比较远了，但是新疆结核病的发病率却并不低。结核病其实不难治愈，但需要一个长期的治疗过程，即使症状消失，也还需要用药巩固一段时间。但当地老百姓在病症轻微的时候往往不及时用药治疗，宁愿硬扛，等到病情加重了才去医院看病，而用药后病情稍微好转，又不继续用药了。并且牧民逐水而居，居住地时常迁移，很难做到监督用药。因此，农林牧场时常需要开展防治结核病的宣传活动。作为医务人员，我也特别希望能够尽一份力，帮助他们认识疾病、预防疾病。我每次准备的讲解的内容并不多，薄薄几张纸，但都是非常实用和易于理解的卫生健康知识。我相信通过经年累月、一批又一批医务人员的宣传，总有一天当地民众会选择虽然没有"土盐"好吃但是更健康的加碘盐，并且逐步树立健康的卫生意识，养成良好的生活习惯。

我在排摸温宿县医疗资源时，调查到部分乡镇卫生院的建筑年代久远，大多又是土坯房，不够坚固。比如前几年县里拨款为吐木秀克镇卫生院修建了病房楼，但是门诊楼仍然破败不堪。为此，温宿小组向上海援疆联络组申请拨款50万元，用于建造新的门诊楼。我们采取在当地招标的方式，使用当地的设计院和建筑公司，目的就是充分遵循少数民族的风俗习惯。建设期间，我多次实地查看工程建设情况，及时汇报项目实施情况及遇到的困难，并将联络组的

◀ 吐木秀克镇卫生
院新的门诊楼

要求反馈，保证了项目的顺利实施。新的门诊楼既宽敞明亮又具有鲜明的民族特点，受到了当地民众的欢迎。第二个援疆项目就是为县维吾尔医院添置了一台价值 80 万元的国产 500 毫安高频 X 光拍片机和 CR 设备。这套设备的金额甚至高于卫生院门诊楼的造价。出于提高当地医疗检查设备水平的需要，这个项目被批准了。项目实施过程中得到了卢湾区政府的大力支持。上海方面不仅援助了资金，还通过卢湾区财政局公开招标采购，并安排好设备运送和安装调试等事宜，充分体现了上海各级政府和各位援疆干部务实的工作作风。

上海援疆不仅仅体现在人才、资金和项目等方面的"输血式"援助，更多的是提高当地"造血"功能。比如开展干部人才交流培训就是重要途径之一。当地的村医和护士很多都没有受过专业技术教育，有些护理人员甚至没有上岗证。为了给当地留下一支专业技术过得硬的队伍，我一方面向上海方面争取培训交流的机会，三年间，联系安排县卫生系统 4 名干部到卢湾区卫生局学习交流，同时也接待香山中医医院考察团来温宿县考察交流。另一方面组织地区和县医院的专业医生，分期分批对村医进行教育培训并考核。对于基层的村医来说，要求文凭和学历是不现实的，通过培训让他们能够开展疾病的咨询、初步筛查、诊断和一般治疗，就能够发挥村医的最大作用，保障当地百姓的身体健康。还有一些突发事件，上海方面也提供了实实在在的帮助。2006 年上半年，新疆发生了人传人的禽流感。虽然阿克苏地区没有出现感染病例，但县卫生局严格按照防控要求，牵头有关部门做好各项防控措施，如公路设卡检查、消毒药水喷洒等。我也及时联系卢湾区卫生局，得到了一批防护服和宣传资料等物资的捐助。可能也是得益于工作部署及时、措施到位，整个温宿县没有发生一例禽流感的确诊病例。

同一个屋檐　同一份感动

上海是东部沿海最发达的地区之一，安排对口支援地区时选择了条件最艰苦的南疆五地州之一的阿克苏地区。我们这批援疆干部共有 56 人，出发前分为 6 个工作组，其中地区一组、二组和三组是地委和行署下属机关小组，驻地在阿克苏。四五六组分别是阿克苏小组、温宿县小组、阿瓦提县小组。我对生活条件没有太高的要求，从城市霓虹到大漠荒野，环境的变化并没有对我造成什么困扰。

在温宿度过的三年时间，至今有几件事让我津津乐道。我到温宿最先感受的就是干燥，温宿年均降水量 65 毫米左右，平均湿度相对较低。晚上放一盆水在房间，过了一晚就能看见水面明显下降。刚去的一段时间，我们常常感觉口干舌燥，鼻腔也会干燥出血，后期才比较适应。第二个感受是地广人稀，温宿县有 1.5 万平方公里，人口才 25 万人，其中 85% 是少数民族，汉族人只有15%。走在大街上，一股浓浓的异域风情扑面而来。第三件趣事就是喝酒。我是完全没有酒量的，最担心当地豪爽的饮酒风气。在温宿的接风宴上，我盛情难却地喝了一杯白酒，结果呼呼大睡了一晚。事后得知，温宿县委书记来看望我们援疆干部的时候对周围人特别关照，以后不许让我喝酒。这让我非常感动，也真正体会到了新疆人民的热情好客和真性情。还有一个小问题，由于新疆与北京有时差，所以还需要调整时差，也闹过几个笑话，不过大家很快都克服了。

当地政府对援疆干部非常重视和关心，把县人民医院的一栋小楼腾空，留出十一二个房间，作为 9 名援疆干部的宿舍和厨房，还专门请了一个厨师，负

◀ 温宿组援疆干部
慰问博孜墩柯尔
克孜民族乡卫生
院院长吐尼沙·
阿木提

责一日三餐，被褥铺盖也是一应俱全。援疆干部也是表现出了极强的适应能力，很快就接受并习惯了当地的住宿、饮食、环境还有交通。

在新疆，我印象极为深刻的就是每一次下乡的道路。由于我在县卫生局分管的工作比较多，又大多需要直接面对老百姓，所以下乡的次数是援疆干部中最多的之一。几乎每次下乡都是一整天。去过最远的乡镇离县城有100多公里，进山都是曲折蜿蜒的盘山公路，单程需要两小时。其次让我印象深刻的是在戈壁滩突遇沙尘暴。每年过年期间我们回上海休整一个月左右，3月初进疆恰恰遭遇沙尘暴的高发期。遭遇沙尘时，从乘坐的越野车里望去，整个天空瞬时笼罩在一片漫天黄沙中，狂风肆虐，天地浑浊，随之而来的粉尘刺鼻，弥漫于空气中。车子开进戈壁滩，颠簸得更加厉害，整个车子感觉被风吹得晃晃荡荡，仿佛要飘起来。前面的车子除了能隐隐约约看到双跳灯在闪，别的什么都看不见。沙尘过后，汽车差不多都变成土黄色了，玻璃上都是尘土。行走在新疆的道路上，我发自内心地感叹阿克苏地区人民的"柯柯牙精神"，当地民众和建设兵团的官兵们通过自力更生、团结奋进、艰苦创业和无私奉献，在这片亘古荒原上兴修水利、开荒植树和造田，创建出一个又一个的"沙漠奇迹"，这种不屈不挠的精神也值得我们援疆干部学习。

当地还有一名医务工作者的先进事迹让我深受感动，至今难以忘怀。博孜墩柯尔克孜民族乡是温宿县最偏远、最穷的一个乡，也是该县唯一的山区乡。博孜墩乡人口由柯尔克孜族、维吾尔族、回族、汉族等四个民族共同构成，这里的乡镇卫生院院长吐尼沙·阿木提，是维吾尔族人，也是一名共产党员。2005 年 5 月的一天，乡卫生院为一名博孜墩村柯尔克孜族妇女接生的时候，产妇因产后大出血陷入昏迷状态。卫生院距离县医院有 100 多公里，来回需要 4 小时，送县医院抢救肯定来不及。吐尼沙院长果断采取措施，让全体医务人员集合，进行血型比对化验，结果只有她本人符合献血条件。她二话没说，一边交代抢救工作一边卷起袖子献血 600 毫升，救产妇于危难之中，真切地体现了民族之间团结、互助的精神。我听说吐尼沙院长的先进事迹后，马上向援疆联络组汇报。8 月 2 日，刚到温宿不到一周时间，我们几个援疆干部就带着慰问品和慰问金，到卫生院看望因献血救人被评为地区优秀医务工作者的吐尼沙院长，还为乡卫生院争取到了上海有关方面捐助的 15 万元，用以添置新的医疗设备。

我们 56 个援疆干部还有一件事情是人人参与的，大家都从生活费中拿出 1000 元，结对帮助阿克苏 56 名优秀贫困生顺利完成高中学业。之前在云南的时候，我就援助过一名高二的学生，尽管我在云南只待了半年时间，但我一直跟他保持联系，这名学生后来考到了西南交通大学，我也资助他到大学毕业，这个事例让我觉得，通过资助对于个人的成长能起到激励的作用。所以在联络组的要求之外，我还提议请时任温宿县教育局副局长的援疆干部，在当地选择几名品学兼优的学生，每个人再资助 600 元，当作一笔小小的助学金"池子"。此外，我们第五批援疆干部通过牵线搭桥共获得社会捐款 97 万元，资助了阿克苏地区 303 名贫困学生完成学业。

离开新疆已经十几年了，但曾经的种种经历让我在工作和生活中常怀感恩之心，常念相助之人，用平等尊重的心对待每一个生命，用平和坦然的心态看待每一件事情。"援疆三年，一生无悔"，也成了我们援疆干部的共同心声。

为边疆人民幸福奔走

杨映齐，1962年4月生。现任上海市黄浦区商务委员会副主任。2010年10月至2013年12月，为上海市第七批援疆干部，挂职担任新疆喀什地区叶城县发改委副主任。

口述：杨映齐
采访：陆　晨　李　飞　李青芸
整理：李青芸
时间：2020 年 3 月 25 日

2010 年 10 月，我肩负着组织的重托，带着上海人民对新疆人民的深情厚谊，跨越千山万水，来到新疆叶城县工作。叶城县地处祖国西北边陲、新疆西南部，面积 3.1 万平方公里，人口 52 万，分布有 13 个民族，其中 90% 以上是维吾尔族。叶城县距离自治区首府乌鲁木齐 1500 多公里，是新疆、西藏（喀什、和田、阿里地区）"两区三地"物资流通的重要集散地和交通枢纽，是一个以农业为主、农牧结合的人口大县、农业大县、畜牧大县和林果大县，也是我国西部边陲的军事重镇及国家扶贫开发重点县和边境县。

进入角色

去新疆之前，我长期在商务委从事商贸相关工作，当时是 8 月份的时候得知我被安排在叶城县发改委。从商务委到发改委跨部门工作对我来说既是机遇也是挑战，说机遇是我又得到了一次锻炼自己的机会，说挑战是因为发改委的工作我是个外行，意味着要从零学起。于是我就提前开始做功课，我先是找到区里发改委的老同志，向他们了解发改委相关工作内容和工作程序，然后搜集国家发改委、上海市和新疆维吾尔自治区发改委以及喀什地区发改委的相关政策法规和文件，并且仔细研读，领会规范和要领，做好入门准备。

两个月后，我到岗了。毕竟人生地不熟，岗位又是全新的，真正上手，还真的需要有一段时间的学习和熟悉适应的过程。自然也离不开那边同事的帮助，当地发改委主任缑建强知道我的情况，对我非常照顾，一开始他没有具体让我分管哪一块工作，而是先让我协助他开展工作，这给我减轻了不少压力。我就慢慢跟着他边学边做，不放过任何学习的机会，无论大小，每一项工作我都尽可能地参与，大概几个月之后，我就开始接手相关工作，也逐渐适应了新的工作岗位。

发改委作为统筹协调经济社会发展的重要部门，必须对所辖区域的经济、社会、人口、资源等方面有一个比较全面的了解。2010年正好赶上叶城县"十二五"规划编制，于是我主动申请参与。在编写规划的过程中，我一方面根据自己在上海的工作经验，为叶城县的规划建言献策，另一方面通过参与"十二五"规划的编写，也在一定程度上掌握了叶城县的社会经济、区域划分、民族分布、人口规模、产业发展等基本情况，为日后做好援疆工作奠定了很好的基础。

乡村公路

三年时间里，我走遍了叶城县二十多个乡镇和农场，每到一处，我都会着重了解群众生产、生活、道路建设、学校、自然资源等情况，并且结合当地实际情况和多年的工作经验对部分乡镇生产和建设等方面提出一些建议。令我印象最深刻的一次是2011年的10月份，我到叶城县最偏远的山区乡——西合休乡验收一条新建的道路。这个乡处于南部高山地带，海拔3500米以上，各村都分布于各大山之中，山高路险，道路狭窄，很多当地干部都很少去。

那天，我带着验收小组的成员从下午两点多钟驱车沿新藏公路出发，由于道路维修，一路上我们走走停停，直到下午七点钟才开始翻越西合休达坂，翻越达坂后，车子拐进西合休乡的乡村公路，与其说是乡村公路，不如说是盘山小路更确切，道路高高低低，绕来绕去，山势非常陡峭，那个路一次只能开一辆车，有的路面有小缺口，有时候车子只有三个轮子着地，加之天色渐黑，路

◀ 下乡途中的提孜
那普河

更加难行。我们一行两辆车，我们在前面的车上，开到一半，后面那辆车的司机不敢开了，后来还是我们车上一个派出所的干部把车开上去的。西合休乡距离叶城县城大约 180 公里，晚上十点多钟，我们才到达西合休乡政府，尽管才十月初，但还是能够感受到高原山区的寒冷，夜里盖着厚厚的棉被都冷得睡不着，只好穿着外衣睡觉。

　　第二天我们就去验收新修的公路，当时修的这条公路畅通了四村和乡政府之间的道路，为四村的村民带来了便利。验收完道路之后，我们又驱车到三村考察，三村与四村的直线距离虽然很近，但是中间却隔了一座大山，我们开车绕了很大一圈，用了近四个小时的时间才到达三村，我们在村子里挨家挨户地走访，从他们口中了解到，道路交通不便是长期困扰村民生产生活最大的问题。当地村民原本生活水平就低，再加上交通不畅，更是增加生活成本，严重影响生活质量。比如说，一袋面粉在县城只卖八十元，再运到乡里，光运费就要八十元，叫村民如何负担得起？在西合休乡的道路上还会经常发生交通事故，天气不好一下雨就更没有人敢走了，村子里绝大多数人都没有到过县城。看到村民生活得如此艰难，我内心很是沉重，真心地想为他们修路，改善他们的生活条件，让更多的人能走出大山。

后来，在走访的过程中，我了解到由于当地矿产资源丰富，一些企业来山里开矿，矿主为了开采方便，自己开辟了部分道路，经过实地勘查，仔细研究，我给乡里提出了先打通三村与四村之间的道路，再在三村与矿场之间修一条路的建设，村民就不必走原来的老路去翻越西合休达坂，而是通过运矿石的道路就可以出去了。这样的方案既解决了三村到乡政府的道路问题，又开辟出一条省时安全的出乡道路。回去后，我将这次验收的情况向上级领导做了汇报，并且报请县里将打通三村、四村道路作为乡村基础设施建设的一个项目来实施。虽然我离开的时候道路还没有修好，不过我一直在关注这件事情，现在三村和四村这条路已经完全打通，除此之外，二村、五村、六村的路也都修好了，村民的出行条件得到了极大的改善，也算是了了这么多年的一桩心事。

建设一个个放心工程

三年来，上海援建项目共有 65 个，项目资金高达 12 亿元。然而刚开始，由于在对接过程中遇到了一些问题，导致项目前期进展缓慢，有的单位当年的项目到年底都没有开工。为此，我和发改委的同志一道，在征求上级主管部门意见后，结合实际情况，编写《上海援建项目管理办法》，在办法中明确援建项目建设的全过程，简化审批程序，确保项目建设能够高效有序推进。

2012 年 9 月 14 日，上海援疆首个"交钥匙"工程——维吾尔医医院（现在叫民族医院）竣工建成，这个项目是时任市长韩正在 2010 年 7 月赴新疆喀什对口支援四县调研时，确定的上海援建 5 个"交钥匙"工程之一，也是援疆项目中的一个标杆。上海市建科院为工程代建、上海市卫生建筑设计院负责医院设计、上海城建集团承担工程总承包施工。参建单位全部来自上海一流的企业，并派出经验丰富和强有力的技术管理人员。叶城县绝大多数是维吾尔族人，当地居民对维吾尔族医生比较信赖，为他们建立这个民族医院一方面是尊重当地的民族文化，促进民族团结，另一方面也是为了方便当地居民享受医疗服务，解决就医难题。

当时我们上海的干部按照分工每人负责一块，全程跟踪，及时协调和解决施工过程中遇到的问题。实际上在这个过程中，由于我们几个人都住在一起，

◀ 2012 年 9 月 14 日，上海援疆首个"交钥匙"工程——叶城县维吾尔医医院竣工建成

所以很多事情都是在一起商量的，遇到什么问题回来以后立马就开会，大家集思广益，讨论出结果第二天就去县里沟通。当时这个项目的指挥长吴剑秋就要求我们必须做到两个"不"，不论什么时间，都能有人可以负责；不论什么问题，都要协助解决，使"交钥匙"工程真正成为放心工程、人民满意的工程。

在援疆项目管理上，叶城援疆分指挥部实行项目负责到人制，三年来，除了发改委、代建中心、援疆办的工作外，我还负责教育、民政、文化、科技、旅游和广播电视等部门的十多个项目。这些项目中，有县里的重点项目，也有遍及全县乡村的基础项目，管理难度很大，任务比较艰巨。比如，叶城县科技文化中心是我分管的一个项目，也是县里的重大项目之一，总投资 8500 万元，其中援疆资金 6000 万元，总建筑面积 2 万多平方米，但是最初设计院设计的图纸和施工图纸之间有差距，主要是里面原定的设施设备与实际尺寸差距比较大，就好比房子建好了，里面的家具大小却不匹配。援疆资金是固定的，我们也不可能再追加资金，那么就需要和供货商、采购方进行沟通，我多次请设计院和相关施工单位的人员到现场沟通协调，一个个比对，商讨解决问题的办法，这其中县里面帮助我们做了不少工作，当地企业对我们上海也是比较友好的，最后所有问题都顺利解决了，工程进度还比原定计划提前了不少。

◀ 上海援建的旅游
景点宗朗灵泉

　　另外，锡提亚迷城、宗朗灵泉、核桃七仙园、坡陇森林公园等旅游景点，
老年活动中心、流浪儿救助中心、第一双语高中、职业高中实训基地、广播电
视户户通、电视台演播大厅等一大批惠及社会民生的项目纷纷建成。对于我来
说，能够亲自参与到援疆建设中，并且看到一个个项目真正落地，感受到当地
社会经济的发展和人民生活水平的日益改善，心中还是有些骄傲的。

为了民族团结进步

　　叶城县美丽的自然风光，独特的地方文化，当地人民的热情、淳朴、好
客，这一切都给我留下了难忘的回忆。三年当中，我时刻牢记民族团结是一项
十分重要的工作，只有真情融入当地，深入群众，才能真正做好民族工作。作
为汉族人的我十分尊重和理解他们的生活习俗，并且主动与当地干部群众交
朋友，学习他们的生活礼节和习惯。每逢重大节日，当地干部都会主动邀请我
到他们家中做客，他们拿出家中最好的食物招待我们，把我当作亲人一样拉家
常，点点滴滴都让我感受到了家的温暖，收获太多的友谊、感动和快乐。

　　三年期间，我资助了一名维吾尔族的小学生，他叫木加依提，当时 13 岁，
家住叶城县伯西热克乡，他父亲是个残疾人，还有几个兄弟姐妹，日子过得相

当艰难。我每学期资助他 1000 元，并且经常去家里看望他们一家人，为他们送些米、面、油、衣服等生活物资。我非常关心孩子的学习和思想状态，经常与他交谈，询问他的困难，在与他的交谈中，我真切感受到这个孩子对学习的渴望，他曾对我说希望自己将来能够成为一个对社会有用的人，那么我就想尽我最大的能力帮助他完成梦想、改变命运，我也多次向组织表明要一直资助他到大学毕业。我记得最后一年在我要离开的时候，这个小男孩和他爸爸一大早背了一大筐葡萄在我单位门口等我，说要为我送行，我拉着他们的手站了许久，心里有说不出的感动。回到上海，我们又继续通了几年的信，在信里一直鼓励他好好学习，将来报效社会。

三年来，令我印象最深的还是从当地干部身上看到的艰苦奋斗、任劳任怨、互帮互助、无私奉献的众多优秀品质。他们虽然长期工作和生活在艰苦的环境里，但是从来没有任何怨言，我不止一次看到他们白天工作夜里又值班，日夜连续作战，这对他们来说似乎是常事。与他们相比，我们冒着寒风、顶着烈日下工地的苦根本不值一提。当地干部天天如此，他们为新疆的建设奉献了终身，这种精神值得我们每一位干部学习。

与他们并肩奋斗的场景至今历历在目，对新疆人民的感情也一直深藏在我心中。对我来说，新疆是我曾经工作和生活过的地方，那里不仅有我们流下的汗水与泪水，更有至今牵挂着我们的各族兄弟姐妹，这份情谊永远地留下了。

从上海到新疆，不少人总是说我们来新疆吃苦了，老实说刚开始援疆我也是有这种想法的，的确，我们在新疆期间是比上海苦，自然环境和社会环境都比上海差很多。但是现在回过头来想想，真不觉得苦，相反，援疆经历对我来说是一种"幸福"。三年里，我学会了在艰苦环境中磨砺自己，学会了与各族人民和睦相处，学会了承担责任，学会了承受孤独与思念，学会了珍惜家庭的温暖。这些都是我人生当中宝贵的财富，成为指引我日后前进方向的一盏明灯。

为教育援疆尽一份绵薄之力

范毅清，1972 年 11 月生。现任黄浦区业余大学党总支书记。2010 年 8 月至 2013 年 7 月，担任上海市第七批援疆教师领队、新疆喀什叶城县第二中学副校长。

口述：范毅清

采访：揭振林　陆　晨　李青芸

整理：陆　晨

时间：2020 年 3 月 12 日

2010 年 8 月至 2013 年 7 月，我作为上海市第七批援疆干部，同时也是第一批赴新疆喀什支教的老师，从黄浦江畔来到万里之遥的新疆，跨越天山南北，到达帕米尔高原下的边陲县城，担任叶城县第二中学副校长。

叶城位于昆仑山与塔克拉玛干大沙漠连接处，因叶尔羌河得名。三年间，我作为援疆教师领队，和 8 位来自黄浦不同学校的同事一起，在这里孜孜不倦地践行着自己的援疆诺言，以"活着千年不死，死后千年不倒，倒了千年不朽"的胡杨精神传播教育的种子。

三年援疆路，两代援疆情

我的父亲在 20 世纪 60 年代末大专毕业之后主动要求到新疆建设边疆，母亲技校毕业之后也是主动申请到新疆。父母在新疆相知相识、成家立业，在乌鲁木齐一直待到退休。我出生在乌鲁木齐，小学在乌鲁木齐读了几年，在上海读了几年，初中和高中又回到乌鲁木齐读书，高考考进华东师范大学，大学毕业之后，我留在上海工作。有时候去新疆，那边的人就称呼我为"援二代"，这样的身份让我对新疆有着一份不一样的感情。2010 年，我时任上海市浦光中学副校长，听说学校要派一名高中的男老师去援疆，觉得自己蛮符合条件的，就直接找校长说，我出生在新疆，对那里有感情而且也熟悉，吃得惯牛羊肉、经得住风沙天气和紫外线，我愿意去援疆。后来组织安排我担任第七批援疆教师领队，也算是圆了我的心愿。

知道被派到叶城的时候，也是觉得蛮有缘分的。别看我在乌鲁木齐长大，却一直都没有听说过叶城这个地方。但是既然要援疆，就要去最艰苦的地方。出发前，我听说叶城交通主要靠驴车，还担心面额大的纸币找不开，身边带了很多5元、10元的零钱，去了才发现由于交通不便，物流不发达，叶城的物价非常高，当时乌鲁木齐的羊肉是30多元一公斤，叶城却要50多元一公斤，带的零用钱根本用不上。我之前一直生活在乌鲁木齐，那里属于北疆，整体环境山清水秀，气候适宜多了。叶城属于南疆，天空始终是灰蒙蒙的，降雨量非常小，比较干燥。而且整个叶城属于高原地区，紫外线很强烈，夏天的沙尘暴也很厉害。当地的卫生条件也是比较差的。我经历过好几次大的流行性疾病。流行病的发生也是源于卫生设施和卫生观念的落后。我所在的叶城二中，全校2000多名师生只有一个水龙头，共用一个旱厕。我提议多接几个水龙头，但是一年一两万的水费加上高昂的维护费用，对学校来说负担太重，难以承受。当地考到内高班、新疆班的学生中有三分之一就是因为体检检测出各种各样的流行病被刷下来，这是非常可惜的。我们就和援疆指挥部商量，从援疆资金里面拨点款，至少给学校建个厕所。在我们走之前，终于给学校建了一个水厕，也算是对当地学生的一点点贡献。

援疆教师一般一年半为一批，但我作为领队，在叶城整整待了三年，在风沙和紫外线的考验下，圆满完成了任务。在叶城的三年，感受着叶城教育的变化，也为自己能参与其中而感到自豪。而且我去援疆也是赶上了"好时候"。2010年和2011年，中央先后召开了第一次和第二次的援疆工作会议，开启了新一轮的"对口援疆"模式，推行全方位"援疆"的理念，更加突出就业、教育、人才等工作。上海援疆从重基础设施建设，转为更注重教育、卫生等民生方面的内涵建设。我作为教育工作者共同参与到新疆教育的大发展中来，正是见证了上海和新疆在这一领域的沟通和交流。

改变从理念和方法做起

一般人认为，上海教师援疆带去的是先进教育理念和教学方法，其实，我们更多的是结合实际、因地制宜，利用现有的资源和条件，获得实实在在的教学成果。在新疆教书，有几件让我印象深刻的事情。第一件事情就是发现当地几乎不组织教研活动。主要原因是交通太不便利了，叶城的老师如果去喀什参加教研活动，需要坐 7 个小时的车，活动结束需要过一夜才能回家。所以一个学期能组织一两次教研活动就很好了，这也导致教育理念和观念难以提高。而且因为种种原因，教师缺编严重，教师中不少是补充教师、代岗教师，教学能力较弱。接受评比和检查的时候，每个人的教案基本上就是抄一遍优秀教案。教师没有接受过教学培训，学校没有备课制度，不少教师甚至没听说过备课组。我们去了以后，首先把教师"单枪匹马"的教学方式改为"团体作战"，初步架构与创设教研室、教研组和备课组及其运作机制。首先把大家召集在一起，从开展教研活动开始。我记得大同中学的黄火箭老师是教英语的，他从一篇样板开始讲如何备课，再补充内容，再到每一个年级如何备课。通过备课组，逐渐把整个教学构架搭建起来，让教学质量有所保证。我们在二中正式推

◀ 叶城县第七批第一轮援疆教师团队

出了备课组制度，开展教师间的集体备课，部分备课组开始配置电脑。后面几批上海去的援疆老师，逐步丰富了备课组的形式，增加了很多常规教学和教学管理的内容，使当地的教育质量大大提高。

刚到叶城不久，物理组的老师接到去喀什进行教学比赛的任务。原先都是准备两天就去参加比赛了，这次我提议用备课组的形式，先一起讨论题目，对课堂设计、教学的引入等进行讨论，再要求动手并且有问题设计，还用带去的电脑通过网络学习上海教师的示范课。我记得选定的课程是"液体压强"，需要做实验，但是当地基本没有实验室，怎么做实验呢？大家一起出主意，从学生日常生活入手，利用简单的器材，让学生去体验，去归纳，去感悟。我们找来了薄膜手套、阀门、矿泉水瓶和可乐瓶完成实验，让学生能够有压强的直观感受。因为比赛要求是录播，教导主任马新借来摄像机，副主任敬学兵则在仓库里翻出幕布钉在墙上，我去援疆指挥部借了一个投影仪，整个教研组也都来听课评课，一节课的录制终于完成了。参赛老师回来后说评委看了录制的课程留下来了深刻的印象，看到我们的教学条件非常简陋，实验室里还有土墙和凌乱的玻璃窗，没想到新疆还有条件这么艰苦的地方，但同时又认为教学的观念非常先进，把课题评为自治区教学比赛一等奖，也是二中建校35年来唯一一个自治区的教学比赛奖。在日常的相处中，我们强烈地感受到当地教师身上有着对教育初心的坚守，有着对提升自己的热切需求，有着对学生走出叶城的希冀。

第二件事情就是当地的观念与我们很不一样。我到了以后发现老师不使用电脑，我以为是没有电脑用，其实不是的，全国各地援助了二十几台电脑，学校却把它们放在仓库里，不舍得拿出来用。我们这批教师去的时候说给我用一台电脑，我一看配置，已经是三四年前的电脑了。浦光学校给我配置了一台笔记本电脑带过去使用，他们还说这么好的设备别拿出来。二中还有一个电话教室是设备比较先进的，但是他们只有等有人到自治区来听课才会使用。另一方面，当地教师对学生的态度是比较严厉的，其实他们教学是很认真的，注重对知识点的讲解，但是对学生需求的关注和互动比较少。相比之下，上海教师的教学态度是比较轻松的，当时黄浦区从"办学生喜欢的学校"理念出发，组织了"学生最喜爱的学校"和"学生最喜欢的老师"的活动，通过给予学生肯

▲ 叶城县第七批第二轮援疆教师合影

定、鼓励和引导，让学生提高学习兴趣，轻松快乐地学习。我们延续了这种教学方式，教学一周后，我们上课的教室开始有了笑声，学生课堂的参与度大大提高。有的学生找到我问："老师，上海老师上课都是笑着的吗？"两周后，二中的教师纷纷要求来我们的课堂听课，我们也宣布了所有上海教师的课堂对全体教师开放，欢迎大家推门听课。两个月后，学校开展了全校的推门听课活动，教研活动也不再走过场，而是有了明确的主题和任务。第一年我带的高考班上线率超过 98%，超过全国平均水平十几个百分点。后来学校安排上海教师每一个学期、最多一年就换一个班级，也是希望让更多的学生能够上上海教师的课。让当地教师、学生能够拓宽视野、加强交流，这也是我们能够起到的主要作用。

　　第三件事情就是新疆的双语教育还很薄弱，当地居民主要都是维吾尔族同志，汉族比例不超过 5%，喀什当地相当大比例的维吾尔族同胞连自己的汉语名字都不会写。双语教育是上海援疆工作的重中之重，因为维吾尔族人的汉语水平差，严重影响了当地经济的发展水平和民族交流。我所在的二中是叶城两所以汉语教学为主的学校之一，家长比较重视学习，让他们学会普通话，也是为了以后能够与全国各地的人民交流。我跟学生交流的时候发现，有些维吾尔族学生真的很聪明，他们自己也常说知识能够改变命运。作为老师，我们也尽量多投入精力，激发他们的学习兴趣，增强他们的自信，提升他们的沟通能力，这对他们今后的发展都是很有用的。

把更多的爱留在这里

援疆教师们跨越了崇山峻岭、茫茫戈壁，克服了地理、气候、饮食、语言、环境和寂寞的困难，把新疆当作自己的"第二故乡"，在这里无私奉献、默默坚守，不仅仅是在教书育人的岗位上循循善诱、诲人不倦，更多的是真情付出，捧着一颗心来，不带半根草去，在与学生心与心的交往中，将这块贫瘠的土地变成希望的绿洲。

我在新疆的时候，资助过一名当地的学生，每学年给予1000元的赞助。我女儿那时候是小学二年级，我只能通过视频与她见面，有时候资助的学生在旁边就正好让他们视频聊天。我还让女儿同资助的小朋友书信往来，女儿来新疆看我，我就会带他们见面。前一段时间，这个小朋友还考到了上海的内高班，我很替他感到高兴。

其实，每个援疆老师和援疆干部都资助了一到两位学生。卢湾高级中学的赵国清老师从2012年初来到叶城二中开展援疆活动后，一直对二中的发展建设非常关心。了解到学校阅览室都是旧的图书，急需一批新的课外书籍。他妻子向所在的工作单位——上海市五官科医院的单位领导提出向叶城二中捐书的建议，得到了上海市五官科医院护理部、麻醉科同事和领导的积极响应，总共为叶城二中捐书580册。

还有很多人通过我资助当地学生。敬业中学的刘学全老师，他是蒙古族人，他知道我援疆后，主动跟我联系，希望可以资助一名学生。我就给了他孩子的资料。后来他还发动他所在班的学生和我所在班级的学生联系结对，当时网络通信还不像现在这么发达，他在班级里拍摄好视频，我拿到后给学生们播放，学生们看了非常激动和开心，也很受鼓舞。通过这样的方式，两地学生建立了联系，就算后来我离开了新疆，资助也一直继续。

其实去援疆的老师都很辛苦。第一批里有光明中学的杜锦虎老师，积极报

◀ 和叶城二中的学生们

名参加援疆工作。他到新疆后过了 50 岁生日，去的时候正值儿子高考。他的语文课教得非常好，白天耐心细致地教授当地学生，晚上还要通过视频辅导儿子，挺不容易的。第二批储能中学楼晓明，参加援疆工作不久，妻子骨折需要住院，上海的学校和援疆指挥部方面给予了帮助，帮助联系了医院，让他安安心心地可以继续教学。大境中学的姜家祥老师，由于原定援疆人员发生变动，临出发前一周区教育局征求意见由他代替援疆，他欣然接受，一个星期左右就把事情处理好，火速赶往新疆。

让我最感动的就是当地学生的淳朴。每次肉孜节和古尔邦节，班上的维吾尔族学生都会邀请我到家里做客，拿出馕和奶茶招待我。有一天学校上课正好是民族节日，我一走进教室就看到讲台上放着一包糖，这是维吾尔族学生送给我的节日礼物。我连声说谢谢，"老师一定把它带回家"，结果学生们坚持一定要我在课堂上吃一粒。这样的事情不胜枚举，我们对学生倾心相待，学生自然也会回之以真情。

昆仑山下开遍希望之花

如果说喀什是西部明珠，那叶城就是喀什的明珠。这座位于昆仑山与塔克拉玛干大沙漠连接处的昆仑第一城，正在以日新月异的面貌展现出生机勃勃的活力。

我援疆回来后写过一篇文章《教育援疆真的很重要》，为什么这么说呢？如果仅仅给当地建造基础设施，解决不了根本问题，因为缺少关键的人才。举个例子，别的地方都是员工希望和老板签订合同，但在新疆是老板需要跟员工签合同，因为工人可能今天干完活拿了钱，明天就不继续做了，等哪天缺钱了，再来工作。上海给当地提供了各种各样的设备，建造了蔬菜大棚，但是工人不会使用设备，也缺乏管理人才。由于文化教育和经济社会发展的长期落后，有些地方出现了贫困代际传递迹象。我们强烈地感受到，不打破这种思想观念就没有希望。

新疆的长治久安，社会的繁荣富强，根子在教育。我们援疆教师就像播火人，必须要把有限的火种点燃最关键的点。我初到二中时，看到这里正积极筹备资金改建卫生设备，信息教学设备无法兼顾，就马上联系黄浦区教育局援助了价值 20 多万元的教学设备，又先后组织三批叶城教育系统和二中的教师到上海接受培训。黄浦区政府资助了 50 万元给二中建设了教师培训基地，后来又出资建设了一个室内体育场。

人们常说不到新疆不知祖国之大，我最大的感受，就是不到新疆不知学生对知识的渴望，不能感受到教育的机会对这里的孩子来说多么珍贵、多么重要。在我眼中的叶城每天都在发生让人欣喜的变化，一方面源于国家的支持和援疆干部的努力；而另一方面是更多当地教师、工人、农民等在艰苦的环境下无私奉献、默默耕耘，以坚定的信念肩负起使命，用最朴实、最真实、最真挚的情感，保卫着每一双求知的眼睛。

在新疆的三年对我来说是一次思想的洗礼，精神的升华，曾经遭遇的困难，现在看来都是一种历练。个人的力量是渺小的，但是团队的力量无穷大，能够为民族的稳定团结、新疆的建设发展尽一份绵薄之力，我深感光荣。我有一个美好的愿望，在全国的援助下，越来越多的教师和学生说着更流利的普通话，坐在宽敞的教室里，接受优质的教育。

做上海与五桥的"使者"

孙明泉，1953年11月生。曾任黄浦区淮海中路街道党工委副书记。1998年9月至1999年9月，为上海市第五批援三峡干部，挂职担任重庆市万州区五桥管委会主任助理，分管对口支援工作。

赵世龙，1956年5月生。曾任黄浦区建设管理委人事保障科科长。1999年9月至2001年9月，为上海市第六批援三峡干部，挂职担任重庆市万州区五桥管委会主任助理，分管对口支援和库区移民工作。

口述：孙明泉　赵世龙
采访：赵　兵　马亦男　俞　凡
整理：赵　兵　俞　凡
时间：2019 年 11 月 27 日　2020 年 3 月 11 日

　　万州区五桥移民开发区沿革于原四川省万县市五桥区，是 1993 年为适应三峡库区移民安置需要，经国务院批准而设置的县级行政区。重庆成为直辖市后，更名为五桥移民开发区，为万州区的派出机构。开发区下辖 36 个乡镇（街道），辖区面积 1718 平方公里，总人口 58 万，需动迁安置 10 万移民，约占库区移民总量的 10%。上海市积极响应中央号召，本着办实事、重实效的精神，市区联动，着力开展对口支援。1997 年起，黄浦、卢湾两区开始派干部赴万州五桥挂职担任两地往来的"使者"。1998 年至 2001 年，我们先后来到万州五桥移民开发区，担任管委会主任助理，负责对口支援工作和库区移民工作。

移得出、稳得住、有保障

　　三峡工程最难的是移民。党中央、国务院对三峡工程移民搬迁安置工程的基本要求是：搬得出，稳得住，逐步能致富。在三峡工程建设的初期，对口支援工作的重点就是想方设法让移民能搬得出、安得稳。长江万州段水位从原来的不足百米涨到如今的 175 米，熙攘的老城区、熟悉的街道，工作的企业都被

◀ 赵世龙在移民家
中采访慰问

淹没，但移民们舍小家、顾大家、为国家，毅然踏上了搬迁之路。作为援万干部，为移民的生活安稳安定做好保障，是我们义不容辞的责任。

解决农村移民和场镇移民搬迁的后顾之忧是关键，上海注重教育、医疗、农业生产服务、文化、通信、养老等配套设施建设，使移民生产、生活有基本保障。百安坝、陈家坝、长岭、新田、太龙、燕山、溪口等移民示范村先后建成投入使用。

百安坝移民新城，面积 3.76 平方公里，是三峡库区最大的移民安置城之一。城区常住人口 5 万人，其中主要是移民。新建移民安置小区 6 个，修建移民房 89 幢，面积 36 万多平方米。为了促进城区功能尽快完善，上海市先后援建了飞士幼儿园、三航希望小学、万州上海中学、青少年活动中心、老龄活动中心、妇幼保健中心、电信大楼、环保中心、移民培训中心、工商行政大楼等。位于百安路一路中段，作为五桥移民新城标志性建筑的电信大楼，是在一个乡邮政所的基础上建立起来的。建设之初，境内通讯全是手摇电话机。1995 年邮电部对口支援会议召开后，上海市邮电局立即派员到五桥考察，决定 1995 年起，连续四年每年无偿支援资金 300 万元，共计 1200 万元，无偿提供 2000 门、4000 门程控交换机各一台，培训 14 名技术维护人员。1997 年 10

月，由上海市邮电局支援的五桥邮政大楼和电信大楼竣工交付使用。其中，电信大楼占地 3 亩，建筑面积 8400 平方米，16 层，81 米高，成为五桥移民新城的标志性建筑。1998 年 4 月，为了表达库区人民对申城人民的感激之情，五桥管委会尊重当地人民群众的意愿，将百安一路更名为"上海大道"。

陈家坝大河移民新村距离五桥移民新城 5 公里，占地 470 亩，由上海市支援 100 万元、当地出资 50 万元共同建设，安置晒网、寨子、塘角、高柜等村移民 800 人。新村共建有二房一厅 44 套，供孤寡老人或单身居住；建有三室一厅 132 套，供 3 至 4 人的家庭居住；建有四室一厅 44 套，供 5 人以上的家庭居住，每户都配备有大客厅、厨房间、储藏室、阳台。移民家中都安装了彩电，可以收到中央台、云南台、重庆台、万州台等多家电视台的节目。三门冰箱、组合式家具也成了很多人家的标配，厨房内做饭的燃料由木柴升级为液化气。许多移民都把居住楼底楼改成小卖部，既合理利用空间，又能增加收入。移民每人可获得 0.5 亩的耕地，每户还可获得蔬菜大棚一只。村里分配给移民 50000 株水果树苗种植，移民利用耕地、大棚在自家田地里种植了桂圆、枇杷、水蜜桃、柿子等。在大河移民新村街道上，有陈家坝上海大河希望小学、上海大河卫生院、上海大河幸福院等。上海大河希望小学办公室、实验室、图书馆、传达室、会议室齐备，于 2000 年 3 月正式招生开学。上海大河幸福院是老人院，占地 2500 平方米，共有 60 张床位，配备了彩电、淋浴器、洗衣机等各类电器。

通过对口支援，库区居住条件在教育、医疗、文化、农业等方面硬件设施条件都有所提高。先后建成希望小学 8 所、卫生院 4 所，幼儿园 4 所，文化广播站 4 所，农技站 4 所，6 个移民安置示范村安装了卫星接收设备。学校新增教学班 18 个，较以往增长 47.8%，可收 2900 名学生，较以往增长 62.9%，解决了移民子女入学难的问题。幼儿园新增建筑面积 2700 平方米，设大、中、小 12 个教学班，解决了 360 名移民子女入托问题。改善卫生院的硬件设施，建成科别齐全的乡镇卫生院。新增病床 80 张，占原有病床的 50%，设有内外科、妇产科、中医科、手术室、化验室、放射、预防保健等科室，解决了 28 个村、3 个居委会约 2.9 万人的就医难问题。建成后，业务收入逐月增加，经济效益明显提高。太龙卫生院业务收入由原来的 17 万增加 30 万，同比增长 76%，长岭卫生院业务收入由原来 3.6 万元增加 12 万元，同比增长了 233%。新建农技站和文化广播站 1249 平方米，设有调频广播，有线电视专用机房和业务用房，直接受益群众 1.5 万人。在改善硬件的同时，注重教学水平、医疗水平等软件方面的提高。我们联系上海市教育局，组织五桥的教师前往上海的卢湾高级中学等学校进行培训，交流教学经验、管理方法；选派数十名医护人员前往东南医院、第十人民医院、卢湾区中心医院等地进行培训。联系上海巡回医疗队为库区服务。走马镇是五桥的一个比较偏远的镇，医疗卫生条件差，有些地方距离当地公立医疗机构有几十公里，交通不便，很多人由此错失最佳治疗时机，最后不得不进行手术。在上海医生巡回医疗现场，库区民众得以和专家面对面交流，有些还接受了现场手术，一定程度上缓解了当地医疗资源和能力不足的情况。

三峡移民除当地安置外，因为人多地少，有数万居民需要跨地区迁移到其他 11 个省（市），其中五桥有约 3 万人。根据国务院统一安排，有 7000 人移民至上海。为了这部分居民的切身利益，我们来回奔波于上海与五桥之间，在上海市政府、市协作办全力支持下，实地查看崇明、松江、青浦等地，对住房、耕地面积、生活设施等都提出建议，使首批居民顺利搬迁到崇明岛。崇明的移民安置方案秉持"相对集中、分散安置"和"融通、融合、融化"的理念，安置村的交通都比较便利，距离集镇最远不超过 3 公里。每户移民都由政府代建新楼房，并为他们准备了锅碗瓢盆、柴米油盐，实现了"拎包入住"。三峡移民大多是农民，崇明当地为每人分配了一亩责任田和一分自留地。移民们到上海时，每户的自留地上，辣椒、青菜、茄子等蔬菜都已经种好了。承包地上，当地村民也已帮忙把水稻种上了，秧苗已经拔得很高，确保移民一年的收成。五桥的水稻耕种方法与崇明不太一样，当地村民进行手把手教学。在保障耕地的同时，当地还积极帮助、推荐他们到第二产业和第三产业就业，如保洁员、水渠管理员、机械厂工人等这些离家门近的工作，既增加了收入，也让他们生活得更加稳定。

做好产业扶持对接

要让移民真正能迁得稳，必须发展当地经济。五桥属于国定贫困县，建区之初年销售收入在 500 万元以上的工业企业只有 1 家。全域没有一条柏油马路，政府的办事机构租用民房办公。在产业面临空心化的风险下，为解决五桥经济发展难题，上海对口支援按照"优势互补，互惠互利，长期合作，共同发展"的原则，坚持"造血""输血"项目并举，以市场为依托，积极引导上海的名牌企业为三峡库区建设出力。

作为上海市与三峡库区移民新城的联络员，库区项目的引进、资金的援助都由我们来沟通协调。五桥虽然经济规模小、制造业基础差，但有丰富的矿产资源、农产品、廉价劳动力。我们利用库区搬迁的优惠政策和潜在资源，引进名优企业、名牌产品和科技进入库区，不仅有助于增强当地经济造血功能，还为经济发展和移民安置提供了可靠保证。上海白猫（集团）有限公司、上海汇丽集团、上海海狮集团、上海常华光缆厂等企业先后在库区落户。

上海汇丽集团是全国 100 家高科技企业之一，享有"建材大王"之称，建材产品在国际同行业中领先。库区搬迁居民多，需要大量建材，但因交通限制造成价格居高不下。经过多次协商，并经上海市与重庆市两地领导同意，由"上海汇丽"出资 1560 万元，与其他三家企业合资组建重庆（上海）汇丽建材有限公司，主要生产塑料型材产品，填补了万州地区塑料型材生产的空白。从厂址的选定、土地批租到厂房建成、设备到位，仅用了一年半时间，1999 年 10 月 8 日，"重庆汇丽"开始试运行。二期工程投产后，每年上缴税收达 2000 多万元，成为当地政府的税收大户。"重庆汇丽"有现代化的厂房，五条德国进口的价值 1500 多万元的塑料型材生产流水线，用于生产行业中顶尖塑料型材产品，主要销往西南地区，也受到万州许多企业的热捧。当地许多企业见到实物后，当即拍板认定"汇丽"的产品。"重庆汇丽"为近 300 名三峡移民提供了就业机会，当年平均月收入 550 元，有些高技能职位者收入甚至比原来翻了一番。在五桥移民新城，这是令人羡慕的高收入，当地人笑称全万州的移民都想进"汇丽"上班。"重庆汇丽"成为上海市"输血型"支援与"造血型"

◀ 上海中纤板厂
厂长到重庆洽
谈合作事宜

支援并举的典范。

中密度纤维板厂是 1995 年上海市副市长蒋以任率团前往五桥奠基的项目。五桥当地山多地少，林业特别发达，每年林业局修整树枝有成千上万吨之多。充分利用当地资源，将枝芽材压制烘干成板，就成了可以制作家具的中纤板。但这一项目在建设过程中遇到了许多困难和问题。一是资金问题，需要向当地银行贷款；二是生产原料的问题，工厂需要从当地采集原材料，但是缺乏政策支持，企业无法购买原料；三是水源问题，工厂生产需要用地下水，建厂地区地势较高，距离水库较远，水资源的使用需要水务局的批准和协助。而当地一些部门对这些问题并不了解，存在疑虑，造成工厂的建设停滞不前。了解到这些情况后，我们想办法联系到时任重庆市委书记张德邻，张书记在了解情况后立即做出批示，工厂筹备手续得以顺利进行。

上海白猫（集团）有限公司是上海著名的洗涤剂制造公司。1995 年 12 月与万州移民搬迁企业五一日化实业总公司进行"嫁接"，逐步在三峡库区树起"白猫"品牌形象，取得了良好的经济和社会效益。1996 年至 2000 年间，累计生产洗涤系列产品 20.7 万吨，实现销售收入 8.2 亿元；创税利 4492.6 万元，其中利润 1011.6 万元。为库区移民提供就业人数 1451 人，带动地方经济发展。该公司所需的液碱、纯碱、酒精、工业盐、包装等原料由十多家配套企业生产，再加上运输等费用，累计共支付价款费用达 5 亿多元，从而使这些企业从亏损或倒闭，转为扭亏为盈，累计上缴税金达 3481 万元，职工收入逐年增长，从 1996 年人均年收入 6000 元，到 2000 年人均年收入 10540 元，同比增加 75.7%。

守住一种责任，赢得一片真情

吃得起清苦，守得住清贫，耐得住寂寞。这是临来五桥时，上级领导对我们的嘱托。来到五桥之后，"说五桥话，办五桥事，做五桥人"成为我们最大的信念。

五桥辖区内 175 米以下水位被淹面积达 142 平方公里，为掌握对口支援的第一手资料，我们借来《五桥区志》，按图索骥，一一实地考察调查。去新乡、燕山、长坪等三个乡时，由于没公路，只得靠步行，翻山越岭；到了乡里后，甚至没洗脸的热水；回机关后发现双脚起了泡，腰围也瘦了一圈，脚下的皮鞋鞋底也磨出了一厘米的洞。有一次下乡，在雨水冲刷下，山体松动，形成了几百平方米的塌方，道路无法通行，只得在当地人家暂时停留。

▲ 到三峡挂职当天，孙明泉与五桥管委会领导合影

老乡的房子较为破旧，一直漏水，食物也仅有几根玉米。直到两天后，救援人员用推土机将道路疏通，我们才得以返回。为完善对口支援资料，我们跑遍历年对口支援的每一个点，详细了解各种数据，并拍成照片。经过一个多月的文字和图片整理，一套完整反映上海对口支援工作的资料，存入上海市协作办档案室，与此同时，各对口支援的区和市有关委办局也都得到了详细资料。

万州气候湿润，当地人口味麻辣。作为初来乍到的外地人，对居民家中弥漫出的"辣味"不太习惯，还引发食管出血和支气管炎，达半年之久。以至一段时间内以吃抗生素和泡饭、榨菜维持三餐。回想在当地的生活，吃得最多的还属泡面。而每天8小时以外的寂寞，比空气中的"辣味"更难受。当时五桥管委会办公地点在城北，当地同事们都居住在城南老城区。下班后，孤身一人在宿舍内，有时甚至一连几天不说一句话，大有度日如年的感觉。除了继续为库区联系引进项目，想家时打电话问候上海的家人之外，只能看书消遣。

我（孙明泉）从上海前往五桥途经重庆时，不慎三根肋骨骨折，当时就喘不过气，疼痛难忍。那时万州还没有机场，也没有高速路，从重庆到万州单程要三百多公里，全程都是盘山路，开车也不安全。受伤后有几个考虑：一是回上海治疗，二是在重庆就地治疗，三是请五桥派人来接。为了不给别人添麻烦，我决定忍痛独自回万州。先叫了抬滑竿的工人把我抬到码头，当时重庆到五桥最便捷的是快艇，考虑快艇太颠簸又拥挤，还是买了慢船卧铺的票，十几个小时到万州五桥，自行打车回住地。去医院检查之后，确认是骨折，被医生强制留在医院休养。五桥的党工委向卢湾区报告我受伤之事，卢湾区派人专程来五桥探望，让我一起回上海治疗。考虑到对口支援项目还在实施阶段，不能丢开手中的工作，我坚持没有回上海。

上海自援助库区开始，得到了众多企业的热烈响应，达成很多项目和资金方面的对口援助协议，但是由于种种原因，项目落地常常会遇到困难或发生资金方面的问题。一些基础建设项目和民生工程亟待落实。梳理情况后，我们发现涉及的单位比较多，而且有些协议单位牵头负责人也变动了，落实起来难度不小。为此，我们胸怀"五桥人"的急切和上海援建干部的责任，锲而不舍，通过各种方式催促协调，千方百计争取协议项目资金落实达数百万元。

我们的努力很好地树立了上海在当地人心目中的形象。闲暇时到老街擦皮鞋，对方听出外地口音问我们从哪里来，听说是上海人后特别激动地说："上海人帮我们建设五桥，你在这里擦鞋，我不收钱。"从他质朴的语言中我们感受到了上海与五桥，君在长江头，我在长江尾，一江连起来的深厚情感。这种真情是上海人民对口支援三峡库区的实绩和真情筑成的，也是来自五桥的后面，站着一批自称"五桥人"的上海人。

做五桥人，办五桥事

李昉，1968年2月生。现任黄浦区房管局党组副书记。2001年10月至2003年10月，为上海市第七批援三峡干部，挂职担任重庆市万州区五桥移民开发区管委会主任助理，协管合作交流、科委工作。

口述：李　昉
整理：周文吉　俞　凡

2001 年 10 月 17 日，作为上海对口支援三峡库区建设的第七批挂职干部，我来到重庆市万州区五桥移民开发区，担任管委会主任助理。短短的两年挂职，使我这个上海干部与五桥结下了深深情谊。

至今，我离开五桥一晃已经十多年。回想在五桥的那些日子，许多以为已经模糊的事情，却时不时在记忆中涌现，且愈发清晰与真实。那连绵不尽的山峦，那滚滚东去的长江水，那朴实热情的五桥人……每一天，都是快乐的一天；每一天，都是充实的一天。做五桥人，说五桥话，办五桥事，那些一去不复返的岁月，涤荡心灵，滋润着我的人生阅历。

修好路，架好桥

2001 年 8 月，上海市委、市政府召开全市对口支援工作大会，专题部署对口支援任务，要求各级政府高质量、高标准地按期完成对口支援工作任务，动员社会各界多方参与，助力对口支援工作。两个月后，我接受组织派遣踏上了五桥移民开发区的大地。

到五桥的第一天，顾不上放下行装，我就跟随开发区的同志来到长坪乡、百安坝两个移民示范点，实地了解上海对口支援的项目情况。眼前是滚滚东流的长江水，175 米的水位线牌的红色标记伫立在江岸边；一边，是灰暗破旧的

▲ 实地调研五桥科技创业中心项目

老建筑，另一边，则是热火朝天的对口支援建设工地……我的内心感慨万千，暗暗下定决心：在今后的两年中，一定要竭尽全力服务三峡移民，不辱使命，不辜负组织和五桥人民的希望。

前半年时间，我主要在调查、学习和摸索中度过。一切工作和环境都是全新的，要尽快地多熟悉情况，才能把下一步的工作运转开来。巨大的压力一下扛在肩头，不用心还真是做不好。我专注地投入，每天一睁开眼，脑子就不自觉地围着五桥的建设转，听到一件事，就会联想着是不是对促进五桥的发展有帮助……就这样，工作的压力渐渐转化成了日常的习惯。

交通，在城市发展中发挥着举足轻重的作用。当时的交通状况，是制约五桥移民开发区发展的首要因素。几十年来，正是由于公路、铁路、航空等现代交通格局的形成，使独占水运的万州城发展受限：达万铁路没有正式开通，万州机场还在建设，渝万高速公路（二期）也没有正式通车。往返重庆主城的话，要么走省道的盘山公路，要么坐船走长江水路。五桥开发区的部分偏远乡镇甚至连公路也不通。

我向上海市政府协作办汇报了当地情况，并提出造桥修路的想法，让上海的援助为五桥移民开发区的发展做出实实在在的贡献。我的建议得到了市、区政府的认可。2002 年，上海市人民政府与浦东新区、卢湾区、宝山区、嘉定区政府决定，共同捐资 400 万元，援建重庆万州区五桥管委会 163.6 公里乡镇移民公路，以及三洲溪、羊胡子沟、插柳沟、海安沟、马二咀等 5 座公路桥梁。整个项目覆盖沿江长坪乡、新乡镇、溪口乡、燕山乡、新田镇、陈家坝街道、太龙镇、黄柏乡等 8 个乡镇、街道。

为了让这个项目能在当年建成并投入使用，我几乎每周都会到沿江的乡镇，实地查看工程建设情况，督促建设单位保质保量、按时完成工程进度，全力保证不出纰漏。有一回，为了查看位于最上游的燕山乡的公路建设情况，我与当地协作办的同志冒着风雨，坐着渔家的小船，在长江逆流而上。我们出发的时候天刚亮，抵达当地已是傍晚时分。全身上下已经被雨水江水彻底打湿，即便如此，能够实地看到工程建设的顺利推进，我感到十分欣慰。因为在五桥，我们援建干部就是上海的代表，我们要对自己的工作，对自己代表的城市负责。

2002 年底，五桥沿江乡镇移民公路和五座公路桥梁，在两地干部群众的共同努力下，终于全线贯通。为了感谢上海人民的无私援助，五座公路桥梁被分别命名为友谊桥、浦东桥、卢湾桥、宝山桥、嘉定桥并立碑（牌）纪念。

牵桥搭线做项目

为了完成规划确定的目标任务，在上海市政府协作办具体指导下，2003 年，我积极投入了项目对接的工作中。上海与五桥两地相距较远，双方在对口支援某一问题的认识和具体工作的要求上很难做到完全一致。当这种情况出现时，我总是来回奔波，反复沟通，促成双方达成共识，并提出可行的新方案，促使问题得到妥善解决。一年间落实无偿捐助资金 1415 万元，完成"爱心助学"、五桥上海游泳馆、风景区规划等项目；积极探索长效运行机制，重庆上海科技中心运行态势良好、五桥上海青少年活动中心活力重现、五桥上海游泳馆也开始探索走市场化运作之路。

为了推动五桥的产业发展，一方面，我积极向上海推广五桥开发区的商

调研移民乡镇新建
养老院建设项目

品。经过与上海市商委、上海联华超市、上海华联超市沟通、联系，成功推荐五桥"鱼泉榨菜""诗仙太白酒"等商品进入上海市场。为了让五桥的农副产品进入上海的大型超市，我锲而不舍地等在上海市属某企业总经理助理的办公室外，向这位企业高管宣传党和国家的对口支援政策、推介五桥的绿色产品，终于让企业向五桥的商品打开了大门。

另一方面，我积极地为五桥移民开发区引进上海的先进项目——"中国林蛙南移养殖"。林蛙（俗称哈士蟆），是我国北方独有的集药用、食补、美容于一体的濒临灭绝的珍稀两栖类动物。"中国林蛙南移养殖"作为上海高新技术成果转化项目和国家科技部的农业科技成果转化项目，具有很高的经济价值。在上海市政府协作办和浦东新区的支持下，我牵线五桥林业局和上海孙桥现代农业园区，在五桥天星农业园区试点推广林蛙的养殖。一开始，项目的开展并不顺利。饲养林蛙的大棚搭建好了，棚内的绿色植物栽种了，作为林蛙食物的饵料也投放了，可是养殖的幼蛙却生长缓慢，产卵也不多。为了找出原因，我们带着五桥林业局的技术人员赶赴上海说明情况，并邀请专家进行指导。当时，虽然万州机场已经投入使用，但是航班每周只有一班。为了赶时间，我们先绕道去重庆再飞往上海。在去往重庆的路上，经过梁平时，突遇山上滚石。幸亏司机反应迅速加速冲过，滚石堪堪落在车尾，不然后果真的不堪设想。到了上海，孙桥现代农业园区对五桥的这个援建项目非常重视，在初步了解了情况之后，特意安排林蛙养殖专家与我们一起回到五桥天星农业园区，吃住在现场，终于发现并解决了问题。此后，林蛙的养殖获得了初步成功。这个项目在五桥推广落户，带动库区新型农业的发展，对于帮扶移民脱贫致富具有很强的现实意义和示范引领作用。

作为一名挂职干部，在两地之间牵线搭桥，对落地的对口支援项目和资金进行全过程、全方位的协调、监督，仅仅是工作的一部分。我们还要发挥上海干部的优势和长处，为当地的发展献计献策。那两年，无论高温酷暑、三九严寒，我都坚持下沉移民一线，走遍了五桥移民区 37 个乡镇和街道，深入移民村、卫生院、敬老院、学校、园区等，实地了解当地的发展现状和发展需求。两年间，我结合到五桥的走访调研和平日的思考，先后撰写了《对五桥经济发展的一点思考》《关于逐步建立一支专家队伍的建议》，与五桥管委会主任祁小川同志一起撰写了《坚持"大户"战略，探索信贷支持，扶助移民致富——关于建立移民扶持长效机制的构想》，呈送五桥开发区党工委和管委会，得到了高度的评价。

一个又一个台阶

2002 年，是上海对口支援五桥移民开发区成果丰硕的一年：上海无偿援助当地项目 13 个，投入资金 975 万元；签订合作项目 12 个，协议资金 9.2 亿元。除援建的两个移民示范村、三所卫生院、三所敬老院、五桥工业开发中心、潭獐峡旅游项目外，五桥科技中心、天星农业园区、长坪希望小学等八个移民乡镇的"五个一"工程项目也得以提前完成并投入使用。通过对口支援，促进了五桥移民生活、生产水平的提高，促进了五桥移民开发区经济、社会的发展。身为其中的一员，我感到自豪和骄傲。

2002 年，也是上海对口支援五桥移民开发区第十个年头。十年间，上海对口支援万州硕果累累，累计无偿援助万州资金逾 8000 万元，实施经济合作

项目 20 个，协议资金 4 亿元，实际到位资金约 2.5 亿元，援建移民村 8 个。为了深入贯彻落实 2001 年 7 月国务院三峡移民暨对口支援工作会议精神，总结经验，交流情况，研究和讨论如何进一步做好对口支援三峡库区移民工作，2002 年 9 月，"上海——重庆万州对口支援座谈会、合作项目签约暨捐赠仪式"在上海举行，上海市常务副市长蒋以任，重庆市委常委、万州区委书记马正其，上海市政府副秘书长姜光裕等领导出席了会议。会上，两地签署了 6 个合作项目，捐赠对口支援资金 980 万元。市政府协作办公室副主任周伟民、万州区五桥移民开发区党工委书记汤志光代表两地，签署了《上海——重庆万州五桥对口支援工作三年规划（2003—2005 年）》。确定了以实现移民"安得稳、逐步能致富"为总目标，以加强工、贸非农移民安置为重点，以拓宽非农移民安置容量，提高移民安置质量，努力实现对口支援主要由"输血型"向"造血型"转变、由"搬得走"向"安得稳"转变的指导思想。根据所签规划，上海和万州将合作发展当地特色农副产品加工业，推动万州五桥产业结构调整；实施"五桥移民高效农业加工园"项目，发展特色农产品加工业，推动产业结构调整；完善五桥物贸、技术、人才市场，改善当地投资环境。

　　如今的五桥，早已旧貌换新颜，如一颗耀眼的明珠，熠熠闪耀于三峡库区腹心。一条条大道向前延展，一栋栋高楼拔地而起。这些年，在国家移民政策和对口支援的帮扶下，五桥的经济实现了跨越式发展，居民生活水平也持续提高……这座移民新城正被注入勃勃生机。

万州，我的第二故乡

何利民，1968年6月生。现任黄浦区老西门街道办事处二级调研员。2012年1月至2013年12月，为上海市第十二批援三峡干部，挂职担任中共重庆市万州区委办公室副主任，分管对口支援工作。

口述：何利民

整理：赵　兵　俞　凡

　　按照上海市委组织部的安排，我是第十二批对口支援三峡库区的挂职干部，任万州区委办公室副主任。2012 年和 2013 年，在上海市委组织部、上海市政府合作交流办、黄浦区领导和组织部门的关心下，在万州区领导和同志们的帮助支持和亲如兄弟般的照顾下，我肩负着上海人民的深情厚谊，把"锻炼好，协调好，服务好，作风好"的"四好"作为标准，严格要求自己，诚心待人，尽心做事，努力把对口支援工作落到实处，让三峡移民真正得到对口支援的实惠，让上海万州两地联系更加紧密。回忆起曾经在万州的日日夜夜，心潮涌动，思绪万千，万州已经成为我生命中又一美丽的故乡。那里的山山水水，让我的心灵得到朴素纯洁的洗礼，乡亲和同事的回忆常常拨动着我的心弦，牵动着我的思念。

挂职小插曲

　　2012 年 1 月初，我们四位第十二批对口支援三峡库区挂职干部，由上海市委组织部、市合作交流办和黄浦区委组织部的同志们组队送我们赴任。行程第一站是湖北夷陵，先送两位到湖北宜昌市夷陵区挂职的同志。第二站是万州，我们搭乘下午的火车从宜昌出发，一路穿隧道、过桥梁，在崇山峻岭中穿梭。通过查阅资料，我了解到宜万铁路经过的绝大部分地域是喀斯特地貌的山区，地质条件极为恶劣，遍布岩溶、暗河等，是世界上最复杂的地质。全线370多公里中，桥梁、隧道就占约278公里，有34座高风险的岩溶隧道，"全球铁路独一无二，是我国铁路史上修建难度最大、公里造价最高、历时最长的山区铁路"。一路穿行已经让我感到挂职山区的魅力和压力，有这样的筑路先锋做我的榜样，以后有再大的困难也不算事了。

到了万州，当火车经过万州铁路长江大桥时，看到夜幕下灯光倒影的湖面如此美丽动人，有的同志说可以和"维多利亚港"比一比。毛泽东主席几十年前预言的"高峡出平湖"的壮观景象真真切切地就在眼前。想到以后要在这儿生活工作两年，心情特别激动，没有身临其境是无法体会的。晚上9点半，经过370多公里，5个多小时，火车到达万州站，万州的同志热情地安排了我们。在去宿舍的路途中，万州组织部的领导跟我说，接到中组部的通知，凡是直辖市的区都不再设秘书长一职，所以原来挂职副秘书长的职务已经取消，只能改任区委办公室副主任。第二天上海市委组织部的同志问我，由于和原定的挂职职务不一样了，如果有什么想法可以提出来，也可以提出回上海。我当时就表态，来万州不是为职务，而是来锻炼的、学习的、服务的，对职务的变动没有任何意见和想法，服从组织的安排。这一小小的插曲，其实也检验了一下我自己是真心挂职还是为名而来，结果还算合格。

厚重的历史令我敬仰

上任之后，我用最短的时间查阅学习了万州的历史沿革资料。万州区位于重庆东北部，长江上游三峡库区腹部，地处四川盆地东部边缘，在重庆主城区和湖北宜昌的中间，与湖北利川市和四川开江县接壤，可谓地理位置重要。万州区面积3457平方公里，辖52个乡、镇、街道，是上海地域面积的一半，可谓地广山多。至2013年底，城市建成区面积50多平方公里，是200公里半径范围内城市人口唯一超过80万的中心城市，为渝东北、川东、鄂西、陕南、黔东、湘西的重要物资集散地，长江黄金水道穿境而过，可谓"万川毕汇""万商毕集"。万州区是少数民族散居地区，有土家族、回族、苗族等26

个少数民族，可谓民俗多样。

万州的悠久历史可追溯至东汉建安二十一年（公元 216 年）。从万州建县至现在万州设区，其间有记载的就有 19 次名称和地域的变更。跨越一千八百年，万州承载了太多的变迁，在历史重要时间节点上都留下了深深的印痕。就说最近一次，更是世界瞩目。为了建设长江三峡水利枢纽三峡库区，移民二十余万人之多，二分之一的城市淹没，创造了一场可歌可颂的人间奇迹，可以说超越了历史上任何一次变迁。看着这样的历史，看到这样的付出，我想没有谁会对万州的山川和人民不生敬仰和热爱，没有谁在这片土地上工作能不尽心尽力，而且时间越久，爱和责任越深。

融合式做好每一个对口支援项目

我挂职的两年，正是万州经济转型期。作为长江流域的重要地带，万州的渝东北地区能否良性健康地发展，直接关系到三峡库区以及长江中下游生态安全，对上海这个处于下游的城市也有很大影响。渝东北是生态涵养经济发展带，必须着力涵养保护三峡库区腹地的青山绿水，让绿色经济成为发展的主旋律。万州也须转变经济发展模式，适应国家总体发展方略。对口支援工作更要

◀ 黄浦区援建项目重庆市万州区武陵镇敬老院

2012 年 9 月 6 日，黄浦区医疗队在重庆市万州区人民医院开展专家义诊

适应万州的经济转型要求，融合万州绿色发展和民生发展。

我体会到要做好融合式的对口支援工作就要主动融入，主动适应，真情投入，真心付出。要在意识上、工作上、行动上体现以万州为家，为万州移民的安稳和致富添砖加瓦。

要做好对口支援工作就要充分了解社情民情，掌握第一手资料。我在万州的时候经常与同志们交流思想、交换观点、探讨发展理念，完善思路，明确重点，把对口支援工作做出新意，做出活力，符合移民的意愿，做到惠民利民。挂职期间，一批有特色的项目实施取得了很好的社会效益。万州区人民医院腔镜中心建设成为重庆市特色专科，万州第五（上海）医院耳鼻喉科建设成为重庆市特色专科和上海耳鼻喉中心建设辐射成员，万州第五（上海）医院晋升为重庆二甲医院，启动了卫生医疗服务，辐射周边近 10 万群众的武陵镇卫生院改造升级和技术交流项目，新田中学继万州上海中学后升格为重庆市重点中学，近 300 名贫困移民大学生得到上海"爱心助学圆梦行动"的资助，59 名贫苦移民得到了上海市卫生局组织的医疗援助巡回医疗队的专项免费救治，400 名"现代农业经理人"得到了培训，还有开展武陵镇养老院建设等等。

"小葱，三峡移民的致富梦"

我记得 2012 年初春时节，在地处亚热带季风湿润气候的三峡库区万州，早早地有了一丝春意。与同饮一江水的上海气候迥然不同，这里"蔼蔼雾满闾，融融景盈幕"，而上海却是"蔼蔼春候至，天气和且清"。我和郜鹏，还有万州对口办一科的张继荣、刘洪，驱车近两个小时来到了板桥村——一个上海对口支援的新农村建设点，看一看山村的风貌，闻一闻泥土的清香。

一路沿着崎岖的山路，在山里蜿蜒，时而颠簸，时而急弯，时而俯冲，时而爬坡，时而是雨后的滑坡横梗在路上得小心绕过，颠得肠胃翻滚，真得感谢司机王师傅的高超技术。沿途没有茂密的森林、参天的大树，只有低矮的灌木和矮小的松树，显得那样顽强，充满生命力。板桥村就处于大自然顽强生命力的环绕中。它四面环山，中间的山坳平地上坐落着三层楼的上海对口援建的村委会和公共服务点。楼前面是广场，广场两边是新农村建设的几排白墙红腰线的农民住房，整洁漂亮。

在村主任的引导下，我们沿着一条一米宽、有台阶的水泥小路前行，这条蜿蜒小路建在一个连着小趾山包的山脊上，小路两侧的坡地里满眼是小葱。主任告诉我们：你们现在走的地方就是四季葱的种植基地，是上海对口支援项目，已经基本建成，只待验收。他说重庆人爱吃的火锅、汤锅、小面都要放大量的小葱，离开了这绿油油的小葱，重庆特有的美食美味就不存在了。他指着这条硬化的山中小路，告诉我们这也是上海对口援建的项目。自打有了这条水泥小道，农民不怕下雨，不怕路滑，也不怕坡陡了，可以随时侍弄这些小葱。原来没有这条硬化的山间小路，农民一到下雨天就没有办法去山上挖葱和栽葱，也没有办法把葱运下去销售，收入就无法保障。万州又是多阴雨的气候，现在有了这条路，一年四季，无论刮风下雨，小葱的种、产、销都不受大的影响，这是一条实实在在的富民之路。

村主任指着远处一排温室大棚说那是上海对口援建的大棚，是育葱苗用的，所有的葱苗都是从那里出来的。以前没有育苗大棚，葱苗的育种就是一家一户，质量品质都不能保证，气温低点还缺货，严重影响了小葱的产量和品质，销路也不好。有了这十个大棚，育出来的苗壮实，移栽成活率高，几乎百分之百成活，长势好，成品快，市场占有率高。主任说现在老百姓非常愿意用这些大棚育的苗，出现供不应求的局面，老百姓都在等以后种植面积进一步扩大。他说村里的老百姓从心里感谢上海的对口支援，这些项目接地气，是移民实实在在需要的。听说你们上海人最讲绿色，跟我们万州人一样爱吃小葱，他们总想着哪一天把这些小葱运到上海，运到大都市，让上海人也尝尝山里最绿色的小葱。他还告诉我们现在村里已经成立了合作社，移民靠着这葱，经济收入在逐年增长，逐步脱贫致富。

看着眼前这位黝黑的汉子、农民致富的带头人，他眼中透出的激情，言语中蹦出的自信，我在想我们对口支援点面结合的方式取得了明显的效果，犹如这登山前行的脚步越走越实，越走越稳，越走越宽，真正让移民百姓稳得住、富起来。上海对口支援的力量用在了刀刃上，起到了杠杆作用。再前行，我们登上了小山包上的水泥平台，放眼四周，山中小道时隐时现，穿梭在周边山间绿色中，把散落在山中像白色珍珠般的农民住房串成一条光彩夺目的项链，凝望着这些项链上的颗颗珍珠，由衷地看到农民正在脱贫奔小康，幸福感油然而生。我们更加信心满满，对口支援必将使这些珍珠更加润色，更加绚丽。

上海家中的"万州六君子"

说起家中的"六君子"，还真有些故事。它们都是我离开万州时带回上海落户的，分别是：黄桷树、三角梅、野菊、野蕨、黄花菜、扁竹。

黄桷树、三角梅是在挂职快要结束前，有几次跟万州对口办的郭绍军科长和区委办的谭万新秘书讲起马上就要挂职期满，两年的时间让我对万州恋恋不舍，总想留点什么做纪念，想着能否把万州的黄桷树、三角梅带回上海，可以睹物思情。郭科长说以前有移民到上海的老百姓，因为故土难离，就把黄桷树带到上海种植，听说都没有移栽成功，你要带黄桷树可能难度比较大，我说试试看也许心诚则灵。郭科长很用心，把他家养的一棵铅笔粗细、一根双枝有二十厘米高的树苗赠送给我。我如获至宝，感觉非常的应景，一根双枝，不正是代表上海和万州的兄弟同根吗，太好了。回到上海后，黄桷树不负众望枝繁叶茂，现已是两米出头哥俩好的"小伙子"了，也预示着上海和万州融合得更深更紧。三角梅是谭秘书送我的一棵刚扦插成活的小苗苗，四五片叶煞是可爱，现在也是一个娇美水灵的大姑娘。今年开花时，我在微信群里让它初露红颜，赞美了一番："寒暑不问心侍弄，片片红唇慰君劳。不想夏秋冬还去，只为清宁静寂净。"

"六君子"中的野菊和野蕨，是我经常去登山锻炼的天子城上的"二野"。秋天的时候每次去登山，看到山路边杂草丛中点点小黄花，也不争荣，很有性格，很合意，我就拔了两小枝野菊和一小棵野蕨带回上海。现在也是从两枝小苗到长满了大盆，每年秋季准时开花，真是"万州野菊，上海应景。年年如约，岁岁相望"。"六君子"中的黄花菜和扁竹，是"三下乡"在一户农民家门口，看到黄花菜的苗，原来不认识，后来问了那户农民告诉我是黄花菜，我觉得应该留作纪念，就跟他们讨要了一棵，农民很开心地答应了，还帮我挖，看到它我就提醒自己不能自满，知识是无穷尽的。扁竹是当地引进的经济作物，根茎是中药材。现在的"六君子"没有水土不服，而是枝繁叶茂，欣欣向荣。每天看到它们我就想起万州。

两年在万州的工作与生活，看、学、做，可以说已经再造了一个自我，明白了更多的人生道理，洗涤了身心，放下了名利，收获良多。真心感恩万州，真心祝福万州。

十年爱心圆梦路　沪万人民心连心

　　陈兴祥，1964年9月生。现任黄浦区人大社会建设委副主任委员。2013年12月至2016年12月，为上海市第十三批援三峡干部，挂职担任中共重庆市万州区委办公室副主任，分管对口支援工作。

口述：陈兴祥
整理：陈兴祥

　　三年万州行，一生万州情。对口支援万州三年，留给我很多美好的记忆，特别是沪万两地人民建立起来的深厚情谊，难以用语言表达，动人的事迹说也说不完。记得刚来万州那会儿，曾经在五桥（上海对口支援重庆市万州的重点地区）工作过的万州区程尧副区长和我讲过一个小故事：有一次，好像是第五批上海对口支援干部在服务点擦皮鞋，闲聊中服务员得知他是上海来的援万干部，说啥也不收钱；还有一次，有个上海援万干部去买打火机，售货员一听是上海口音，脱口就说"上海人来我免费"……尽管都是生活中的小事，但五桥移民群众对上海人的浓厚感情着实让我感动。在这里，我来说说亲身经历的另一个真实故事——在万州参加的一次爱心助学行动。

　　2015 年 8 月 25 日上午，三峡都市报社五楼会议室。

　　这里正在举行万州区第十六届"爱心助学圆梦行动"座谈会。

　　三峡库区移民家庭的收入普遍较低，因家境贫寒上不起大学的莘莘学子众多。接到梦想已久的大学录取通知书，对于每一个奋发图强的学子来说是最令人兴奋的事，但对于一些家境贫困的同学来说，还没有享受到喜悦，高额的学费就已经让全家人一筹莫展。对此，上海市合作交流办牵头发起了"爱心助学圆梦行动"，从 2006 年开始，每年都发动上海爱心企业和爱心人士帮助万州区经济困难的青年学生圆大学梦。十年间，爱心从未间断，至今已有两

▲第十五届爱心助
学圆梦行动座
谈会

千余名学子在"爱心助学圆梦行动"的帮助下完成了梦想，顺利进入了大学校园。

"感恩的心，感谢有你，伴我一生，让我有勇气做我自己。"根据活动安排，在贫困学生代表优美动听的歌声中，由我陪同上海市合作交流办和黄浦区、嘉定区以及上海爱心企业的领导和爱心人士代表依次进入会场。

因为是爱心助学圆梦行动满十周年，承办方万州区移民局与三峡都市报社特意组织受助学生代表编排了一个简朴的节目——《感恩的心》，还摄制了微电影《圆梦》。

"金钱有价，爱心无价。"在老师的引导下，50 名学生代表怀着激动的心情走上舞台。这时，《感恩的心》背景音乐响起，台上的学生代表认真地随着歌声，摆动起身姿。

"我来自偶然，像一颗尘土，有谁看出我的脆弱……"音乐声中，歌词仿佛唱出了学子此时此刻的心情。每一名同学都用歌声与舞蹈，表达着对爱心人士的感恩。此时此刻，我与场内各方代表一样静静地聆听着、欣赏着，只有悠扬的歌声充满着整个会场。

为了演好《感恩的心》节目，学生代表们之前都在家里反复练习，唯恐自己的表演不够完美。学生代表韦海洋说："我在家练习了很久，每一个手势和动作都认真练习，因为这是对帮助我们的好心人的一份感恩的礼物，虽然这算不上什么，但是我必须很认真地去做，就跟歌名一样，我是怀着一颗激动、感恩的心去表达的。"

舞曲终了，掌声雷动，学生代表们怀着激动的心情向在场的所有人鞠躬致谢。

座谈前，还播放了反映十年来上海人民无私捐助以及万州贫寒学子们勤奋学习事迹的微电影《圆梦》。

接着，万州区政协副主席张嘉强作了热情洋溢的讲话，我也在发言中真诚祝愿受助学子将"感恩之心、感激之情化为成才之志、发奋之源"，成就自己美好的未来。随后上海捐助者代表与万州学生代表开始座谈。

上海市嘉定区合作交流办主任郁彪说："1996 年我曾来过万州。一别就是20 年，今天我又来到这里，欣喜地看到了这座城市这些年来翻天覆地的变化。人才是国家崛起的关键，也是城市发展的中坚力量，希望同学们奋发图强，迅速成长，以后能够成为建设万州、建设三峡库区、建设祖国的接班人。在他们成长为栋梁之前，我们将尽自己所能，让孩子们去完成学业，拥有更美好的明天。我也希望我们的爱心能够带动更多的人，为那些贫困的家庭带来温暖，为建设文明和谐社会尽一点绵薄之力。"

上海企业家代表永业集团总经理季欣接着说："我第一次作为上海企业代表参加在万州举办的爱心助学圆梦活动，看完记录贫困学子生活状态的短片后心情既沉重又欣慰，万州学子不畏艰难、积极向上的精神，真是令人感动。中国有句古话叫'授人以鱼，不如授之以渔'，我们资助一名贫困大学生，不仅希望能改变一个学生、温暖一个家庭，使一个又一个的贫困学生能够跨进大学的校门，实现他们读大学的梦想，同时也希望这些优秀的孩子进入大学后努力学习，以优异的成绩回报社会，回报祖国。"

上海市新世界集团副总裁潘强说："我觉得圆梦行动是一个伟大的项目，多年来帮助贫困学子圆了大学梦。我们一直致力于爱心事业，也希望通过我们的行动去感动更多的人加入这个行列。我们付出的只是小小的财富，但对于贫困家庭来说，却是雪中送炭。我们从 2013 年开始援助爱心助学圆梦行动，以后将一如既往地支持这项活动，让沪万人民的深厚情谊永远传递下去。"

上海来的其他爱心人士代表也相继作了简短的发言。

在会场的角落，有一位皮肤黝黑的中年妇女，一边听着代表们的发言，一边在旁边默默地流泪，她便是受助学生宋昆森的妈妈。宋昆森本人因身体原因无法来到现场，由妈妈代替他参加活动。宋昆森妈妈走上发言席，开始讲述儿子坎坷的求学之路。

宋昆森毕业于万州高级中学，成绩优秀的他一直是爸妈心中的骄傲。高一暑假的一个下午，宋昆森在体检时被查出患有恶性骨肉瘤，这致命的打击让这个本就困难的家庭雪上加霜。

宋妈妈四处奔波，到处筹钱，带着宋昆森去重庆三峡中心医院、重庆西南医院、北京 304 医院就医，前后花去 40 多万元，面对巨大的经济债务与身体的病痛，宋昆森没有放弃学习，他于 2013 年 9 月治愈后回到学校继续读书。但祸不单行，2015 年 6 月 9 日，宋昆森刚刚结束高考，他的父亲却因病去世……

宋妈妈一边说一边抽泣，此时此刻已经激动得说不出话来，只见她双手合十真诚地向爱心人士表达着自己的感激之情……台下的受助学生中，有许多人忍不住流下了泪水，我也眼圈湿润、感触良多。

以 652 分考上北京大学的熊梦莹说："我没有想到这么多的关怀会涌过来，让我可以放下包袱，敞开胸怀迎接大学生活；作为一名大学新生，或许暂时还没有能力回报社会，但我可以向同学们提出倡议：在大学期间，努力学习各种知识，锻炼才干，做一名好学生。同时，关心身边的同学，乐于助人，力所能及地参加一些志愿者活动，以自身的微薄力量，为社会做一点事。将来回到家乡，建设家乡，建设祖国。从今天起，我们的心里要种下爱心的种子，让它生根发芽，也让我们长成参天大树。"

奖学金获得者、2013 年受助学生谭建峰接过话筒说："2013 年 7 月，我有幸报名申请到了爱心助学圆梦行动的助学金，圆了我的大学梦。时隔两年，今

◀ 第十六届爱心助
学圆梦行动座
谈会

天又获得了奖学金。说不出的激动，更多的是感谢。沪万情深，让我在一个充满爱心与温暖的环境中完成学业。对我来说，这不只是一份帮助，一份来自国家和社会的关怀，更是我学习动力的源泉。"

最让我感动的，还有我们上海来的爱心人士代表在大会结束后，仍依依不舍地与同学们继续进行交谈。

在交流中，受助贫困学生说得最多的两个字就是"谢谢"，表达意愿最强烈的是"进入大学校园后，要将这笔捐款一分一厘都用到学习上，争取在大学期间多学本领，早日回报社会，回报好心人的帮助"。家住天城镇茅谷村5组的谭勇杰紧紧握着上海淮海集团党委副书记陈建军的双手说："我们一家人都很感激上海好心人，是你们解决了我上学的燃眉之急。待我大学毕业后，也会像你们那样，去帮助需要帮助的人。"陈书记笑了笑鼓励道："同学们都是好样的，能在物质条件艰苦的情况下仍奋发努力，实现自己的大学梦，真了不起啊！"

聂沭是众多贫困生中的一位，领到捐助金后，她满怀感激地对在场的爱心人士说："我的学费一年是6880元，这次的资助金，解决了我读书最大的问题，我终于可以读大学了。"聂沭说，领到钱之后，马上要拿回去给妈妈，"这笔钱给我们家减轻了很大的负担，我很感谢，谢谢这次的圆梦助学活动，让我们这些贫困家庭的孩子能圆梦。毕业以后有了工作，赚了钱，我一定会像帮助我的好心人一样，力所能及地去资助家里困难的孩子，一定要回报社会，报答这些帮助过我的人。"

王馨（重庆医科大学）、刘江（重庆师范大学）、牟娅玲（重庆西南政法大学）、张伦舟（重庆理工大学）、秦宇（重庆师范大学）、谭春林（太原理工大学）等在场的贫寒学子们都怀着感恩的心，向上海爱心企业、爱心人士代表表达了他们的感激之情和进入大学后勤奋学习、奋发图强的决心。

这一年的夏天，是一个爱心涌动的夏天。通过上海人的爱心行动和三峡都市报关于贫困新生事迹的报道，感动着许多万州本地的爱心企业和爱心人士，他们纷纷伸出援助之手，为贫困学子解燃眉之急。据统计，此次活动中还收到来自万州爱心企业和爱心人士的 15 万余元捐款。

那一年，万州共有 291 名贫困高考生喜获资助，17 名成绩优异的在读贫困大学生获得奖学金。

这是一场没有终点的接力，这是一次爱心的千里传递。在万州的"爱心助学圆梦行动"中，上海人民再一次用博大的爱心谱写出沪万人民心连心的华丽篇章。

作为上海人，多年来我一直为此感到骄傲和自豪！

万州挂职记事

张建敏，1969年4月生。现任黄浦区政府办公室合作交流科科长。2013年12月至2016年12月，为上海市第十三批援三峡干部，先后担任重庆市万州区对口办主任助理、重庆市万州区移民局局长助理等职，分管移民安置工作。

口述：张建敏
整理：赵　兵　俞　凡

2013 年 12 月，根据组织安排，我赴三峡库区重庆万州挂职锻炼，先后担任万州区对口支援办公室主任助理、移民局局长助理等职。三年间，我努力把对口支援工作落到实处，将上海人民的深情厚谊带到万州，也清楚地感受到万州的发展与变化，为此感到由衷地欣慰与自豪。回首往事，许多回忆依旧萦绕在脑海。

这里有个麻风村

"万州有个麻风村"，来万州对口支援工作不久，我就听万州皮肤病防治院院长谭红军说起，万州偏远小山村有一个交通不便、比较隐秘的麻风村。麻风病是由麻风杆菌引起的一种慢性传染病，主要侵害人的皮肤和神经组织，导致人皮肤麻木、干枯甚至变形，造成肢体残疾。麻风病的潜伏期较长，平均为 2 至 5 年，最长者可达 10 年。由于治愈难、传染途径不确定，社会上对麻风病有一些不实的传言。中华人民共和国成立后，由于积极防治，麻风病已得到有效的控制，发病率显著下降。在上海早就听说麻风病已绝迹，偶尔也只是在电视、电影中看到过麻风病人及其惨状。

据谭院长介绍，该麻风村建于 1970 年，占地面积 60 亩，房屋建筑面积约 1000 平方米，离主城约 60 公里。交通不便，驱车要两个多小时，车只能开到山脚下，还要向山顶爬行约 15 分钟才能到达麻风村。根据史料记载，万州区于 1952 年发现首例麻风病人，至 2002 年已达 134 人。听完介绍，我萌生了去那里实地了解的想法。

探访"隔离区"

记得那是 2014 年 6 月 18 日的上午，素有"火炉"之称的重庆万州，早早地进入初夏季节，气温已升到 30 度左右。万州四面环山，外面的风全被大山阻挡，一年四季几乎没有一丝风能吹进来。三峡工程建成后，长江水位从原来的 35 米升到 175 米，蒸发的水汽量比以往大得多，所以万州的夏天异常湿热。

我和谭院长以及医院皮肤科刘主任一行三人，驱车前往走马镇鱼背山水库麻风病村。之前，万州的同事们曾多次劝我不要去，谭院长为了打消我的顾虑，用带着浓重当地口音的普通话告诉我说，住在麻风村的病人都是经过治疗且病情可以控制的，基本不会传染，所以不用太过担心。说是不用担心，但心中的顾虑还是挥之不去，一路上谁也没有更多谈及此事。

经过较为平坦的省道，就进入狭窄的乡村公路和村级道路。在不断翻山越岭，经过几个很少有人居住的自然村落（青壮劳力都已外出打工）后，来到了一个群山环抱、人烟稀少的水库边，谭院长说这就是鱼背山水库。水库的闸门已锈迹斑斑，因离居民点较远，所以水没有被污染，水中倒映着山上郁郁葱葱的松柏，还不时传来动听的鸟叫声，没有污染、没有嘈杂，一派宁静安详的氛围，恍若世外桃源，长期住在大城市的人们，一定十分羡慕这里的环境。

过了水库大坝，车子在一座并不算高的山前停下了，车道也就在山前戛然而止。我们下了车，抬头望了一下没有路的山头，这才明白谭院长说过的要等天气好的时候才能来这里，如果下雨就没法上山了。谭院长带着我们顺着被病人踩出来的土路往山上爬去。山虽然不高，但坡度还是比较陡，有的地方接近 45 度，要抓着草或者旁边的小树枝才能爬上去。经过十多分钟的艰难攀爬，我们终于在一排大概有十几间的房屋前停下了。说句实话，我那时的心情特别紧张。

谭院长带着我边看边介绍说：这是麻风病村的食堂和部分病房，设施设备都比较简单，只有一张病床，连像样的家具都"没得"（重庆话没有的意思）。虽然我耳朵在听谭院长介绍，但心里还是有些恐慌，不断在想怎么没看到病人呢，而且眼睛有意识地在东张西望，希望不要看到病人。此时谭院长好像看透了我的心思，笑着对我说，病人在后面一排病房，这一排的病人都下山了。绕过第一排病房，来到后面山上接近山顶的地方，有一排和前面差不多的平房，但全部是土坯房，而且更简陋。此时有一对老年夫妇在门口笑着迎接我们，并不断与谭院长和刘主任打招呼。谭院长简单介绍了一下，说这是一对患病夫妻，长期住山上，病的症状较轻，所以看不出来想象中的那些症状，他们已在山上住了二十多年，自己垦荒种田，种些蔬菜，养几只鸡，挖个小水塘养几条鱼，每周赶场的时候步行到山下，买些鱼和肉类回来改善伙食，生活条件比较艰苦。其他病人的情况也差不多，有些病人家里已抛弃他们，所以也没人来探视，医院每周会派医生、护士来帮助他们检查换药。

能为麻风病人做点什么

在回来的路上，谭院长告诉我，麻风村的 57 个病人以老年病人为主，短的在山上住了十多年，长的已住了将近四十多年，家里已抛弃他们，有家难回，社会上也歧视他们，使他们不敢抛头露面，每月仅仅依靠民政局的 300 元救助金过日子，是真正的弱势群体。听了谭院长的话，我心中久久不能平静。习近平总书记在重庆调研时曾经说过，"在整个发展过程中，都要注重民生、保障民生、改善民生，让改革发展成果更多更公平惠及广大人民群众，使人民群众在共建共享发展中有更多获得感"。我深深体会到：在当今社会，还有那么多因病致贫、因残致贫的人需要我们伸出援助之手，需要整个社会来伸出援手帮助他们。

在第 62 届"世界防治麻风病日"（世界卫生组织规定每年 1 月最后一个星期日为世界麻风病日）暨第 28 届"中国麻风节"来临之际，经与谭院长协商，我作为上海在万州对口支援挂职干部代表，决定资助资金，为 57 名麻风病人购置食用油、腊肉、棉被、大衣等慰问品，到麻风村隔离点开展慰问活动，尽最大的努力来帮助他们。

2015 年 1 月 23 日上午，记得那是春节回家过年之前，也是一个晴好的天气，我再次和几名同事来到了麻风病村住院病区，心情也已没有了当初的忐忑和复杂，一切都是那么自然。我再次看望、慰问了那里的几位麻风病人，包括第一次碰到的那对病人夫妻。在详细了解麻风病后遗症伤残病人的生活和医疗情况后，叮嘱他们要自强、自立、自信，积极配合医护人员的治疗。同时，我还主动联系医院，要求最大限度地为他们做好治疗和护理工作，并搞好麻风病人的饮食，注意营养搭配，让麻风病人早日康复。

为了库区人民的健康

对口支援万州三年，在市、区两级对口支援业务部门的关心指导下，在抓好计划内对口支援项目推进的基础上，作为卫生系统工作者，我特别关注万州的卫生事业发展，积极、主动作为，计划外增加了医疗设备援助、医疗系统中层干部业务交流培训等内容，受到了万州区领导和当地移民群众的广泛赞许。一是针对医疗设备老旧，积极协调设备援助。2014 年 3 月中旬，黄浦区卫计委组队到万州考察对口支援工作，研究探索对口支援帮扶新方法、新措施，提出支援万州部分医疗设备，同时还助推万州区人民医院、万州上海医院等单位

◀ 考察万州响水镇农村道路硬化工程

的三级医院创建工作等设想。2015年初，协调黄浦区医疗系统将100张病床（约合28万元）无偿援助万州乡镇基层医疗机构。二是针对万州医疗系统中层干部知识需求，积极组织医疗管理业务培训交流。争取黄浦区卫计委自筹资金30万元，为万州区卫生系统中层以上干部和业务骨干进行业务培训。2014年至2016年底，共安排了6批共68人到黄浦区各医疗机构参加为期一周的培训，安排中级以上业务骨干5批次24人参加为期三个月的中长期培训，参训人员一致感到受益匪浅。组织协调黄浦区香山医院、区疾病控制中心和卫生监督所来万州，通过结对、交流座谈、授课、到乡镇业务指导等形式，进一步提升万州区中医和疾病控制中心以及卫生监督队伍能力水平。同时，每年组织由骨科、内科、外科、眼科、妇产科、神经内科、中医伤科等科室主任组成的医疗专家组，到万州各乡镇开展以健康体检、医疗救助、建立健康档案、学术讲座为主要内容的对口支援巡回医疗系列活动，该活动受到万州各级政府和移民群众的一致好评，直接受益移民达3000人左右。

　　援建工作已经过去数年，当时的情形依然时常在眼前浮现，我想在挂职期间能为库区贫困老百姓做点有意义的事，尽点微薄之力，也算是尽了我们挂职干部应尽的义务。一次万州行，一生万州情，此事终将让我永生难忘！

◀ 考察万州五桥中学学生食堂建设

万州有个"上海中学"

王兴元，1968年10月生。现任重庆市万州上海中学党委副书记，高级教师，重庆市骨干教师，亲历了万州上海中学在移民搬迁中的发展壮大。

阮瑾怡，1972年9月生。现任黄浦区卢湾高级中学校长办公室主任，扬州大学、上海师范大学硕士生校外导师，负责卢湾高中对口支援万州上海中学组织工作。

口述：王兴元　阮瑾怡
采访：赵　兵　俞　凡
整理：赵　兵　俞　凡
时间：2020 年 3 月 26 日　2020 年 4 月 13 日

　　重庆市万州上海中学前身是四川省万县鱼泉私立中学，由著名教育家、诗人杨吉甫先生创办于 1945 年。1952 年，学校更名为万县第三初级中学。1982 年，升格为万县市第五中学。位于万州铁路大桥南桥头的原沱口校址是三峡二期水位全淹地。移民搬迁，让这所中学面临巨大的挑战；对口支援，也让这所中学迎来了发展的春天。20 多年来，在上海市、区两级政府的支持下，在卢湾高级中学的对点帮扶下，万州上海中学持续快速发展，实现了"薄弱学校——区级重点中学——市级重点中学"的跨越，创造了在移民搬迁中盘大盘强、在对口支援中强势崛起的成功范例。

重建起来的万州上海中学

　　万县市第五中学的搬迁是上海对口支援万州的工作重点之一。自 1997 年起，上海几乎每年都无偿给予搬迁重建工作大量的资金、物质援助。学校刚开始在上海大道 298 号异地迁建时，建设资金极度紧缺，上海市教委给予援助资金 300 万元，建起了第一栋教学楼，为新址办学提供了最基本的保障。为铭记上海人民的深情厚谊，1998 年，学校正式更名为重庆市万州上海中学。2004

◀ 黄浦区援建的万
州上海中学新运
动场

年，时任上海市合作交流办干事夏红军赴万州上海中学考察调研，看到师生挤
在临时搭建的雨棚下用餐，对学校简陋的办学条件甚感不安，经汇报和争取，
当年上海市政府援助资金 100 万元建起了食堂，改善了学校师生的就餐环境。
万州上海中学没有像样的运动场，体育课、运动会只能在泥地上进行，为解决
这一实际困难，上海市政府于 2005 年援助资金 200 万元，建起了万州首个拥
有塑胶跑道的运动场。2008 年，万州上海中学正处在创建重庆市级重点中学
的关键时期，为了补齐办学硬件条件短板，卢湾区政府援助资金 100 万元修建
学生宿舍，援赠计算机 160 台，捐赠图书 3 万册。2013 年，时任上海市黄浦
区合作交流办沃成忠干事赴万州上海中学调研，发现学校办学规模不断扩大，
原有食堂已远远无法满足师生集中用餐之需，经汇报和争取，当年黄浦区政府
拨出援助资金 200 万元，建起了新的师生食堂。

2009 年，卢湾高级中学（以下简称"卢湾高中"）与万州上海中学建立校
际对口支援关系，开展点对点帮扶。卢湾高中是上海市实验性示范性高中、全
国未成年人教育先进集体、上海市见习教师规范化培训基地等。作为结对学
校，卢湾高中在硬件上给予万州上海中学大力支持。2015 年，在得知万州上
海中学在心理咨询室建设过程中，缺乏相应的启动资金时，卢湾高中主动联系

上海南房集团出资 10 万元，用于心理咨询室建设。在得知万州上海中学很多学生努力求学但家境困难时，卢湾高中师生主动捐款捐物，党支部和团委、学生会联合组织义卖活动，为万州上海中学的困难学生筹措善款两万元。金额虽不大，却展示了卢湾高中师生的拳拳爱心和两校深厚情谊。

这些年来，上海市各种渠道累计援助万州上海中学资金已超过 3000 万元。这些资金被用来建设教学楼、多功能教室、多媒体教室、语音室、白玉兰远程教育网、计算机以及购置图书，等等，极大地改善了万州上海中学的办学条件，扩大了办学规模，促进了学校的持续、快速发展，每一个援建项目都饱含着上海人民的深厚情谊。

助推教学质量大提升

卢湾高中主要从教育理念、管理经验、师资培训和教育资源等方面对万州上海中学进行援助支持。根据两校约定，万州上海中学每学期选派优秀青年教师到卢湾高中进行跟班"影子培训"，卢湾高中为他们安排带教老师，不定期开展听评课、展示课、专家教师指导、学习交流会、学术讲座等活动。卢湾高中每年选派教研组长、备课组长、骨干班主任等赴万州上海中学开展主题交流、学科讲座、公开教学等活动。平时，两校不定期通过录像课、互联网远程诊断在线交流等方式促进教师专业成长。

每一次交流活动，双方学校从主题选择、方案制定、人员选派到具体实施，都进行充分沟通，以求做到"对症下药，药到有效"。2014 年 11 月，卢湾高中陈屹书记率教导处、科研处和所有教研组长一行 13 人赴万州上海中学进行沟通交流。曹贻平老师给学生们带来题为《"点线"求索，"图像"发力——函数图像的搜索与运用》的数学课。为了上好这堂课，曹老师提前十多天联系万州上海中学快递重庆教材，预先设计练习提前让万州上海中学学生训练，到达重庆当晚在酒店批阅作业到深夜，并把学生的典型问题拍照制作 PPT 课件。上海高考新政先行先试，卢湾高中在推进高考新政的过程中积累了一定的经验，而万州上海中学老师们对新高考认识还较为模糊。2017 年 11 月，黄浦区唐关胜校长工作室专家与卢湾高中陈屹书记率领的各学科专家组团来到

▲ 2016 年 11 月 2 日
万州上海中学青年
教师参加卢湾高中
的学习交流会

万州，向万州区高完中校长、高中教研员和部分高中教师 300 余人分享了"新高考、新变化、新对策"的专题报告。高三九门学科的备课组长围绕"高考新政下，学科教学的实践与探索"这一主题，分学科做了讲座，与万州区各学科老师就新高考改革方案及教育教学中的一些困惑与疑难进行了交流。通过经验分享，介绍了卢湾高中在学生选课指导、走班教学的过程管理、团队的联动合作等方面的经验，让万州上海中学对新高考有进一步认识，能少走弯路，提高效益。万州上海中学的物理教师说："对新高考我们既期盼又迷茫，有幸听了卢湾高中朱根勤老师的讲座，让我们对新高考有了进一步认识，让我们听有所思，思有所得。"

在双方的交流中，卢湾高中老师认真负责的工作态度、温和热忱的行事作风，让万州上海中学的老师深受感染。2014 年 5 月，万州上海中学的语文老师邓辉在卢湾高中进行为期一个月的跟岗考察学习，指导老师是卢湾高中语文组组长、黄浦区高中语文学科带头人李学文老师。邓辉说，李老师做事认真，待人热忱，态度温和。平时，李老师会带邓辉听课学习，听课地点不限于卢湾高中，而是遍布大同中学、格致中学、大境中学、同济一附中等学校。听课过程中，李老师自己也认真记录。如果没有时间陪同，李老师就会查好教研公开课的课表和前去的路线，详细给邓辉解释。每周李老师都会给邓辉开出书单，囊括文史哲各个方面，指导她读书，利用午休时间带领邓辉和教研组的其他老师一起讨论。这种见缝插针式的学习交流方式，令邓辉在回校当教研组长后也有意无意地模仿学习。李老师的认真与敬业同样值得敬佩。准备上海市名师工作室例会的一节课，李老师为了当中的一句诗在黄浦区图书馆蹲了一周；为了督促学生改正，李老师改作业是面批，盯住每一位学生完成背诵和改完每一个错处，而且全程轻言细语、不急不躁，学生没有一句抱怨。这些画面都深深地刻印在邓辉的脑海里。六年过去，邓辉逐渐成长为学校中坚力量，担任实验班班主任、教研组长、重庆市三峡学院专硕校外指导老师，成为万州区高中语文骨干教师。李老师的温和、认真与力量依然深深影响着她。

卢湾高中老师们的教育理念在潜移默化中影响着万州上海中学的老师。2015 年 6 月，卢湾高中派出了三位优秀班主任代表赴万州上海中学，围绕"幸福"这一关键词做了三场微讲座。卢湾高中黄之花老师"用心付出，用爱领航"的讲座结束后，万州上海中学的陈老师说："黄老师的讲座太精彩了，让我意识到班级管理不是简单地按学校命令操作，而是要有自己的思想，黄老师今天教给了我们很多经验，比如她说的管理班级'稳'为上；引领学生'听'为先；人生导师'爱'为重，等等。"傅立妮是万州上海中学的数学教师，在卢湾高中培训期间，她的导师是阮瑾怡老师。学习之余，阮老师经常和她交流关于教育的感悟，在零距离无话不谈的氛围下，阮老师的很多教育理念慢慢渗透到了她的心里。结束培训两年多了，她一直记得阮老师说的"教育绝不是教学生做题，更多的是要引导学生思考，寻找解决问题的方法，这些方法不仅仅可以解决书本问题，更重要的是要能解决生活中的问题，这才是对学生一生都受益的能力，这才是教育"。这一席话让傅立妮受益良多，改变了教育观，也明确了今后努力的方向。

对口交流工作也加深了两校教师的情谊。在接待万州上海中学老师时，卢湾高中从机场接机，酒店入住，一日三餐，见面交流，学习指导，都有细致的安排；在赴万州上海中学交流时，万州上海中学老师们的热情、细致，同样让卢湾高中的老师们"宾至如归"。2014 年的春天，万州上海中学刘维琴老师在卢湾高中学习，她的带教老师是陈亚男老师。那时刘维琴刚有身孕，因为孕吐胃口不佳，每逢节假日只得待在酒店里安心休养。一日午后，陈老师突然带着一份正宗川渝风味的饺子来到刘维琴的住所。陈老师一家都不喜辣椒，刘维琴顿时明白这是专门为她这个想念家乡的人做的。吃完饺子，陈老师一直留在酒店与刘维琴交谈，为她讲述上海风土人情，听她诉说对家的思念，直至天黑。时隔多日，她才从同事口中得知，为了制作与她口味相符的蘸料，陈老师专程托人从重庆本地寄来材料，自己研磨、翻炒，辣得眼泪直流。在上海期间，陈老师天寒问暖，散步相随，街头相伴，给了她无微不至的关怀。

通过交流与培训，万州上海中学教职工观念不断更新，科研意识不断增强，业务水平不断提高，学校教学质量大步提升。近年来，教师在各级评比中屡获佳绩。4人次获国家级优质课大赛一等奖，20余人在市、区级赛课中获得一等奖。10多篇论文获国家级教育学会奖，80多篇论文获重庆市一等奖。学校先后被评为"西南大学教师教育实习与实践基地""全国重点课题实验基地学校""全国作文教学先进单位"等。两校的交流活动在万州形成了良好的口碑，这些活动由万州区教委扩大为面向万州区高中学校层面的活动，增强了示范引领效应。

打造办学新特色

在提升硬件水平、提高办学质量的同时，维护学生身心健康、促进全面发展，是两校共同的发展方向。卢湾高中在长期发展中形成了全员育人、全面发展的良好氛围，并把这样的理念和氛围带到万州上海中学。万州上海中学依托卢湾高中的优势特色，大力弘扬"团结奋进、负重拼搏、敢为人先、勇于创新"的精神，不断开拓进取，坚持学生思想道德教育和学校文化建设，突出德育特色教育，打造科技和艺术体育特色。

在心理健康教育方面，卢湾高中是全国心理健康教育特色校，设有"蜻蜓心天地"，暨黄浦区未成年心理健康辅导中心、黄浦区未成年人家庭教育指导中心，开通心理热线、接受预约辅导，并作为上海市唯一面对普教系统教师的心理咨询中心向全市开放。万州上海中学同样重视心理健康教育。作为以搬迁移民为主要生源的高完中，万州上海中学学生大部分来自农村，其中留守学生比例较大、年龄跨度较大，需要学校加以引导和关注。万州上海中学坚持以关爱学生心灵成长和成就学生幸福人生为导向，成立心理健康教育工作领导小组，将心理健康教育工作纳入学校整体发展规划和年度工作计划，促进学生身心全面和谐发展。学校设有心理辅导室"心语小屋"，旨在提供让师生放松身心的场所。2015 年，受卢湾高中的心理辅导中心建设模式影响，万州上海中学将心理辅导室升级为心理辅导中心，配备先进设备，这也是万州区首个学校心理辅导中心。卢湾高中主动争取爱心企业 10 万元捐款用于心理辅导中心改造，并具体指导心理咨询室规划设计，帮助培训专业心理咨询教师，给予线上答疑解惑。升级后的心理辅导中心在规章制度、教材刊物等方面都做了改进。对辅导老师职责、保密原则、转介原则、档案管理、危机干预等都做了具体规定。中心设有办公区和接待区、辅导区、沙盘游戏治疗区、宣泄区、放松区、图书阅览区、心理测评区等功能区，每周由学校专兼职心理教师固定时间轮流坐班，接待师生和家长的来访，同时接受预约一对一咨询。根据接受咨询人员的情况制定相应心理辅导方案，并做好后续追踪。对于需要心理特护或转介的学生，心理教师会和学生全面交流、收集资料、及时联系家长、汇报领导，做好转介工作和跟踪辅导工作，建立心理特护学生跟踪辅导档案，关注心理特护学生咨询或治疗动态。为更好地适应本校学情，心理辅导中心编制校本教材《心灵成长导航》，指导学生健康成长；重点关注高三学生心理健康，开展备考、心态调节、应急能力、职业生涯规划等针对性的辅导，编制校本教材《高三，心理课陪你同行》；定期编制《青苹果乐园》专题期刊，内容关注时事热点和学生成长。迄今为止，心理辅导中心平均每学期接待 40 余名师生和 20 余名家长的来访，效果获得一致认可。此外，万州上海中学长期开设心理健康课，每学年设有心理健康月，每学期开展心理咨询征文，引领和疏导学生心理；设立教师心理成长工作坊，开展班主任心理辅导培训，关注教师身心健康。经过十余年创新、持续地开展心理健康教育工作，万州上海中学心理健康教育效果突出，2018 年，学校被评为重庆市中小学心理健康教育特色学校。

◀ 2019 年 11 月，卢湾高级中学科技总辅导员张晓骏给万州上海中学带来《智能无人机编程》的公开课

在素质教育方面。卢湾高中是上海市科技教育特色学校，多年来坚持"科学教育树人，人文精神立魂"的办学理念，科技教育成果显著。学校开设科技通识类课程，并对有兴趣的学生开设人工智能、3D 建模、智能机器人、智能家居等课程，学生创新意识、动手能力有很大提高，在上海市科技创新大赛中屡有斩获。依据自身优势，结合卢湾高中发展经验，万州上海中学围绕"艺体 + 科技"模式，打造学校教学特色。学校成立专门的艺体中心，负责学校艺体教育与管理。每学期定时举办"一会一节"，即春秋季田径运动会和艺术节，以年级组为单位定时开展足球和篮球联赛。组建文学、体育、动漫、器乐、上中之声等 12 个学生社团，丰富学校社团活动。成立了科学技术协会，购置近200 万元智能机器人等设备，并聘请大学教授到校指导学术科技活动。2015年，万州上海中学被教育部确定为"校园足球特色学校"；学校组队参加重庆市"争当小实验家"科技体验活动，获万州唯一的一个一等奖；在重庆市第二十九届、三十届青少年科技创新大赛中，多名学生获一等奖，学校获优秀组织奖，被评为"万州区青少年科技创新教育工作先进集体"；参加重庆市第七届中小学生艺术展演活动，获一二三等奖各一个；学校有两名同学先后获得万州区第七届、第八届科技创新区长奖。

多年务实的合作交流取得了丰硕的成果，脚踏实地、步步为赢的对口交流工作使得双方学校都有了长足的发展。卢湾高中形成了一批在对口交流工作中能起到示范引领作用的教师，为学校可持续发展奠定了坚实的基础。万州上海中学教学质量不断提升，本科升学率极大提高。2018 年 8 月，万州上海中学迎来新任校长杨六四，杨校长认真分析校情后，明确提出学校发展的方向是走内涵发展之路，管理上提倡规范化、精细化、人文化，这也与上海"绣花"一般精细的管理理念不谋而合。两校师生同饮一江水，共筑教育梦，多年的交流早已铸就了"沪万"深情，而这深情还将不断延续。

援青路上

　　李峻，1971年12月生。现任中共上海市崇明区委副书记。2013年7月至2016年7月，为上海市第二批援青干部、上海援青干部联络组领队，担任中共青海省果洛藏族自治州委常委、副州长，分管对口支援工作。

口述：李　峻
采访：赵　兵　俞　凡
整理：赵　兵　俞　凡
时间：2020 年 4 月 27 日

　　2013 年 7 月底，作为上海第二批援青干部，我与援青队友一行 17 人来到青海，开始了为期三年的对口支援果洛工作。果洛藏族自治州位于青海省东南部，地处青藏高原腹地的巴颜喀拉山和阿尼玛卿山之间。总面积 76442 平方公里，辖玛沁、玛多、甘德、达日、班玛、久治 6 个县。我们 17 名援青干部分别挂职在州委、州政府、州直属部门及州所辖的县。在果洛三年，我们始终坚持"中央要求，当地所需，上海所能"，面向基层、聚焦民生，打基础、重长远，管理使用援助资金 72323 万元，完成建设项目 226 个，圆满完成援青各项任务。

"两个倾斜" 提升民生保障水平

　　果洛州地广人稀，地域面积比 12 个上海市还要大，可平均每平方公里上却不足 4 人。显然，在这里集中建造大型公共设施和标志性项目所惠及的人群必定有限，利用率也不会高，服务效能远没有多建一些小型分散的项目来得高。因此，我们对口支援工作要充分用好有限的援助资金，安排项目不求形式上的高大上，但求实实在在地满足牧区群众的实际需求。援建资金始终坚持

80% 向基层倾斜，80% 向民生倾斜，着力改善基层群众的生产生活条件，突出提升基础民生保障水平，切实把有限的资金用到当地老百姓最需要的地方。针对当地现状，我们本着精准务实的态度，努力让百姓从每一个项目中获益。

通过产业援助、就业援助等，帮助当地农牧民群众提高生活水平始终是上海援青的重点。精准务实改善游牧民的生产生活条件。在玛沁县大武乡哈隆村，近六成村民以股份制形式加入成立合作社。我们援助 100 万元，帮合作社建了高原型牦牛奶源基地，集中饲养奶牛 200 头。产奶量上升，产奶时间也增加了一半多。所产牛奶出售给乳品公司或加工成酥油、曲拉等产品销售。村民每年可以领取分红，没活干的冬季还可以在合作社打工，收入大大增加。久治县的久治牦牛是青藏高原的特有牛种，营养成分高、口感好，被称为"贡牛"。但长期以来，价格不高，农牧民难以获利。为此，我们援建 5369 生态牧业科技有限公司，选择牦牛精华部分，深加工成高端产品，使数千牧户获利。草原上的游牧民居住条件困难，大冬天也只能在帐篷、"地窝子"里过冬。选址工作万不可马虎，我们请来专家反复地勘查、比选，最终敲定了地质结构稳定、距镇卫生院和草场都不远的玛沁县拉加镇作为牧民定居点。从此，来自 11 个贫困村的约 100 户特困户从游牧变为定居，入住水电、地暖齐备的 4 幢公寓楼，生活得到了极大改善。精准务实保障果洛州府周边 5000 人的"菜篮子"。在海拔 3700 米、平均气温 3.7 摄氏度的拉加镇，蔬菜难以种植，当地百姓一直以来买的是从西宁长途运输、既不新鲜又价格翻倍的蔬菜。了解到这一情况，我们援建了 13 座高原日光暖棚，产出了辣椒、黄瓜和西红柿。不仅缓解了群众吃菜难的问题，还可以帮助当地探索高原有机农业发展之路。特别是 2015 年中央扶贫开发工作会议后，上海市委、市政府要求把"精准扶贫"工作作为上海对口支援工作的重中之重。为此，我们研究了 2016 年上海援建果洛项目，通过梳理优化，使扶贫项目进一步聚焦贫困户的建档立卡，进一步提升农牧民增收能力。调整后，仅 2016 年上海援青项目就覆盖 1047 户建档立卡，受益困难群众 3366 人。三年间，我们在凸显生态保护前提下，有所侧重地安排产业项目 68 个，投入 21977 万元，有效提高了农牧民收入水平。

精准务实助力果洛高中毕业生和农牧民就业。当地大学录取率较低，大

◀ 果洛州职业技术
学校

量高中生毕业难以就业。为此，我们建设果洛州职业技术学校，总投资 1.6 亿元，其中上海出资 3300 万元，是果洛州第一所公办职业技术学校。学校开设藏医、会计、旅游等专业，可以让当地年轻人学会技能，拥有更好的就业资本。此外，果洛与上海建立了职业教育联盟，每年选送 100 名学生到上海培训，并促进两地学校之间、校企之间在课程建设、师资建设、实习就业等方面深入合作，实现上海优质职业教育资源向果洛藏区辐射。为了逐步改变农牧民放牧为主的单一生产生活方式，我们用"计划外资金"建设了农牧民培训中心。作为技术培训基地，有摩托车汽修、唐卡绘画、黑陶制作等。培训中心的辐射范围不只在班玛县，达日县、久治县的农牧民也不用去西宁，直接在这个"家门口"培训中心就能方便地学到一技之长。

精准务实推动医疗条件改善。因技术短缺，甘德县医院手术室曾长期紧闭、门锁生锈，上海捐赠的医疗设备不敢拆封。我们想方设法，趁每年五六月份"虫草季"看病者较少，将数十位上海医疗专家请到甘德。全县 170 余位医生，最远的坐了 8 小时车，赶到县城向上海医生请教。从此，甘德县有了第一台胆囊手术，当地医生第一次使用胃镜。在距离果洛州府 67 公里的拉加镇中心卫生院，医院没有病房，病人送不上来，卫生院院长一年出诊 200 余次，病

◀ 玛沁县拉加镇中心卫生院

人最远有 180 公里，大雪封山时完全靠步行。为此，我们拿出 980 万元援建资金翻修，新增手术室和病房，孕妇终于可以提前到医院待产，牧民亦可防冬季高原病于未然，在秋季就到医院住院挂水。建成后，不仅惠及周边 2 万百姓，连邻州海南州的几千乡民也来此看病。因紫外线强烈，当地白内障频发，在我们的联络下，嘉定区卫生系统组织了"光明使者久治行"活动，连续两年赴果洛巡诊，为白内障患者义务手术，使 61 位牧民复明。

上海的援青项目以民生、教育卫生为主，尽管看起来没有大项目，却是从小处着手，以求做到温暖人心，让果洛百姓切实感受到党和政府温暖。

规范管理建样板

援青工作是国家长期的战略任务，当时上海援助果洛工作还处于起步阶段，除了要加快实施好一批当地急需的项目外，更重要的是要为今后的长远发展打好基础。为此，我们始终强调"功成不必在我"，重点完善援青工作的相关制度，多做一些基础性工作，有利于长远的发展。

我们 17 位上海干部虽散落在 7 万多平方公里的果洛大地，却遇上了共性问题——果洛地广人稀，项目审批、建设、监理各环节人手紧张，难免疏漏，经常出现项目设计完成时发现地勘没做、会计兼职出纳、项目边做边改等问题。如何提高效率、减少差错、加强规范？我们想到了将上海的科学决策、规范精细等优势与果洛干部群众雷厉风行的特点相结合。在充分听取果洛当地意见的基础上，将上海项目建设管理规范化标准和果洛地区的实际情况相结合，制订了《上海市对口支援青海省果洛州项目管理实施细则》，从项目的立项、设计、招投标到竣工验收、档案管理，从工程进度、质量安全、资金管理等方面进行全方位规范。项目前期需要做什么、工作流程程序、每一项工作应该留下哪些档案材料，均有章可循。

为进一步提高援建项目档案资料管理水平和投资效益，保障上海对口支援果洛州项目绩效评价的科学、规范，我们先后多次组织上海援青联络组、州受援办、项目管理公司联合对全州档案进行全面的检查，发现州、县各项目实施单位对档案管理工作重视不足，无专职档案管理人员，档案资料管理混乱，未严格按照基本建设项目档案管理办法进行分类、组卷、排序、装订和归档等。针对这些问题，我们委托项目管理公司驻点对各县及州级对口支援项目进行全程管理，按省、州基建项目档案管理规定进行整理归档，形成了一正两副三套档案资料。移交州、县对口支援管理部门及相关项目管理部门存档，截至2016年底，完成全州援青项目档案归档、装订172项，计528盒；完成六县及州级对口支援档案库建设，为州、县发改办、对口受援办公室建设档案室，安装档案密集架8套；基本完成果洛州电子档案管理库系统的编制工作。同时，定期开展项目巡查，发现问题，及时整改，有效提升了州、县部门的项目建设管理能力，带动了项目管理水平的提升，也为后续援建工作打下了扎实的基础。

为切实提高当地干部档案管理能力，坚持在实践中锻炼和培养干部。对项目基本建设程序，财务支付流程以及档案管理规范等方面深入各县进行现场检查指导，使果洛干部逐步理解、接受上海项目管理的方式方法，在实践中不断提高当地干部的业务能力。先后7次对当地的项目档案管理员进行培训，并组织档案管理人员赴上海培训，培训期间协调上海、杭州等地项目管理、建设、监理等单位进行现场交流学习。通过阶段性的档案管理培训学习，州、县各项目实施单位对档案管理工作有了进一步认识，逐步形成了项目档案与项目建设同步，强化了档案过程管理和质量监控，使对口支援工程项目档案管理走上了制度化、规范化轨道。

在实践中我们坚持精细、规范、顶真。所有的上海援建项目，一年不少于2次，我们都要实地检查，验收时不到现场不签字；对已批准立项后又临时修改的项目，我们打破"一团和气"，坚持请当地有关部门再走一遍项目更改、重新申报流程；对重建方案中未能体现修旧如旧的某文保建筑项目，我们与当地干部反复论证，考虑到文保单位手续上存在空缺，最后还是将此项目搁下；对藏家碉楼民宿项目，我们挨家挨户一遍遍地说服，"为游客方便，卫生间请无论如何造在房间内而不是楼下"。

这些精细化的工作理念，也逐步有效地带动了当地的干部。我们发现，果洛自身项目的管理也开始走起"上海范"。当地的受援办已自觉模仿上海工作流程"细则"，进一步推出了"2.0版本"；在玛多等6县，县领导如今在敲定新项目前，都会学着上海干部深究几个问题，譬如，项目能解决多少就业？后期管理成本大不大……相比果洛每年近60亿元的固定资产投入，上海每年2亿多援青资金似乎微不足道，但小资金带动了思想大震动。这种改变，远比单

◀ 实地核查项目
进展

纯捐钱建项目更有意义，影响也更深远。

"十七罗汉"

上海市第二批 17 名援青干部，来自黄浦、虹口、长宁、嘉定、青浦和奉贤 6 个区，分别任职于州委、州政府及州直部门和 6 个县。我们戏称自己是"十七罗汉"。

作为上海援青干部联络组领队，我担负着组织、联络分散在果洛各地援青同志的责任。联络组组建之初，即成立临时党支部并建章立制。譬如请销假，援青干部离开果洛至西宁，要在我们"上海青"微信群里告知，若出青海，须打报告。我们规定，17 位援青干部每月在西宁开一次例会，会议有固定程序，先交流本月工作实施情况，尤其是工作中一些共性问题，彼此可分享经验；二交流下月的工作计划，可以掌握进度，适时敲敲"木鱼"。回上海过年时，例会照开不误，主要是抓紧补课，包括自贸区讲座等我们都抽出时间去听，还请上海党校的老师为我们讲课，唯恐落伍。我们还下载了"上海观察""东方卫视"等客户端，虽身在果洛，却牵挂着上海一举一动，保持一颗求学之心，毫不放松自我充电。

离沪三年，意味着自己作为儿子、丈夫、父亲角色的缺位。王骏宏是家中独子，到果洛半年，父母相继中风、重病，随后母亲病逝了。乔惠锋在离沪前与即将上初一的儿子约定："3 年后你中考，我回来，爸爸和你一样读 3 年，到时咱俩一起毕业！"刘卫东给儿子写了一封信，"孩子，别怪爸爸不定期'失踪'……因为爸爸去做了很值得、也很有意义的一件事。"信中充满对妻儿的思念和内疚、对果洛充满留恋与不舍，我们都感同身受。这种忠孝不能两全，是对我们的一大考验。而另外一个考验来自于身体状况。从海拔约 4 米的上海到海拔 4200 米的高原，四季变两季，一个冬季，一个大约在冬季；大风不消停，一年刮两次，一次刮半年；更大的挑战是缺氧，头痛、失眠日日相随，抗高原反应药吃了已经不管用了，安眠药成了"必备良品"。

面对果洛艰苦的环境，我们用工作打消寂寞，将成就感当作氧气。初到果洛，为了尽快了解情况，不顾"来势汹汹"的高原反应，从第 3 天起大家纷纷下基层调研，对于"不行夜路，10月雨雪封山后不下乡"的规定，大家都"阳奉阴违"。每回下乡，在公文包里塞满药，车内备足备胎，车辆记录的公里都是"10万+"，下乡时和当地干部群众同吃同住，肤色与藏族同胞迅速接轨。连续十多天下基层检查任务，雪路难行，我带着同志们围坐在路边草坡上啃干粮，衣服、头发、嘴唇上都沾满了雪花，大家依然精神饱满、有说有笑；高原最忌忽上忽下，但为了工作，李国球1个月内在西宁果洛间四上四下，从西宁到果洛要经过761个弯道；展子栋、缪武、王骏宏、刘卫东等人，被高原反应折磨得脸色青肿，依然坚持工作在项目验收现场。仅仅过了一年半，每个人都瘦了8斤以上。但我们深知前辈们条件更苦，至少，我们已陆续搬进周转房，多数同志都能吸氧，而第一批援青干部是在3年对口援建行进到一半时才吸上氧的。因此我们"十七罗汉"都很知足。大伙总说，"在果洛晒得这么黑没想到，团队如此融洽乐观也没想到。"我们经常拿困难开玩笑，譬如彼此提醒随身带药，谁忘带了，一旁同志立马把药递上，所以我们常说，关键时给你"吃药"的人，是真正关心你的人。

三年援青，在果洛这所学校，我们接受了最深刻的党性教育、最直接的国情教育。我们不止一次听说当地干部下冰河救牛羊导致心脏病发的故事，也不

◀ 上海市第二批
援青干部合影

止一次亲眼看见，在慢走都喘气的高原，当地干部因紧急任务一路小跑，甚至通宵达旦加班。在黄河源头玛多县，我们见到了一群可敬的牧民，虽然家里的羊被狼吃掉 30 多头，却坚决不去打狼，只因为狼有利于维持生态平衡。这种奉献、对理想信念的坚守，令我们深深震撼。

在果洛三年，我们锤炼党性，砥砺品格，更磨炼了意志。在两千多公里外的果洛，不能继续用上海的惯性思维、经验主义来做事，在这里解决一个问题，所需考虑的因素至少比上海多 5 倍。比如，要避免"一刀切"的工作方法，要全面考虑交通、通信上的不便，要照顾当地干部群众的接受度、执行力，这对我们援青干部的智慧和协调能力是巨大考验。对此，我们深知不能急于求成，第二批援青干部的任务依旧是打基础。刚来果洛时，我们发现当地干部对"上海规范"有很强的认同，这显然是第一批援青干部的功劳。而我们第二批，在项目管理上建章立制，聘请第三方公司配合当地职能部门开展项目建设与管理等，这些同样是在为后人铺路。功成不必在我，援青这项国家大任，需要一批又一批干部扎扎实实地去做。

离开果洛后，我们时常想起那段一贴床头就要摸氧气瓶的日子，盼望着下一次集结"返程"的日期。在果洛的这段经历是人生的宝贵财富，我们也将这份财富带回上海的工作岗位上，不辜负果洛人民的期望，永远做沪青两地的友好使者、桥梁和纽带。

天上玛多

陈椰明，1974年7月生。现任上海南房集团党委书记、董事长。2010年7月至2013年7月，为上海市第一批援青干部，挂职担任中共青海省果洛藏族自治州玛多县委常委、副县长，分管对口支援和旅游工作。

口述：陈椰明
采访：马亦男　俞　凡
整理：俞　凡
时间：2020 年 3 月 17 日

　　玛多县位于青海省果洛藏族自治州，全县总面积 2.53 万平方公里，占州总面积的三分之一，相当于四个上海的大小。县域人口稀少，是全省人口最少的县，藏族人口占 90% 以上。平均海拔 4500 米以上，是全省海拔最高县，平均气温 –4℃，全年无四季之分，只有冷暖两季之别。玛多是藏语"黄河源头"的意思，境内河流密集、湖泊众多，共有大小湖泊 4077 个，素有"黄河之源""千湖之县""中华水塔"的美誉。2010 年 7 月，作为上海市首批援青干部，我来到青海果洛挂职，被分配到玛多县，挂职县委常委、副县长，分管对口支援和旅游工作。第二年，黄浦区正式确立了与玛多县的对口支援关系。三年援青工作中，我始终牢固树立青海干部意识和上海品牌意识，与当地干部同甘共苦，时刻把玛多人民当作自己的亲人，努力服务于当地经济社会发展。我的努力获得了一致认可，被评为 2012 年青海省创先争优优秀共产党员，2010—2014 年度上海市劳动模范。距离首次入青已近十年，往事依然历历在目。

心安之处即为家

到达玛多后，首要问题是尽快适应高原环境。玛多虽然没有四季之分，但半小时内从艳阳高照、晴空万里到刮风下雨、落冰飘雪这样的"风云变幻"，是经常有的事。早晨伴随着太阳升起，气温迅速升高，从春变成夏；午后毫无预兆地开始下雨，10分钟之后就变成降雪，30分钟之后积雪就达到阻碍行车通过的地步，变成了冬天；雨停之后，气温又逐步上升，又从秋天过渡到夏天。这样一日"四季"的环境，对生活、出行都带来极大挑战。玛多的氧气含量大约只有上海的60%，初到的我毫不例外出现了头发胀、脚发软、讲话上气不接下气等不适反应，连续多天无法入睡。有时自觉睡了很长时间，拿起表一看只过了一刻钟。当地的干部介绍我用安眠药助眠。第一次吃的时候确实很管用，服一粒10分钟就能入睡，能睡6小时，睡醒之后神清气爽；第二天再吃，睡眠时间缩短为3小时；第三次要服两片才能睡3小时；第四次我就不敢再加量了。最后还是吃小剂量安眠药，艰难入睡。

当地给我们分配的住房是一人一间的平房，面积约五六十平方米。避免了走楼梯。高原地区爬楼梯，特别是手中还拎有物品，其难度不亚于爬山。虽然没有自来水，但屋外有大水缸，平时定时会有通讯员帮我们打水。屋内的锅碗瓢盆也都齐备。平时在食堂就餐，工作日三餐，休息日两餐，不需另外费心。出发之前不知道当地的生活、卫生状况，我特意准备了很多生活用品，包括被子、床单、高压锅等基本生活用品，打包了13个箱子。到了当地，有相当一部分是用不上的。

即便如此，经常停电、通信不能保证……玛多县的各方面硬件仍然处于落后水平。房间的窗户是用湿泥土镶上去的，开关时要格外注意力道，稍不注意，窗户上的玻璃就会掉落。几次下来，对于安装玻璃，我倒是颇有心得。窗框中留有缝隙，晚上大风呼啸，吹得玻璃咣啷啷地响。室内虽然有暖气，但是烧煤的，燃烧会消耗空气中的氧气，暖气与氧气不可兼得，只能间歇式开关，不免受冻。房间虽不小，却没有独立卫生间。我们用的是旱厕，几十人合用一个。晚上室内外温差太大，而且厕所旁边的空地上经常出现数双冒着绿光的眼

◀ 在困难牧民家中
慰问

睛虎视眈眈。据当地人说，这种狗属于藏獒杂交的后代，十分凶猛。

担心不适应高原，我在离开上海之前去医院开了很多药，主要是针对高原地区常见病的，还另外准备了两个制氧机。到了玛多，大家有个什么头疼脑热，我都有药提供，渐渐"声名远播"。加之当地医疗条件较为匮乏，我的房间成了一个"移动诊所"。后来，我主动将自己带来的药捐给了医院，也算是自己的一点心意。

当地的工作节奏很快。由于外来干部多，失眠较为普遍，但大家的干劲都很足。一天能安排五六个会议，凌晨两点还在开会；没有工作日与休息日的区分，事情来了马上就做。这也与当地的气候密切相关，一年中大半时间夜间温度过低，水泥等受冷冻结快，严重影响工程的质量，施工期只有五月到九月共五个月时间。故而我们常赶着施工期，加班加点将工程质量把关、手续办好，抓紧施工。休息时，我就躺在床上，一边吸氧，一边将电脑文件摊在胸前办公，颈椎不好的毛病就是那时落下的。

在这样的酸甜苦辣中，我开始"融入"玛多。到岗后的第一天就与县长一起下乡、入村、进帐，了解县情。在调研中，我逐渐熟悉了县情，掌握了当地的历史文化、自然风貌和宗教民俗等各方面的基本状况，搞不清的就认真听，听不懂的就虚心问，把当地干部、群众的所思所想搞清楚，把当地的优势和困难搞清楚。

三年里，吃着安眠药艰难入睡、吸着氧气办公或休息是常事，但这并没有影响我的工作热情。我经常挂在嘴边的一句话是：高原的恶劣环境既然无法改变，那就只有尽快地去适应它，心安之处即为家，适不适应高原是一种心态，而心态不好身体再好也不会适应。开心是三年，痛苦也三年，与其痛苦过三年，还不如开心过好每一天。

做实做细援青项目

按照上海明确对口支援工作要在当地党委、政府领导下展开的要求，根据上海援青工作联络组提出的"调研起步、培训开始、规划先行、总结提高、试点推进"工作思路，我积极主动向玛多县委、县政府主要领导汇报阶段性工作和建议、意见，统一双方在对口支援工作中的思想和方法，逐步理顺了对口支援项目的工作体制，努力营造全县关心、重视、理解对口支援工作的氛围，努力实施好对口支援项目，切实解决当地群众急难愁盼的问题。

推行"乡乡通"工程，解决出行难问题。玛多县地域面积广，最远的黄河乡塘格玛牧民集中点距县城140公里，牧民进趟城，自己租车，一个来回要300多元。了解到这一情况，我与同事展开调研，形成了"乡乡通"工程计划。总建筑面积达到1000平方米，建设公交客运总站1个，黄河乡塘格玛、扎陵湖乡、花石峡镇等客运分站3个，公交客运站分站最远地区距离县城143公里，又购买了3辆公交客运车。这一工程为牧民出行提供了可靠的公共交通工具，有效解决了牧民群众出行难的问题，结束了玛多县各乡镇无公共交通的历史；减少了因玛多县地域面积广、道路情况复杂造成的牧民群众出行成本高，危险多的问题。项目完工后，牧民出行不但成本大大降低，而且时间也节省一半。公交通车那天，受益的牧民群众激动地握着我的手，感谢我圆了他们几代牧民的梦。我对他们说："我只是一名党在藏区、牧区惠民政策的宣传者和推动者，不要感谢我个人，要感谢党和政府。"

建设牧民综合服务中心，推动便民服务均等化。玛多地广人稀，牧民办事

◀ 玛查理镇牧民定
居点

往往需要长途跋涉，十分不便。在调研走访之后，借鉴上海经验，我决心在玛多建设一所牧民综合服务中心。总投资 1540 万元、占地面积 3000 平方米的多功能场馆建成后，农牧、科技、卫生、文化、社保、扶贫、民政等各职能部门组成专门人员入驻服务中心为牧民群众提供服务，牧民在此可以享受到"一站式"服务，为实现基本公共服务均等化、便民化提供了有利条件，也为各项惠民政策的宣传和普及提供了有利条件。场馆内还有群众文化体育场馆等配套设施，为牧民提供了休闲娱乐的好去处。

为有效提高牧民生活条件，推动实施玛查理镇牧民定居点及牧民生活改善项目。生态保护移民工程实施后，牧民要集中到县城定居，生活来源主要靠国家补贴和打零工，只能满足温饱需求。玛查理镇三岔路口接近县城所在地，是 G214 国道西宁至玉树必经之处，也是一个给养点。在此设立牧民定居点和综合服务区，既能提高旅游服务接待能力，又能解决就业问题，为实现牧民增收提供了保证。改建加固 144 户牧民房屋，新建 1500 平方米藏家乐餐厅，6 个蔬菜温室大棚，6 栋牲畜暖棚，1 座 280 平方米冷库，购置配套制冷、加工、包装设备，购买牛羊 300 头。项目建成后，通过种植业、养殖业和餐饮、娱乐场所休闲服务业的发展，有效拓宽生态移民的增收渠道，改善了玛查理镇三岔路口移民新村144户555位牧民的生活条件。为县生态移民后续产业发展树立了典型，也为全州乃至全省生态移民后续产业发展提供一个新的模式和成功的经验，辐射带动其他相关产业的发展，具有良好的社会效益。

三年里，共落实上海市对口援建项目6个，总投资4530万元。我始终牢记使命，履行职责，充分发挥对口支援的桥梁纽带作用。做受援地想做而我们也能做的事，使其成为群众乐意、当地满意、上海愿意的项目；做惠及更多百姓利益的事，坚持以惠及民生的工程项目建设为重点，有效缓解受援地经济和社会发展中的突出矛盾。

作为第一批援青干部，在抓紧推进援建项目的同时，我们的工作还有一个很重要的方面是建章立制，为后续援青工作打好基础。我们参与制订了《上海市对口支援青海省果洛藏族自治州2010—2013年及未来10年总体规划》《上海市第一批援青项目管理办法》和《上海市第一批援青工程建设资金管理办法》等管理办法和制度。合理确定对口支援工作的重点和项目，建立对口帮扶项目库，做好上海首批援助项目在玛多的前期调研和可行性分析工作。结合玛多在智力援助上的实际需求，先行启动干部和专业人才赴上海挂职与培训工作，实施并圆满完成了第一批赴黄浦区的学校团队干部、医护人员和高压氧岗位培训工作。负责黄浦区和玛多县两地党政主要友好访问的各项工作，为建立区县援受双方沟通协调的机制奠定了基础。

量体打造生态旅游

如何充分利用玛多作为黄河源头的旅游资源，大力发展源头生态旅游，是我的重要工作。玛多生态地位十分重要，位于三江源国家级自然保护区核心腹地，是青藏高原重要的生态屏障；区位特征十分突出，毗邻高原旅游胜地玉树，是进藏入疆出川的重要交通枢纽。21世纪初，随着国家"三江源"生态战略的实施，河源儿女积极响应国家"保护生态、减人减畜、退牧还草"的号召，主动迁出世代繁衍生息的家园，维护了母亲河源头的生态平衡，为黄河中下游乃至全国的生态文明建设做出了巨大牺牲。这些年来，玛多县依托"三江源"自然保护区，积极推进"生态立县"战略，生态保护与建设初见成效，可持续发展能力明显增强。

刚分管旅游工作时，我没有畏惧陌生的工作岗位，反而被旅游工作所具有的独特魅力所吸引。此时的玛多旅游刚刚处于起步阶段，除了大自然赐予的自然景观外，玛多旅游的发展、基础设施建设几乎为零，这让我陷入了深深的思考，玛多应该怎样发展旅游。我开始翻看一本本资料书籍，实地考察每一处景点，从掌握玛多的旅游资源着手，从周边地区的成功经验学起，志在为打造河源旅游文化品牌探路。

为了明确玛多县的旅游发展目标和工作措施，我对刚成立不久的旅游部门提出了将编制旅游规划作为引导玛多旅游发展的首要任务。积极与省、州有关单位取得联系，并委托四川省旅游规划编制院编制完成了《玛多县黄河源景区开发建设规划》、配合省水利厅编制完成了《玛多县黄河源水利风景区总体规划》；同时在多次实地调研、反复讨论的基础上，印发了《玛多县深入贯彻落实全州首次旅游业发展大会的实施意见》《关于加快玛多县文化旅游商品开发的实施意见》等文件，为有序开发玛多旅游资源奠定了基础。

玛多县旅游基础服务设施建设滞后，制约了旅游业的发展。为改善旅游环境，在短期内使旅游基础服务设施有所改进，在黄浦区政府的大力支持下，我们投入 40 万元资金，整修了作为黄河源景区首要标志性建筑的"黄河源纪念碑"。完成牛头碑景区的修缮工作，建设了黄河源景区大门、景点景区标识物、旅游公厕、玛多宾馆、城镇民宿特色改造，以及县城至牛头碑旅游公路，极大完善了旅游基础设施服务功能。将游客服务中心、黄河孕育地标志雕塑、松赞干布迎亲雕塑、黄河源三湖观景台等列入规划建设内容之中，使玛多县在丰富旅游景点的文化内涵方面取得了重大突破。

在加快基础建设的同时，为进一步加大对外宣传力度，主打"黄河之源、千湖之县、格萨尔赛马称王地"这张旅游名片。策划、指导并完成了"玛多旅游网"的建设、玛多旅游地图的出版和玛多县黄河源旅行社组建工作。积极参与上海市和青海省举办的各类旅游宣传促销活动，组织举办"激情拥抱黄河源"有奖征文活动、《玛多印象》系列摄影集展，编辑出版《聚集黄河源》玛

◀ 改造后的牛头碑
景区

多旅游专刊、《黄河之源——玛多》旅游画册和《天上黄河》玛多旅游宣传光碟，深入宣传推介玛多的旅游资源。经过半年多的实地调查研究，提出了将"黄河源头第一滴水"作为开发具有符合当地特色纪念品的建议，向社会发布了旅游商品设计方案的征稿启事，力求通过作品的征集，弘扬黄河源水文化，宣传玛多旅游资源。我撰写的介绍玛多旅游资源的文章《感受自然和人文的壮美》《玛多旅游悄然起步》《越来越美的"雪莲花"》先后被《解放日报》刊登，使玛多的知名度和美誉度不断得以提升。

　　抓住上海对口支援的有利时机，赴上海开展旅游宣传推介会，发放宣传材料，全面介绍玛多旅游资源，向参会旅行社宣传推广玛多旅游品牌及旅游线路，并邀请十余家上海旅游企业代表组团来玛多观光考察，取得了一定的成效。2012 年 6 月 24 日上午，上海首批 50 余名团队游客到达黄河源景区，标志着玛多、上海两地的旅游合作正式启动。首批旅游团先后畅游了玛多经幡山、县城、黄河第一桥、黄河源水电站、鄂陵湖等景点。玛多县独特的自然风光、神秘的民族风情，让久居都市的上海游客耳目一新。通过促销宣传和市场运作，2012 年玛多迎来千余名上海游客。

　　三年里，我目睹了当地群众为保护和治理生态作出的努力，也看到了在干部群众的努力下，玛多的草原变得更绿、天空变得更蓝、水变得更清，玛多再现"千湖纷呈"的盛景，我也作为玛多人民的一员，为玛多的生态建设付出了自己的心血，在黄河源头寻找到了自己的梦想——那就是为三江源的生态建设贡献自己微薄的力量。

三年援青行，一生玛多情。当我这个听惯了黄浦江涛声的上海人，从长江入海口的上海来到青海高原的黄河源头，这是一种缘分，更是一种责任。玛多地域面积广大，下基层、做调研，行车里程往往较长，一天行一千公里很常见。加之天气变化多端，又在沙石路上行驶，汽车的损耗远远大于平原地区。一辆耐用汽车是必不可少的。作为第一批干部，县里给我配备了一辆性能不错的三菱车。援青结束后，我回到上海，先后到复兴城、置地、南房等企业任职，但我与玛多的联系并未中断。上海市第三批援青干部赴任时，我作为黄浦区属企业的负责人跟随黄浦区领导一同前往青海慰问，他们还在用这辆旧车，算下来差不多七八年了，行车里程已经超过 30 万公里，刹车线都坏了，有时候会刹不住车，一旦发生事故，后果不堪设想。同志们虽然想换车，但是当地财政也比较困难，再提出也不太合适。领导找到我，我在玛多挂职时就是上海援青联络组党支部委员、后勤保障组的组长，同志们的后勤保障工作都是我来负责，这次故地重游，也想着为他们做点什么。我找到集团其他负责人，大家一致觉得这个想法很好，既关爱上海干部，也彰显了我们区属企业的责任感。最后以置地集团的名义捐出一笔资金用于上海援青干部购车。随着工作调动，我每到一家企业，都会召集领导班子讨论捐献事宜。这仿佛成了一种传承，连接着我和玛多，以及上海其他援青干部。

家在黄河源

徐辰超，1976年7月生。现任湖北芯擎科技有限公司政府事务总监，曾任上海市黄浦区瑞金二路街道办事处副主任。2013年7月至2016年7月，为上海市第二批援青干部，挂职担任中共青海省果洛藏族自治州玛多县委常委、副县长，分管对口援建和旅游工作。

口述：徐辰超
采访：赵　兵　俞　凡
整理：赵　兵　俞　凡
时间：2020 年 6 月 8 日

2013 年，我从黄浦区教育局，来到青海省果洛藏族自治州玛多县挂职，任县委常委、副县长，承担沪青两地协作共建工作。因为先前两次的青海慰问活动，在我的心里已经埋下了服务高原的种子，当听到组织再次召唤的时候，我就主动报名了。时光倏忽而过，回首往事，玛多的经历给我最宝贵的财富就是克服困难的勇气和力量。

主动迎接挑战

记得 2003 年，我第一次随队去云南看望上海援滇干部。亲眼见到受援地的情况，给我触动很大。当时我就向随行的领导表达了援边的愿望，无奈条件不符合，但是这个想法一直留在心中。

2010 年，上海开始派遣干部对口援助青海果洛，当年我赴玛多看望了援青干部。踏上那片土地，才真正体会到高原生活的不易。玛多植被很少，含氧量低，条件的艰苦程度在青海都是排在前面的，青海民间有"玛多不过夜"的说法，也是说长时间在那里逗留非常不容易。工作生活环境虽然艰苦，当地干部的工作干劲却出乎意料，工作节奏也丝毫不比上海慢。2012 年我再次来到玛多，间隔的时间虽然不长，县城却已经发生了很大的变化，它的日新月异，令我惊诧。我很想亲历变化。

当新一轮选派工作开始后，我主动接受了组织的挑选，成了第二批上海援青干部。2013 年 7 月，我同上海其他援青干部一行 17 人来到果洛，与第一批援青干部进行交接，我的挂职点就在玛多。在玛多，第一批援青干部是陈椰明。我还记得陈县长离开县里的那天，县里的干部群众都来送行，依依不舍，很多人眼里满含泪水。书记、县长都哭了，我在一旁也没能忍住，泪水夺眶而出。熟悉的、不熟悉的，一个个上前给他献哈达、送祝福。陈县长一次次弯腰接受大家献上的哈达，洁白的哈达挂满了他的脖颈。我们一次次帮着取下放到车上，不一会祝福的哈达填满了整辆车。这一幕深深地印在我的脑海中，至今仍记忆犹新。

有第一批干部的经验传授，我们临行前准备足了制氧设备和耐缺氧药品。为了应对缺氧的问题，也不给当地财政增添额外负担，我们在上海买了制氧机带到玛多，但是到了之后依然出现了很多状况。当时的技术还不发达，我们需要的那种纯度最高的医用制氧机，使用时声音很大，特别是夜深人静时，声音更加使人难以接受。但在耐受轰隆隆的声响还是缺氧的不适之间，我们还是选择了吸氧。而长久的半夜吸氧，养成了一边睡觉一边摸氧气瓶的习惯。之前听说第一批援青干部回到上海之后，家里人很疑惑睡觉时总在摸床头柜，后来知道是在摸氧气罐的插头，这时我们才明白这个玩笑的分量。即便如此，睡眠浅、时间短，这些问题依然如影随形。而长期的高原生活带来的心悸、头痛、心慌、行动迟缓也极大影响了日常工作生活。宿舍、开会办公点都在四楼，爬楼梯堪比登山，上两层楼就因体力不支要歇一下，身体基础条件差一点的同志爬四层楼需要歇两次。最怕的是东西掉地上，捡东西的时候动作要很慢，否则一不小心很可能导致头疼，而且一疼就是好几天。对我来说最大的"挑战"，是抑制不住的对家人特别是女儿的思念。女儿是在援青期间出生的，为了纪念与青海的缘分，她的名字中有一个"婧"，取青海得女之意。女儿也一直知道，爸爸是在大雪山上工作的，他的第二故乡就是大雪山。她的出生，给我带来很大慰藉，也有很多不舍。她刚出生没多久我就回玛多工作，等到再随党政代表

◀ 帮困结对贫困牧
民家庭

团访问上海时，她已经完全不认识我了。

外部条件既然无法改变，只好通过自身寻找办法来克服。平时利用可能的机会进行锻炼，提升自己的身体素质，在心里真正把玛多当做自己的家了，把对家人的思念化作工作的动力了，对玛多的感情深了、热情高了，强烈的高原反应也就慢慢适应过来了。我从第一批援青干部手中接过接力棒，全力面对新工作、新生活的挑战，能够不辱使命，我感到很荣耀。

真抓实干出成效

援青工作最重要的就是落实援青项目。在项目选择上，我们一直坚持当地所需，上海所能。抓住教育、就业、医疗等民生问题，三年间我负责实施的援建项目共 24 项 6000 多万元，争取到计划外对口援建项目 22 个，落实计划外资金差不多 1000 万元。这些项目在玛多全都按时保质地完成了，让当地得到了实惠。

高原地区施工周期短，劳动力不足，当地项目审批、监管各环节人手紧张，干部也形成了雷厉风行的做事风格。援建项目在实施过程中很多地方都与上海的方式不同，经过简单的磨合后，我就同县里主要领导和建设部门形成了

▶ 玛多县民族中学学
生浴室建设项目

共识——完成一批建设项目以外，重要的是建立起一套科学甄选项目、规范管理项目、发挥项目最大效能的良性机制。我们严格规范建设与资金的管理，引入项目绩效评估机制，让援建项目从选定到验收的全过程都能够有科学的依据和规范的手续。我们在项目的可行性论证阶段就要求使用单位做好配套设施建设和营运管理方案，确保发挥援青项目效用。为抓好项目质量，我们每半年会同发改、住建等部门和项目管理公司对施工进度及质量进行大检查，发现项目推进中存在的问题，大检查后马上研究解决这些矛盾的有效办法。针对援青建设项目实施全过程中遇到的典型问题，我写了《援建项目实施情况调研报告》，对项目从甄选、启动，到实施、评估的每个环节提出合理建议，得到了当地的认可。玛多的项目实施进度、完成质量和工程档案资料，始终在全州保持领先，工作的规范程度也逐年提高。

我"出身"教育系统，所以对县里的教育特别关注，因为教育关乎到每一个家庭。在硬件建设上，除了确保规定建设项目落地外，我联系了好几家上海企业帮助改善学校学生生活设施。洗澡在高海拔地区是一件比较"奢侈"的事情，我们就帮助县民族中学新建了 800 平方米的学生浴室和配套设施，可供大约 1—2 个班级同时使用。在扎陵湖乡民族寄宿制小学，一间 20 平方米的学生宿舍要住 40 个大大小小的学生。学校里没有洗衣房，小朋友一个学期就穿一件衣服、一双鞋子，我们就带企业去参观，跟企业商量给学校捐建了洗衣房。在软件方面，我们帮黄浦、玛多两地中小学牵线搭桥，玛多县藏文中学与格致初级中学、玛多县民族小学与上师大附属卢湾实验小学建立结对学校，我们还每年组织玛多教师到黄浦挂职锻炼，培训回来的老师都成为县里教育系统的骨干教师。

解决牧民就业是另一个我考虑得特别多的问题，也是解决贫困的重要途径，我们援建工作比较好的做法就是提升他们的职业技能。我带着当地校长到黄浦参观学校的拓展型课程，学习青少年活动中心的管理，回来以后县里的学校就开始仿照黄浦拓展课程的方式开设了唐卡、绘画、钢琴、武术、轮滑等课程，孩子们毕业后可从事唐卡设计、表演等工作，职业发展方向也变得多样化了。玛多接待中心的服务员都是刚刚从草场上招收来的，除了放牧之外没有什么技能，接待中心的管理和服务一直很无序。第一批援青干部陈椰明县长就牵线搭桥玛多县接待中心与上海市商贸旅游学校建立了帮扶关系。双方对接后，商贸旅游学校的米其林星级老师就去了玛多授课，玛多接待中心的服务生也一批批地来到上海学习宾馆服务、汉族餐饮等，很快玛多就成为全青海上海菜做得最地道的地方了。通过这种双向交流，接待中心的接待能力、餐饮质量得到很大提升，我也在此基础上帮助果洛州先后派出了两批宾馆服务的管理和技术人员到商贸旅游学校培训，培训效果得到州里的认可。记得就要结束援建工作回上海之前，有一次我下乡时跟几户老乡闲聊，欣喜地注意到当地人的观念已经有了很大的改变。原先当地孩子初中毕业后，几乎都是希望回到草场放牧的，但是现在很多家长都希望孩子们好好学习，以后做医生、做老师。老乡们对孩子有了更大的期盼，我想这是我们援建工作给他们带来的一些改变，这种思想上的改变比直接的资金援助更有意义。

玛多整体的医疗基础条件非常差，比如说乡镇卫生院的设施就非常落后，有的甚至只有一个门牌，医护人员的配置也不到位，我们在项目实施中也会重点关注到医疗条件的改善，帮助县里实施乡镇卫生院标准化配套建设。我们在 4 个乡镇卫生院进行院内道路硬化、围墙大门修建等配套设施标准化改造和必

◀ 玛多县乡镇卫生
院标准化配套建
设项目

要医疗设备标准化配置。改造后，每个乡镇卫生院都有了最低 50 平方米的院建筑，配备了足够的医生和护工，基本的药品种类齐全，医疗条件得到改善。2.52 万平方公里的玛多县地广人稀，绝大多数牧民散居在广袤的草原上，距离各类医院都非常远，没有车辆很难前来就医，医生也无法上门问诊，并且恶劣的气候条件对车辆的损耗很大，需要及时更换。我们联系以后，上海复兴城集团马上捐资购买了两辆救护车送到两个乡镇的卫生院。玛多 94% 以上的人口都是藏族，藏医在当地深受信赖，但是原来的县藏医楼很小，牧民们就诊不太方便。我们就在人口比较多、居住比较集中的花石峡镇建造了 600 平方米藏医门诊楼，弥补了原先镇中心卫生院医疗设施的不足。包虫病、白内障等高原疾病在玛多比较常见，但受制于医疗条件和医疗水平的原因，牧民一旦得病大多无法得到很好的治疗。2014 年，区里组织的医疗队就跟我们联系去玛多进行体检和义诊，一待就是三天。体检我们完全是按照当地牧民的体质标准来检测，义诊的时候我们帮每一位医生配备了一名翻译，身边都准备好了氧气瓶。有的轻微病症当场就给治疗了，有些不适合现场治疗的，在考虑安全的情况下也都开具了治疗方案。牧民们刚开始还是半信半疑地凑上来看看热闹，不一会儿就对上海来的医疗队产生了信任而排起了长队。别看只是三天的义诊，医生

▲ 2015 年底玛多县城全景

们几乎都是坚持着上午为牧民们诊疗，中午回到宿舍里吃止疼片，大口吸氧，下午时间一到又坚持着回到医院微笑着面对排队的牧民。

　　援青三年间，我每年都会到县城东南侧的山坡上，从制高点给玛多县城拍一张全景照。在照片中看到了自己的努力一步步变成现实，见证了玛多这几年的飞速发展，看到这种发展背后也有自己的一份贡献，这是我作为援青干部最大的自豪。

推动可持续发展

　　在玛多待了三年，我经常思考如何更好地促进当地的可持续发展，保护三江源生态环境，推动干部队伍建设，关心干部身体，关爱身边百姓，点点滴滴，都是为了玛多更好地发展。

　　玛多县地处三江源，素有"黄河源头、千湖之县"的美誉。因为我分管旅游工作，所以读了很多跟县里有关的历史、人文、神话传说的书籍，也在当地牧民的陪同下考察了很多历史故事中的遗迹，跟书里描述的都一一对应上了。跟县里文旅局不断地磨合以后，慢慢地大家也都达成了共识，把黄河乡阿依地格萨尔文化旅游、黄河源头汉藏和亲文化旅游，以及花石峡镇神山圣湖文化旅游这三条旅游线路作为玛多旅游的核心圈。其中黄河源景区因为其海内外知名的特殊地位，县里和黄浦区就一起逐年投入配套服务设施的建设，争取达到国家 4A 级景区的标准。第一批援青干部陈梆明县长自己跑到青海省旅游局找局长汇报，后来就交接给我让我及时把整改完成的情况报给局长和处室。2014 年底，黄河源景区顺利挂牌国家 4A 级旅游景区，当然现在黄河源已经成了三江源国家公园的核心区，不再设立景区，对河源、对草场、对自然生态、对原生文化的保护会更具影响，我们是更加乐于看见的。为了向外界宣传玛多的河源保护，我们陪同《解放日报》等上海媒体调研并报道三江源生态环境保护，组织《家在黄河源》玛多县藏族歌舞团到上海交流演出，演出在黄浦、嘉定等区进行，还走进学校和社区，这也是青海的文化团体第一次来到上海，上海的老百姓也是第一次近距离了解这片天上的净土。

为了增强人才的造血机制，根据当地的需求，结合黄浦的特色，我们动了很多脑筋，三年里面组织各种各样的党政干部、医生、教师、专技人员的人力资源培训项目一共 17 个，差不多接近 180 人。在黄浦学习期间，玛多的挂职干部都参与了挂职单位的重要工作。我主要是做好他们的后勤工作，平时都要跟领队电话询问学员们每天的学习、生活情况，分阶段召开挂职学习座谈会，学员们提出的问题和需求马上帮他们解决，跟领队一起商量着组织学员们利用双休日参加社会实践。碰到我偶尔出差来上海，我就订好车辆把所有人组织起来，双休日的时候陪大家看上海的城市建设，给大家介绍上海的城市管理理念、规划思路。每次看完以后，无论是党政干部还是普通职工，几乎都会问我同样的话，"徐县，我们青海什么时候能够像上海这样发达、这样先进啊"？每当听到这样的问话，看到这份对发展的期盼，我心里都非常高兴。

由于恶劣的自然环境，长期在玛多工作的干部普遍身体都不太好，许多干部年轻时还能坚持，但随着年岁的增长逐渐开始无法适应。我跟县长商量以后，马上就安排长期坚守在工作岗位上的同志们到上海中山医院做全面身体检查，后来这一做法在全果洛州得到推广。平时，州里、县里的同事谁有个无法确诊的病情，都会找我帮忙联系上海的卫生专家读片、诊断。碰上必须要到上海做检查诊断和做手术的，我会跟他们商量好时间，利用到上海出差的机会一个一个亲自陪着看病就诊。为了减少看病等候时间，我总是很早接上病人去医院排队，他们不熟悉上海怎样看病，我就帮他们挂号、付费、取报告、拿药。记得有一年刚过春节，县里一位年近退休的干部和妻子身体都不太好，到北京和西宁的三甲医院分别检查，诊断结果是疑似糖尿病和疑似胃癌。为了确诊病情，春节前专门到上海找我。当时我正在休假，不过我还是马上帮忙联系好到中山医院进行复查。两人并排坐着等候检查时的场景让我一直不能忘记，老干部紧紧握住妻子的左手，妻子则平静地面带微笑，右手轻轻地捻着一串佛珠，老两口可能就是这样一起并肩走过人生的风风雨雨的吧。当时我就想，一定要尽自己的努力帮到他们。庆幸的是检查报告全部排除了疑似病情，我在拿到报告的第一时间打电话给老干部，电话那头传来声声感谢，是对我最大的宽慰。

　　玛多的环境条件是艰苦的，但玛多的工作生活经历却是难忘的。三年里面，我们援青干部努力把上海这座城市的责任和温度传递到援建地区，把热情和爱播撒在高原藏地和朴实牧民的心中。作为黄浦人、同时作为玛多人，我感到无比骄傲。而我经历了玛多工作的洗礼，内心成长得更加坚毅，没有任何困难能够难倒自己，这就是我的人生收获。

黄河源头的一场扶贫攻坚战

  邵泉，1975年1月生。现任黄浦区豫园街道办事处主任。2016年7月至2019年7月，为上海市第三批援青干部，挂职担任中共青海省果洛藏族自治州玛多县委常委、副县长，负责上海市结对帮扶项目的组织实施工作。

口述：邵　泉
采访：张　健　马亦男
整理：马亦男
时间：2020 年 3 月 10 日

　　2016 年，黄浦区委组织部选派我作为上海市第三批援青干部对口支援果洛州玛多县。接到任务的时候心里有点忐忑，工作这么多年来一直没有离开过上海，高原没去过，甚至连西部也没去过，身体能不能过关还吃不准。那年我女儿才 3 岁多一点，家庭方面也有负担。但是，想到党和组织培养我这么多年，现在需要我挺身而出，当然义不容辞，这是一个党员领导干部必须要承担的责任和义务，所以我很爽快地接受了组织的嘱托。

适应玛多

　　刚到高原面临着各种各样的挑战。玛多生存环境恶劣，对援青干部是巨大的挑战。玛多的气候特点可以概括为"三低三大"，"三低"即大气含氧量低、气温低、气压低，大气含氧量和气压仅为海平面的 50% 左右，年均气温 –4 ℃，极端日最低气温 –48.1 ℃，是青海省极端日气温最低的地方；而最热的 7 月份最高气温仅为 22.9 ℃。"三大"即昼夜温差大、蒸发量大、风大。我们援青干部经常笑称，"青藏高原一年只有两个季节：冬季和大约在冬季"。在这样严酷的环境下生活，缺氧、失眠、厌食、流鼻血、脱发、皮肤病是家常便饭，严重的还有心脏肥厚、高血压、红细胞增多症等心肺功能疾病。

我面临的第一个挑战是高海拔带来的高原反应。我们去玛多报到是从西宁开 6 个小时的车到果洛州，住一晚后第 2 天再开 5 个小时的车去玛多县。果洛州 3780 多米的海拔已经让我备感煎熬，当天晚上一夜未睡。第二天到了玛多，反应更加剧烈，全身冒冷汗，体温升高，头痛欲裂，整个人昏昏沉沉。这种状态持续了两个月左右达到顶点，我开始感觉到全身疼痛，血压飙升到 150。实在坚持不住的情况下，我去西宁就医，在那休整了一个星期后症状才有所缓解，又立即回到了玛多。因为不适应高原环境，我在玛多一直失眠，吃了三年的安眠药。

我在玛多时住的宿舍在四楼，有几个问题：一个是楼层高，在高原地区爬上四楼的感觉就像跑了一次 400 米。另一个是风沙大，玛多每到春天会刮七八级以上大风，当地的建筑防风性能不是很好，风沙全都从窗户的缝隙吹进来，每天早上窗台就会铺满一层细沙；还有保暖也成问题，玛多水质很硬，水中大量沉淀物会导致暖气片堵塞，房间保暖效果越来越差，冬天经常冻得睡不着。后来我自己购置了电热毯、油汀，又用密封条把窗户封严，才感觉稍微好一点。第三个是气压低。玛多的气压大约只有上海的一半左右，气压低会造成气体膨胀。我到玛多的第一个中秋节收到朋友从上海寄来几盒杏花楼月饼。我拿到快递的时候很高兴，想着这是上海特产，可以送点给当地的朋友。但回去打开包裹一看傻眼了，里面的包装袋全都膨胀开了，变成原来的两倍那么大，月饼盒子都被撑爆了，品相这么差，肯定没法送人。

在玛多三年，环境带来的不适一直伴随着我。过环境关，用一句话就可以形容："第一年靠身体，第二年靠药物，第三年靠意志。"除了身体的考验，在藏区生活和工作最大的考验是心理孤独，援青干部在工作之余，社交活动较少。我吃的安眠药效力按年递减，一开始半颗药下去能睡 7 小时，第二年只能持续 6 小时，第三年就只能撑 5 个小时了，所以，睡觉不能太早，一到晚上就比较空闲。一开始我用看书来打发时间，看看哲学、社会科学类的书，但这些书一看就头疼。我猜想可能思考会导致缺氧，所以就开始看小说，再后来小说也看不下去，就改看电影，三年看过的电影数不过来。还有每到夜深人静，缺氧失眠的时候，就会特别思念家乡和亲人。我离开家那年，女儿3岁，一开始女儿并没有意识到爸爸到青海工作与平时有什么不同。一个月后，女儿问妈妈："爸爸什么时候回来呀？"，妈妈说："爸爸到很远很远的地方去工作，现在回不来。"女儿不吵不闹，说："好吧，那我写封信给爸爸。"说着就用笔很认真地写下许多涂鸦符号，妈妈问："你写的是什么呀？"女儿回答："你看不懂的。"奔赴青海那年，黄浦援青干部中孩子最小的只有一个月，对家人的亏欠始终是援青干部心里难以释怀的歉疚。

多措并举 聚焦扶贫攻坚

援青干部的主业主责是组织实施上海援建项目。以工程项目建设来说，玛多县地处高寒地区，冻土时间长，每年可用于工程施工的时间仅为5月中旬至10月中旬的5个月，做过工程项目的应该知道，在这5个月中要把立项、可行性研究、地勘、图纸设计等前期工作完成已经非常不易，而我们基本上要在5个月里把从前期到竣工一整套工作全部完成，而且还要面临高海拔地区施工成本高、施工难度大、后期维护成本高的难题。同时，援建项目分散在各个贫困村，定期检查项目施工进展情况对援青干部来说是艰苦的考验，每个项目的车程都在1个小时以上，而且项目地点周边往往道路交通条件非常差，遇到大风大雪，车辆打滑、爆胎甚至掉进泥潭都是常有的事。

我作为上海市第三批援青干部，遵循"中央要求，当地所需，上海所能"的原则，坚持以玛多县的实际需求为基础，以改善基层群众的生活条件为出发点，援建项目资金坚持"80%向基层倾斜，80%向民生倾斜"，把有限的资金重点放在改善当地群众基本生活条件、提高公共服务能力等方面。

一是特色产业扶贫。三年里建成了一批对贫困户脱贫带动能力强的特色产品加工、服务基地。同时，大力发展电商扶贫、消费扶贫，引导电商企业和电商平台针对贫困地区开辟"原产地直采＋自营"等农产品上行绿色通道。玛多县的牲畜总量为13.6万头左右，我们每年投入数百万资金为玛多县新建藏羊养殖繁育基地和饲草棚，解决冬季牛羊转场的保暖和喂食需求。同时通过上

◀ 2018 年 7 月检查
玛查理村黄浦区
援建项目

海沪联公益扶贫中心搭建电商扶贫平台，推广玛多藏羊品牌。2018 年 10 月 17 日国家扶贫日，上海市举办了对口支援地区特色产品展销会，李强书记、应勇市长亲自出席开幕式，这是上海加大消费扶贫，助力脱贫攻坚的重要举措。区合作交流办也通过设置专柜和在各级机关举办小型展销会等活动帮助玛多县销售特色产品。

二是就业扶贫。我们将劳务协作作为就业扶贫的主要内容，建立健全劳务协作和对接机制，带动农村劳动力转移就业。上海在推进劳务协作方面总体上比较审慎，三年来玛多实现转移就业 11 人次，主要面临的问题是就业人口的适应性不强、职业技能弱，较难实现稳定就业。

三是教育扶贫。我们着力改善义务教育基本办学条件，推进乡村教师队伍建设。玛多县已经实现了从幼儿园到初中学生学费全免，针对困难学生还有专项补贴。我们每年还投入数百万元为玛多县的学校兴建教学楼和风雨操场等基础设施，组织骨干教师到上海进行专业进修和培训。

四是健康扶贫。针对藏区包虫病、结核病高发的现状，我们投入资金资助当地医院开展"包虫病"筛查和防治，选派医疗团队为当地群众开展医疗救治。

五是资产收益扶贫。将财政专项扶贫资金投入农业、养殖、乡村旅游等项目，形成的资产折股量化分红给贫困村和贫困户。我们为玛多县建设了一批资产收益项目，如自驾车营地、黄河源大酒店、扶贫商铺等。

2016 年以来的三年里，我在玛多县组织实施完成上海市对口支援项目 33 个，完成投资 6965 万元。2019 年 3 月，在我即将完成三年援青任务前夕，玛多县正式脱贫摘帽。

开设"空中课堂"

除了实施上海援建项目之外，我们还发挥援青干部的主观能动性，根据当地需求和自己掌握的社会资源，开展一些特色的扶贫项目，尤其是注重促进扶贫与扶智方面的工作。

玛多的师资水平整体不高，所以上海对口支援项目有很多两地的教育交流项目，把当地的教师送到上海来挂职、培训，三个月到一年都有，希望通过不断交流，最终达到教育扶贫的目的。但就眼下而言，教师整体能力和水平的提升不是一朝一夕的事情，而且我们在调研中发现，当地在素质教育方面尤其欠缺，基本没有音乐、体育、美术等方面的专职老师，学校的副课都是由主课老师兼授。青海本省也会对玛多进行教育扶贫，从省内选拔一些老师到藏区支教，但玛多恶劣的生存环境是个障碍，我在玛多待了 3 年，看到因为身体原因倒在工作岗位上的老师就有两个，所以愿意到玛多来的老师不多。

鉴于这种情况，我们希望通过远程教育的方式对当地的教育进行有益的补充。一次偶然的机会，我接触到一家叫和普公益的社会组织，他们对远程教学很感兴趣，主动承担起了联系老师的工作。硬件方面，我联系了上海市志愿服务公益基金会，由基金会提供上课的设备，如电脑、摄像头，等等。上课的老师都是志愿者，每次只领取 50 元钱左右的交通补贴，这部分资金也是由基金会提供的。

2019 年 6 月 26 日，第一堂"空中课堂"远程美术课在玛多县民族小学开课，通过网络视频，老师与同学们积极互动，孩子们对这种教学形式非常喜欢，效果相当不错。目前，"空中课堂"开设了美术、音乐和心理三门课程，

▲ 2019 年 6 月组织
上海公益性社会
组织与玛多县民
族小学开展空中
课堂活动

志愿者中有蒙古族的音乐人，也有从英国留学回来的心理学硕士，2019 年下半年在县民族中学、民族小学全面开课，每周一课。

通过"空中课堂"，上海的志愿者给当地的孩子上课，对双方都是一种教育，当地的孩子享受到了与上海孩子同等的教学资源，这些志愿者通过给他们上课之后，也感受到藏区孩子的天赋，被藏族孩子的真诚打动。

设立黄浦——玛多爱心教育基金

2016 年 9 月，黄浦区离休干部、原南市区委副书记孙瑞英和他的爱人孙增闳二人找到黄浦区老干部局，提出要将毕生积蓄 80 万元全部捐赠给玛多县。因为区委老干部局科长周盛丹是上海市第二批援青干部，当年 7 月刚刚结束挂职任务回到区里，二老通过周盛丹打听到玛多县的贫困状况，于是给老干部局写信说："党中央对脱贫攻坚的牵挂，习总书记对西部集中连片的深度贫困地区考察调研并提出全党同志务必共同努力的要求牵动了我们的心。年老未曾忘初心，我们商量之后做出了一个决定，把原来准备以后做的事提前做，对深度贫困地区奉上一分爱心，对中国社会主义建设道路上的小康梦尽一分力量。奉上人民币 80 万，请以两位离休老党员的名义捐给青海省玛多县作助学帮困之用。"

周盛丹和我联系，说明了情况，我就向玛多县委、县政府主要领导汇报了此事。玛多县主要领导非常感动，但同时也有点为难，说实话 80 万不多，大的项目做不了，小的项目又难以让老人家满意。于是我就想了个办法，以二老的名义设立爱心教育基金，奖励和资助贫困学生，这个方案得到了双方的认可。为此，玛多县里还先后两次在县政府常务会议讨论基金会的名称和管理办法。他们希望定名为孙瑞英爱心教育基金，但老人婉拒了这项提议，要求不挂名、不宣传，最后经黄浦区和玛多县共同协商，决定将基金命名为"黄浦——玛多爱心教育基金"。

后来我也了解到，孙瑞英的这次爱心善举并非一时心血来潮，而是有着长期的思想基础和内心积淀。在建党 90 周年时，孙瑞英以"特殊党费"名义捐出 10 万元；90 周岁生日时，她又捐款 5 万元资助青年学生志愿服务工作。每当国家遭到重大灾害，如洪水、地震、泥石流等，她总是第一时间在社区捐款，表达爱心。

组织天上玛多非遗展演

作为玛多县的副县长，我分管文体广电旅游工作。玛多的文化旅游资源相当丰富，而且很有特色。《黄河源头的传说》《格萨尔赛马称王的传说》等 6 项文化遗产被列入国家级非物质文化遗产名录，玛多卓果等 9 项列入省级非物质文化遗产名录。近几年玛多县结合浓郁的民族文化特色和深厚的文化底蕴，将一系列民俗、服饰、体育、文艺演出等活动串联起来，创作了不少展现和弘扬少数民族文化内涵、促进民族团结进步的作品。

2018 年，在黄浦区委、区政府主要领导的关心和支持下，我联系了区文旅局及大世界传艺中心，各方一起努力促成了玛多非物质文化遗产在上海大世界的展演活动。为了充分展现玛多非遗特色，我特别关照玛多县委宣传部和文体局，要求他们把最有玛多特色的东西带到上海，比如藏文书法、掐丝唐卡、牛毛编织等非物质文化遗产精品。为了让上海市民和游客体验到藏族人民原汁原味的日常生活，我们还把藏族的牛毛帐篷也带过来进行原生态的展示，布置

▲ 2018 年 4 月玛多县民间艺术团在上海大世界开展"天上玛多"非物质文化遗产展演活动周

成当地牧民居住的场景,里面陈列有奶茶、曲拉、青稞炒面、馓子、风干肉等藏区特色食品饮料。

2018 年 4 月 19 日,为期一周的"天上玛多"非物质文化遗产展演系列活动在上海大世界拉开序幕。活动通过绝美风情"天上玛多"摄影展、文化秘境玛多非遗产品展示、英雄史诗《格萨尔王传》演出等形式,展现当地风土人情与历史故事,还上演了来自玛多县民间艺术团的男女群舞《河源的祝福》、二重唱《梦回家园》、歌伴舞《我们共同的源头》等经典歌舞。为了烘托氛围提高层次,我邀请了著名舞蹈家、上海歌舞团艺术总监黄豆豆,上海戏剧学院舞蹈学院副院长、上海市舞蹈家协会副主席杨新华以特别嘉宾的身份出席,上海舞蹈学院的学生和玛多的演员同台表演,互相交流,两个表演团队,一个民俗的,一个专业的,各有特色。

20 世纪 80 年代初,玛多县畜牧业、矿产业发达,经济繁荣,全县牧民人均纯收入 1981 年至 1983 年连续三年居全国之首。21 世纪初,随着国家"三江源"生态战略的实施,585 户 2334 名河源儿女积极响应国家"保护生态、减人减畜、退牧还草"的号召,主动迁出世代繁衍生息的家园,维护了母亲河源头的生态平衡,为黄河中下游乃至全国的生态文明建设做出了巨大牺牲,确保"一江清水向东流"。玛多成为国家级扶贫开发工作重点县，这是典型的"捧着金饭碗要饭"。居住在长江之尾的上海人民要学会感恩，正是青海藏族人民守疆卫土、看护中国最重要的水资源，才有了东部沿海地区的繁荣稳定，东部反哺西部，帮助西部贫困地区和贫困人口脱贫，是我们必须承担的使命和责任。

白玉兰花开三江清

涂攀，1972年1月生。现任上海交通大学医学院附属第九人民医院黄浦分院副院长。2016年7月至2019年7月，为上海市第三批援青干部，首批卫生援青干部，挂职担任青海省果洛州人民医院副院长，分管行政、后勤和基建工作。

口述：涂 攀
采访：赵 兵 俞 凡
整理：赵 兵 俞 凡
时间：2020 年 3 月 27 日

2016 年 7 月，作为上海第三批援青干部，也是首批援青卫生干部，我从黄浦区中西医结合医院来到青海，挂职担任果洛州人民医院副院长，分管行政、后勤和基建工作。三年间，在上海市援青干部联络组的指导下，我始终以落实"援青为什么，在青干什么，离青留什么"为工作导向，从大处着眼，从小处着手，努力把医疗扶贫工作落到实处，使医院管理服务水平得到提升，医疗条件得到改善，地方病治疗取得重大进展。

缺氧不缺精神

当组织通知我被确定为最终援青人选时，我很意外，也很激动。意外的是自己的综合条件并不算最好，激动的是援青任务既开阔眼界，又能用一己之力为藏区献力。临走前，我最担心的还是家人。果洛与上海相距 2000 多公里，家里有什么事我鞭长莫及，特别是女儿当时正处于求知期和青春期，更需要我这个父亲在身边；但作为一名共产党员、一名医务工作者，无条件服从组织安排、到党和人民需要的地方去，是我的责任，也是我的光荣。

果洛的平均海拔 4200 米，果洛州人民医院在玛沁县大武镇，也是果洛藏族自治州州府所在地，海拔 3800 米，相对属于高原之中的洼地。但对我仍是个不小的挑战。果不其然，刚到的前两个晚上完全没有睡着，头疼欲裂，白天仿佛脚踩棉花，走路摇摇晃晃。此后失眠成了家常便饭。入睡难，夜里翻来覆去睡不着；又容易醒，睡着睡着，突然脑子就非常清醒，没有丝毫的睡意，只好睁着眼睛，苦苦等待天亮。三年间，我每天的平均睡眠时间仅有三至四小时。失眠的影响，很快显现。首先是情绪差、易烦躁，稍有不顺心，容易发脾气；特别是对家里人，更容易失去耐心。其次是思维的迟钝与退化，我的记忆力原本很不错的，但当时明显感到很多东西记不住、容易忘。

由于高原缺氧，身体运动机能大大降低，运动幅度骤降。从宿舍到医院大约七八百米，要走上二十多分钟，每天上下班四次来回，时常不得不打车通勤。州医院安排的宿舍在五楼，对身处高原地区的我而言是个巨大挑战，特别是有时手上拎了东西，更是"一步一停"。住了大约一年半，换到一个二楼的宿舍，虽然面积变小了，却解决了体力上的大问题。

即使有缺氧、失眠等问题的困扰，我依然鼓足干劲，以"缺氧不缺精神"的态度积极工作、好好生活。

工作中，以身作则，严于律己。作为医护人员，救治病人是本职，认真负责的态度是支撑。凡涉及工作，我都严肃对待，布置任务时明确负责人、完成时间、验收标准，任务中全程跟进、随时抽查，一旦出现问题，立即督促改进。部分职工的时间观念不强，开会时迟到很久，我就发动全体人员一起坐等，直到迟到的人出现，我也并不当着大家的面公开责备，而是在玩笑中讲明道理、说明问题，这样一来大家的时间观念增强很多。

生活中，自己动手，丰衣足食。身在异乡为异客，每天做一顿可口的晚饭是对自己最好的犒劳。在缺氧的症状比较明显的情况下，坚持自己做饭吃，不仅能够活动肢体，还是一种难得的乐趣。伙食营养搭配合理了，才能保持良好的身体状态，更好地干好工作。高原上生病，动辄一两个月，治愈很慢。我一度连续咳嗽 45 天，说不了几句话，就抑制不住要咳嗽。经此一事，我对保持健康愈发注意。这也是对自己、对家人、对他人负责。

◄ 2019 年 6 月 29 日，慰问结对帮扶贫困户

做好管理与服务

按照州卫计委的要求，我在州医院具体分管行政、后勤和基建工作。在完成本职工作的同时，通过经常性与院领导和同事们谈心，了解医院的各种情况并交流分享自己真实的经验、想法和思路。我特别注意工作方式方法，努力当好院主要领导的参谋，使自己的建议得到采纳实施，并在参加院主要领导主持的各种工作会议时，积极发表真实想法，供与会者讨论、采纳。尽管有些事情超出我的分管工作范围，但我仍然跨前一步，主动作为。

2017 年，医院住院部大楼外科病区发生输氧管爆燃事件后，我立即采取适当措施，保证科室运行不受大的影响。同时，考虑到解决这一安全问题的必要性和紧迫性，极力说服院党委会同意投入资金近 30 万，对大楼输氧总管及外科病区各输气管路、电路等进行全面维修改造，并督促负责改造的供应商在 6 月中旬前完工，确保州包虫病诊疗中心第二阶段手术诊疗不受影响。同年，黑土山发生山体滑坡，作为当时唯一在院的行政领导，我主动担当，在获得院长授权后，组织全院急救力量时刻待命。在接到救援前方药品需求的消息后，组织备齐十余种药品和器械迅速运抵事发现场。

在调研中，我发现州医院在程序、管理等方面存在不规范、不细致的问题。我积极献言献策，提供上海的经验和做法。

一是完善上门问诊制度。州医院针对有特殊需求的病人实行上门问诊服务。这种非工作时间的问诊，医生的诊费没有得到落实，在医生间引起较大反响，为医院工作带来一定阻力。经过反复调研、会议研讨，发现主要症结是经费紧张。我便组织研究编制预决算向州财政申请经费，并出台关于医生外出诊疗费用的方案。相关的费用有着落，医生的权益也得到保障，工作开展就更加顺畅了。

二是完善门诊操作流程。州医院有时出现病人找不到诊室，远道而来却因没有标识或是医生走开而找不到，白跑一趟的情况。我提出重新设置科室标识，并在医院大厅设置导诊台，专人专岗，对病人进行预检分诊，并要求导诊台随时和医生联系，避免病人长时间等待，极大地方便了病人就医。

三是加强设备档案管理。州医院设备档案管理存在不专业、不到位的现象。医院的设备，包括 B 超、CT、呼吸机、胃肠镜等医疗设备，以及电梯等院内设施，都需要定期保养维修。电梯是医院常用设备，需强制定期检修。然而，州医院电梯经常拖检，卡顿等故障时有发生。为此，我将设备档案管理列出清单，向工作人员讲明归档时间要求，做到心中有数、查阅方便。

四是提高安全管理意识。对安全管理的重要性认识不足，存在疏于检查，疏于工作落实，疏于书面记录的现象。例如，院内房屋出现漏水，却长时间没有人处理，这虽然是一件小事，却也反映出职工安全管理意识不强。为此，我带领职工从头到尾梳理工作流程，提高安全管理意识。再发生类似情况，工作人员会及时挂一个警示牌，并对现场拍照留存，关照周边的同事小心行事，能做到举一反三，极大地推动了州医院安全管理水平的提高。

精准有效推进医疗援助

援青卫生干部的一项中心工作，是促进沪青两地的医疗交流和争取上海的医疗援助，并以此为抓手，推进果洛当地医疗服务水平的提升。

包虫病、白内障、先天性心脏病、肺结核、肝炎等是果洛的常见病、多发病，我与其他上海援青干部多方动员，着力改善当地的卫生诊疗和健康状况。

包虫病，是畜牧区人畜共患的疾病。果洛是全国包虫病最为严重的地区之一，发病率 3% 以上，有的县超过了 5%，达日县有一个乡发病率甚至超过 12%。包虫大多寄生在人体肝脏，也有寄生在肺部、脑部等其他脏器的。近年来上海每年投入 1000 多万元，在果洛全州开展以包虫病为主的传染病普查工作，仅 2017 年筛查人数达 19.65 万人，手术治疗 300 例；投入数百万元专项资金，开展以包虫病为主的重大地方病、传染病防治的医务人员培训等；上海联合果洛州财政对包虫病患者采用就医自付费用全部兜底，包虫病患者就医从就诊到出院，全程由专人负责，患者本人不需要花一分钱。包虫病的治疗越早发现效果越好，但早期筛查必须用到的高精度 CT 机在整个果洛州都找不到一台，牧民往往因为错过筛查，小病成大病，最终危及生命。我发动上海援青干部的力量，在倪斌组长和嘉定区沈元雄等援青兄弟的大力促成下，联系到上海联影医疗科技有限公司，无偿引进一台价值 500 万元的 16 排 CT 机一台，这是我援青期满返沪前，州医院最大的单项计划外捐赠，填补了果洛州的肝胆临床诊断空白，为果洛州包虫病诊疗提供了坚实的物质保障。

因紫外线强烈，果洛地区白内障多发，且极易复发，需要定期手术。我与上海市卫计委联系，上海市眼病防治所的队伍专门到果洛州进行白内障的手术，计 50 余例，随行医疗装备全部捐赠果洛州人民医院眼科。争取到上海市青翼建设工程有限公司 2018 年和 2019 年连续两年无偿捐助白内障专项手术费 10 万元，州医院利用这笔捐助为病人更换人工晶体，每年完成 40 余例白内障手术。

先天性心脏病在果洛也属于多发病。我联系上海市胸科医院心外科等科室专家，筛查具备手术指征的果洛先心患儿，并争取社会爱心机构的捐助，使 2 名患儿赴上海接受免费手术。后经黄浦区委组织部和黄浦区区域化党建联建平台牵线搭桥，上海浦江控股集团捐赠 30 万元，为 5 名果洛当地患儿的先天性心脏病手术费及陪同家长和医护人员交通食宿费提供全额资助。

看到患者相继痊愈出院，我感到十分欣慰。所接触的患者中，藏族小女孩曲措（化名）最令我牵挂。2016 年，上海第九人民医院专家组由吴皓院长带队，首次进果洛巡回医疗并开展免费人工耳蜗植入手术 4 例。吴皓教授在义诊时，

◀ 2017 年 9 月 26 日，上海市眼病防治中心到果洛州人民医院白内障手术

发现了 9 岁的曲措有听力障碍，且不会说话。她是孤儿，由姑父母带大。因为患有先天性耳聋，处在一个无声的世界里，性格有些孤僻，容易发脾气，对陌生人很排斥抗拒。经过前期检查，她被列入第一批植入电子耳蜗的小患者。吴皓教授亲自为她做了手术，每隔三个月来果洛为她进行调试，小姑娘终于进入了一个有声的世界。2017 年，上海市胸科医院专家在果洛开展儿童先天性心脏病筛查，又发现了曲措患有先天性心脏疾病。那时她 10 岁，还来得及手术，我们当即安排她到上海接受了免费的手术。通过这两次手术，我与曲措一家相熟。有次下班回家准备打车，正巧遇见曲措开出租车的姑父，车里还坐着她姑母。两口子硬是拉着我上了车，言语之间十分激动。得知现在曲措性格比以前开朗了，脸上的笑容比以前多了，还能简单发声说一两个词，我也觉得很高兴。

单凭硬件和治疗无法提高果洛州整体医疗水平，还必须从队伍建设上下功夫。我推动组织州医院外科、耳鼻喉科各一名医师赴上海龙华医院和上海第九人民医院进修。其中，外科医师学成归来后，在州医院开设肛肠科门诊并成功施行肛肠手术多台；耳鼻喉科医师进修回来后，能够较为熟练使用测听设备用于先天性耳聋的筛查，为一州六县农牧民提供听力残疾鉴定。

三年间，上海共有 10 余次医疗机构来访州医院，医疗团队总人数逾百人。

既有华山医院、瑞金医院、中山医院、上海第九人民医院等三级甲等综合性医院，也有上海市胸科医院、上海市肺科医院、上海市儿童医院、上海中医药大学附属龙华医院等三级甲等专科医院。一次性无偿捐助医学装备和药品等价值近300万元，义诊覆盖数万人次。开展人工耳蜗植入术、肛肠手术、人工晶体植入术等多种带教手术，计50余台次；多场专业培训，参加人数近200人。作为院方工作人员，我尽全力做好后方接待工作。接待前，结合当地医院卫生的重点工作做需求端的情况收集，向上海市卫计委汇报和沟通；了解医疗团的"衣食住行"要求，在院领导的支持下，予以尽量安排；在果洛州通过微信、电话、海报等方式宣传、召集病员。大到翻译人员，小到医生的白大褂、迎接的横幅都一一准备好，接待时全程陪同。合理运用好州医院本身的资源，保障所有的上海医疗队成员每人每天一瓶氧气，可供一晚上的使用。第二天再登记氧气剩余情况，予以补充。接待后，及时撰写和报送信息，并对手术病人回访等后续工作予以关注。在全部接待工作中，基本做到零失误，得到了到访专家们和州医院同事们的一致称许。

"白玉兰"架起医学桥梁

2014—2017年，上海在果洛投入600万元援建资金建设白玉兰远程医疗系统，覆盖州县两级人民医院；2018年，再投入300万元，基本做到州乡镇卫生院全覆盖。

果洛州人民医院白玉兰远程医疗系统于2016年底开通，远程设备投资120多万元，包括CT胶片扫描仪、网络操作平台、投影仪、电脑、高清摄像头、高拍仪、打印机、两台24小时动态心电图分析仪等，其中最贵的一台病理切片扫描仪价值70多万元。这些设备架起了一张连接1州6县45个乡镇医疗机构的远程医疗网。网络一头覆盖了果洛全部的县乡镇，另一头连接了上海34家三甲医院、1000多名顶级专家的医学资源，并通过上海"白玉兰"总部，与包括北京在内的全国各大医院联通。果洛偏远牧区一个普通的农牧民，不用长途跋涉、连夜排队，不用数周乃至数月预约拿号，就可以"看到"上海人想约都约不上的顶级专家。远程会诊从申请到实施，一般不超过48小时；急诊

2018年4月，参加"白玉兰"远程医疗系统会诊

4至8小时之内就能安排。自2018年起，果洛州还与上海的医院建立了点对点的业务结对。与上海第六人民医院结对CT读片，片子上午传过去，读片诊断的意见下午就能传回；若下午发过去，第二天一早就一定能回来。

此外，白玉兰远程医疗系统每年有90多堂教学课，5场远程病例讨论会和5场远程教学查房，医务人员通过在线学习，及时掌握国内医疗卫生领域最新的业务成果，很受医生护士的欢迎。2018年，在45家乡镇卫生院远程医疗站点建设完成的前提下，州人民医院及乡镇卫生院开展了为期300个学时的远程培训课程，提升了州县级医院的临床实践能力。

"白玉兰"远程医疗系统得到了领导的高度重视。2018年4月11日，李克强总理在上海华山医院视察沪青"白玉兰"系统远程会诊，见证了华山医院和果洛州人民医院的医生共同为来自达日县桑日麻乡的吉桑（化名）远程会诊的过程。当年3月，吉桑来到州人民医院就诊，20岁藏族小伙子咳嗽、咳痰，背部疼痛有一个多月，伴有盗汗，没有明显发热。州医院通过肺部CT发现了明显的病灶，初步考虑是结核病，给予了积极的抗结核治疗。然而吉桑病情并没有如预料中好转。进一步检查发现他的病情远没有初诊时那么简单，他的颅内和肝脏先后发现了病灶，而且颅内的病灶已经表现出占位效应，随时都可能有性命之虞。医生怀疑是结核性脑膜炎，也不排除可能是包虫病转移至胸部、脑部。这一病症让医生感到极为棘手。4月11日当天，通过白玉兰远程医疗系统，州人民医院与上海华山医院连线，神经外科专家周良辅院士、放射科专家耿道颖教授、感染科专家张文宏教授为吉桑进行了联合会诊。之前，州医院将CT片子等通过读片机传送到上海。在华山医院远程会诊中心，三位专家结合患者的流行病学资料、影像学表现和既往病史，与果洛医生充分讨论后，经过缜密分析，很快得出一致意见：累及脑部、肺部、肝脏的病灶考虑播散性包虫病，颅内、肺部播散为主，右肺并发结核待排，建议肺部病灶尝试做进一步病原学检查和病理学检查排除并发结核，同时服用阿苯达唑抗寄生虫治疗，联合脱水和甲强龙治疗缓解脑水肿，择机做病灶切除。因为这一高效的联合会诊，吉桑被及时送到青海省人民医院治疗。这次沪青远程会诊，我作为果洛州人民医院远程会诊中心的三名医生之一，被组织安排与正在上海华山医院远程会诊中心的李克强总理对话。总理了解了"白玉兰"网的使用情况，肯定了远程医疗系统的成效，并询问果洛州人民医院存在的困难，提出大力发展区域性诊疗中心、优先向中西部偏远地区配置优质医疗设备等指示要求。无疑，这是对我们包括果洛州在内的全体医务工作者极大的鼓舞和鞭策。

医疗扶贫是上海对口支援果洛州的重要内容，助力果洛打赢脱贫攻坚战是上海援青工作的重中之重。三年间，亲身感受到州医院设备质量提升、制度规范完善、诊疗水平精进，我由衷地感到欣慰与自豪。当然，我的工作也有不准确、不到位的地方，有待后继者再接再厉。在医疗资源不宽裕的当下，当地医生培训应以务实为准则，重点学习和强化果洛多发病、常见病的诊疗技术，稳扎稳打练好基本功；要根本上改善当地的卫生健康状况，应当加大以预防为主的教育力度，要求当地群众坚持预防为主的方针，不喝生水、不吃生肉、饭前洗手、及时就医、坚持用药，从源头上解决当地群众因生活习惯造成的常见病。果洛，藏语意为"反败为胜的人"。相信20万果洛人民一定能战胜困难，坚决打赢这场脱贫攻坚战。

传递上海精神上海温度

张沈彬，1981 年 1 月生。现任上海市黄浦区城市运行管理中心（网格化综合管理中心、大数据中心）副主任。2019 年 7 月至今，为上海市第四批援青干部，挂职担任中共青海省果洛藏族自治州玛多县县委常委、副县长，负责上海市结对帮扶及上海市结对帮扶项目的组织实施工作。

口述：张沈彬
采访：赵　兵　马亦男
整理：马亦男
时间：2020 年 2 月 29 日

2019 年 7 月 23 日，经组织选派，我作为第四批上海援青干部赴青海参与对口支援工作，任中共玛多县委常委、副县长。到玛多之后，我严格按照市委、市政府关于当好脱贫攻坚的"突击队"、搭建好密切党同人民群众联系的"连心桥"、跑好持续对口支援帮扶的"接力赛"的要求，主动加强与县委、县政府领导沟通，将援建工作与县域基础设施建设、保障和改善民生、社会事业发展、加强基层组织建设、发展特色产业、交往交流交融等紧密结合起来，推动对口援建工作发挥最大效能。

适应高原环境

玛多县属于青海省果洛藏族自治州，平均海拔达到 4500 米，是整个青海省海拔最高的行政县。玛多县域面积 2.53 万平方公里，相当于四个上海那么大，但是人口只有 1.57 万人，人口密度非常低，以牧民群众为主。玛多县全年平均温度零下四度，历史极端温度达到零下 48 度。

玛多的自然景观非常漂亮，蓝天白云就像画一样，但是自然环境真是艰苦。整个玛多县没有绿色植被，空气含氧量仅为上海的 60%，冬季含氧量仅

◀ 走访玛多县结对
牧民群众

为上海的 **45%** 左右，而且气压特别低，仅有 **0.6** 个标准大气压，对于上海的干部而言，在当地的生活相当不习惯。有人开玩笑说在玛多有"三个不知道"：一是吃没吃饱不知道，二是睡没睡着不知道，三是感没感冒不知道。到了那里之后我才知道此话不假。

我刚到玛多的时候整夜都睡不着，头痛欲裂，只能借助吸氧、吃安眠药才能入睡，到现在好点了，基本上一觉能睡四个半小时左右。没多久我就患上了高原高血压，原来在上海的血压是 **124/82**，到玛多后上升到 **150/100**，要服用两种降压药才能控制。我还因为汗液排不出来，导致尿酸升高。另外，玛多县十分干燥，每天早上起床，都会流鼻血。我就自我安慰，干燥也有好处，不管什么天气，当天洗的衣服第二天一早就能穿。

在玛多的高原环境中，要克服的不只是生理反应，还有巨大的心理压力。心理压力越大，高原反应就越明显。后来我慢慢发现，你越是不在乎，高原反应反而越小。有的时候忙于工作，竟然忘记是在高原了，就像我们说的那样：如果高原海拔高于我们的心理海拔，那么高原海拔就是我们援青干部的拦路石；如果高原海拔低于我们的心理海拔，那么高原海拔就是我们援青干部的垫脚石。

抓好援建项目

2019年上海在玛多县实施对口支援项目13个，投入资金5800余万元，这些资金80%向基层和民生倾斜，主要用在教育、卫生、美丽乡村建设、改善牧区群众生产生活条件、扶持生态畜牧业发展、文化交往交流交融等方面。其中主要的有2018年开工2019年续建的玛多县资产收益产业投资项目，在县城南大街东侧新建2000平方米综合商铺，并配备水、电、暖等基础设施；玛多县生态畜牧产业化发展项目，在花石峡镇日谢村和黄河乡热曲村修建畜棚、储草棚，开挖机井，添置发电机，购买适龄母畜等。还有2019年新开工、上海投入援建资金2000多万元的扎陵湖乡勒那村基础设施建设项目，为1300户牧民新建牧户旱厕、污水井，实现自来水入户；玛多县民族寄宿制小学建设项目，帮助新建教学楼，加固改造综合教学楼、教师周转房；还有支持防治包虫病、结核病等地方病、传染病的项目，帮助牧民筛查治疗包虫病、结核病、乙肝、性病等。此外，2019年黄浦区向玛多县投入对口支援计划外资金300多万元，帮助玛多抗击年初的特大雪灾、改善牧民群众生活条件。

作为援建干部，我们在玛多的主责主业就是着力抓好这些援建项目的推进

◀ 实地检查援建项目

落实。围绕开工率、竣工验收率和资金拨付率三项核心考核指标，全力以赴抓好上海援建项目建设。这项工作说起来容易做起来难，我们去之前有充分的心理准备，但真正接手之后才意识到面对的困难及其复杂性。玛多县一年的土建施工期只有四个半月，冻土层达到 2.8 米，而且玛多县是三江源核心保护区，施工材料不能在本地采挖，运输成本较高，再加上高原施工，很多建筑工人会有高原反应，致使项目进度较为缓慢。

面对这些情况，我们下定决心全力以赴狠抓落实。一到玛多，我和严磊两人就马不停蹄地走现场、查台账，对各项进程进行细化分解，分头落实，逐个跟进。对于相关时间节点、工程进度反复强调，步步跟进督促。同时，我们上海援青干部通过自身严谨务实、讲求效率的作风，引领带动了当地的一批干部。在 2019 年建设的 13 个援建项目中，玛多县援建项目的开工率为 100%，竣工验收率为 90.9%，资金拨付率为 93.16%，均高于果洛州六县的平均指标。

助力合作社发展

脱贫攻坚工作开展以来，玛多县把产业扶贫作为重点，立足本县资源禀赋和产业特点，大力发展具有比较优势的产业，加强贫困地区"造血"功能，力争每个贫困村都有一至两项优势主导产业。由于这里地处三江源核心保护区，对自然生态保护力度非常大，其他产业很难发展起来，基本以畜牧业为主导，我们在考虑帮扶举措的时候也只能从畜牧业，主要是玛多藏羊入手。玛多藏羊是玛多的特产，这里的牧草资源草质坚硬、富含植物蛋白、膳食纤维和动物体所需矿物质、维生素等多种营养成分，同时以黄河源头为中心的扎陵湖、鄂陵湖水资源水质纯净，碳酸和矿物质含量丰富，玛多藏羊在这样的自然环境下放养，屠宰后肉色鲜红，氨基酸含量高，肉质细嫩味美、适口性极佳，具有高蛋白低脂肪的显著特点。所以玛多藏羊肉不仅是当地群众主要食用肉类之一，也是冬季进补佳品。2019 年，"玛多藏羊"成功入选上海市对口帮扶地区"百县百品"名录。

以前玛多藏羊的产业化程度很低，牧民放牧都是个体分散的，自己放牧自己吃，牛羊不用来买卖。为了改变这种散户放养、缺少精深加工的状态。同

时，也是为了保护生态环境，禁止过度放牧，县里因地制宜成立生态畜牧业专业合作社。县政府在县城里建造异地搬迁房，鼓励牧民放弃游牧生活来集中居住，把牛羊交给合作社统一管理、统一饲养，然后按照牛羊的数量给牧民分配收益。这种形式让牛羊养殖变得更加科学合理，农畜产品能加工、有销路，牧民在合作社有活干有工资，年终还能分红，收入比起以前有大幅度提高。

所以现在在玛多发展生态畜牧合作社是主业，其规模也在不断扩大，但是也面临着种种问题，比如说销路问题。我们了解到玛多交通非常不便，当地没有机场，不通火车，从西宁到县里开车要 6 个小时（冬季要 8 个小时），大大增加了运输成本。而且高原环境恶劣，愿意上门来收购的人也不多，导致藏羊的销路难以打开。

我们到了玛多之后就一直思考怎么从这方面入手，为当地的发展出一份力。2019 年，因缘巧合接触到一家企业，是一家专门做农畜产品收购和销售的企业，叫旭利高原生态农牧产业科技示范园。我们积极引导企业在玛多落地，在县政府的大力支持下，2019 年 10 月 14 日，该企业在玛多登记注册成功，注册资本一千万元。旭利给出的收购条件相当优惠，他们以高于市场价5% 的价格从玛多的牧民手中收购牛羊，并承诺从牧民手中收来的牛羊卖掉之后，不管价格多少，到年底再返还利润的 5% 给牧民群众。近年来玛多县依托"玛多藏羊"资源优势，利用生态畜牧业专业合作社的形式，按照"整合资源、集中发展、入股分红"的原则，把实实在在的利润让给牧民，激发牧民群众参与生态畜牧业发展积极性，助力牧民群众增收致富。2019 年，全县各合作社牲畜总出栏 4025 头（只）（牦牛 409 头、白藏羊 3616 只），总收入 894.5 万元，社员总分红 557.85 万元，自身的"造血"功能和综合实力不断提升。

以就业扶贫为抓手

就业扶贫是深入开展脱贫攻坚的一个有效办法，组织引导当地劳动力转移就业，对收入的提升有立竿见影的效果，有利于长期巩固脱贫摘帽成果，也是有效防止因失业返贫的重要抓手。对玛多而言，就是要让当地的孩子走出玛多去西宁，走出青海去东部沿海地区工作。2019 年，我们带领玛多第二批高校毕业生到上海来对接就业岗位，也举办了就业人员岗前培训。我还牵头与上海对口支援地区就业服务工作站沟通协调，先后走访对接了安靠封装测试（上海）有限公司等 7 家用工企业和上海市黄浦区就业促进服务中心，为他们争取更多就业岗位和福利待遇。

但是，尽管我们一直以来都十分注重就业扶贫，相关方面的工作也不断在推进，收效却不太明显。总体而言，玛多当地人对于到企业求职、外出求职不太热心，目前玛多县外出求职的毕业生占比还不到 1%。我们一到玛多就针对就业扶贫问题做了大量的调研走访，并且在此基础上撰写形成《玛多县"就业扶贫"工作专项调研报告》，分析玛多就业扶贫面临的主要困难及原因。我总结出以下几方面因素：

首先是就业观念滞后。当地乡土观念很重，认为找工作就应当在本州本县内找，离家要近，方便照顾家庭，外出就业首先对他们的思想观念就是个很大的挑战。很多年轻人认为就业就是考机关事业单位，在政府提供的公益性就业岗位就职，即使每月工资 2300 到 3000 元也感到非常满意了。

其次是生理生活和人际关系面临实际挑战。从环境上来讲，玛多县为高寒缺氧气候干燥的高原地区，上海为四季分明富氧湿润的平原地区，玛多县毕业生到上海工作和生活，气候饮食等都很难适应；从性格上来讲，玛多人性格豪爽、直率，处理问题较为简单直接，因此不太适应上海人的工作强度和节奏。劳动技能的短缺也是一个大问题，由于知识更新不及时，就业技能相对匮乏，即使外出就业也只能从事相对低端的工作，收入不高。另外，上海等大城市的消费水平较高，每月收入仅勉强维持日常基本生活，而且离乡背井缺少了家乡父母妻女和故人的关心关爱，孤独和寂寞的情感难以得到慰藉。

第三，上海用人企业在办理就业人员入职、住宿、就餐、体检、培训、实习、待遇福利和关心关爱等方面，尚未形成一套健全完善的高效对接机制。玛多县与上海用人企业缺乏有效的就业对接平台和沟通交流机制，导致信息不对称、沟通不畅。

我们这篇调研报告受到了州委主要领导的肯定，就业扶贫果洛州六个县都在做，但面临的困难都是一样的：异地就业留不住人。2020 年，我们相应调整了就业奖励政策，对首批在沪就业满一年的 7 名玛多户籍农牧民子女兑现每人 10000 元的奖金，也就是说玛多的牧民子女在上海连续就业满一年，黄浦区就奖励 1 万元、满二年奖励 2 万元、满三年奖励 3 万元。下一步，我们还将一如既往地把就业扶贫工作作为重大政治任务来抓，不断健全完善就业扶贫各项工作机制，着力推动解决突出问题。

有人问我，你去青海工作，躺着也是做贡献，为什么还那么认真、那么拼？我想起在黄浦·玛多爱心教育基金捐赠仪式上一位家长的发言，他说："今天凌晨 5 点我们就从村里出来了，要赶 200 公里的路才能到县城参加捐赠仪式，女儿对我说，'爸爸，我们别去了吧，奖学金就让别人代领吧。'"但是这位爸爸却说，"不行，我们一定要去，因为我们领的不仅仅是奖学金，还有上海的温度。"我们援青工作的时间是短暂的，三年之后就会离开这个岗位，我们要通过努力的工作，让这里的人民实实在在地增加获得感，提升幸福感，同时，也要把上海的温度和精神带到这里，永远留在这里。我会倍加珍惜现在的工作，若干年后，我一定会为有过援青工作的经历而感到无上光荣。

黄河源　浦江情

才让卓玛，1975年4月生。现任青海省果洛藏族自治州玛多县发展和改革局局长。2018年起，接触对口帮扶工作，主持县发展改革局全盘工作。

拉毛吉，1981年10月生。现任青海省果洛藏族自治州玛多县文体旅游广电局局长。2012年起，接触对口帮扶工作。

口述：才让卓玛　拉毛吉
采访：张　健　马亦男
整理：马亦男
时间：2020 年 5 月 28 日

　　玛多县位于青海省果洛藏族自治州西北部，地处"三江源"国家级自然保护区核心腹地，是万里黄河流经第一县，全县土地面积 2.53 万平方公里，天然草场面积 3448.64 万亩，县辖 2 乡 2 镇，30 个行政村，4 个生态移民新村和 2 个社区居民委员会，总人口 1.6 万人。玛多自然条件严酷，生态环境恶劣，在对口支援工作开始之前，玛多的经济社会发展仍处于较低层次，具有经济总量小、产业结构单一、社会发育程度低、生态保护压力大等特点。2009 年玛多的地区生产总值还不到一个亿，地方财政收入 244 万元，牧民人均收入 2500 元不到。

助力脱贫摘帽

　　2010 年中央召开了第五次西藏工作座谈会，党中央、国务院做出了对口支援青海等藏区的重大战略部署，确定了上海市对口支援青海。2011 年开始，黄浦区正式对口援建玛多县。针对玛多县海拔高、地域偏远落后、发展滞后的状况，上海市和黄浦区采取物资帮扶、项目支持、人才培训等一系列措施，倾力支援玛多发展，玛多社会经济各个方面都有了质的飞跃。

◀ 玛多县公交"乡乡通"工程公交客运总站

　　2011 年至 2019 年，上海对口援建项目 54 个，涉及资金 17448 万元。其中反响特别好的有"乡乡通"工程。原来玛多县城和村之间，村与村之间没有公交车，大多靠牛马出行，成本高、效率低。而且玛多县地域面积广，道路情况复杂，经常发生道路交通事故。对口援建开始后，上海投入了几百万资金在玛多实施公交"乡乡通"工程，当时建设了公交客运总站，还在黄河乡塘格玛、扎陵湖乡、花石峡镇等地设置了公交站点。县政府在此基础上成立了公交客运公司，添置客运车辆，逐步完善城乡公交网络。从此以后，玛多的牧民群众出行有了可靠的公共交通工具，有效解决了出行难的问题。广大牧民对此非常认可，我们的人大代表、政协委员每年都在表扬，由衷地感谢上海人民的帮助。

　　另外一个让玛多牧民享受到实实在在好处的是玛多藏羊产业化养殖项目，这是真正帮助玛多脱贫摘帽的惠民实事工程。我们扎陵湖乡卓让村藏羊养殖基地、花石峡镇维日埂村藏羊养殖基地、黄河乡阿映村白藏羊养殖基地等项目都收到过上海资金的扶持，建设养殖基地、购买藏羊，切切实实给牧民带来收入的提升。2018 年上海援助 500 万资金建设生态畜牧产业化发展项目，在花石峡镇日谢村和黄河乡热曲村修建畜棚和饲料棚，购买了 1000 头玛多藏羊，解

◀ 2017 年上海援建的玛多县民族寄宿制中学校园广场及主要教学用房外立面改造工程

决了部分村民的就业难问题，生态畜牧业专业合作社采用股份制形式，将合作社社员现有的牲畜、草场作价入股按股分红，显著提高了老百姓的收入水平，给他们解决了基本生活问题。

　　文化方面受到上海援助比较多的有两个方面。一个是基础文化设施建设。玛多县虽然人口少，但是机构设置和上海一样，在基层也是一样的配置，所以每个基层部门不仅有办公室，还有党建活动室、团建活动室、复健活动室、工会组织、社区文化办公室，等等，这些活动阵地很多都是由上海援建的，包括牧区村一级的体育配套设施，健身器材等也都有上海资金的帮助。另一个是借助上海援青项目资金的扶持，产业文化这方面也有了很大的发展。在黄浦区援青干部的帮助下，玛多的非遗产品和本地特产很多都到上海进行展示，在南京路步行街、外滩以及几个街道社区展出我们的牦牛工艺品、奶渣子、人参果、藏红花、枸杞，等等。非遗文化也不止一次到上海做过展示，2018 年黄浦区帮助我们到上海大世界做"天上玛多"非物质文化遗产展演，通过风光摄影作品展、非遗精品展、《格萨尔王传》演出等形式，展现玛多县风土人情与历史故事，这些不仅提升了玛多的品牌形象，更进一步增加了玛多和黄浦两地人民的感情。

除了上面提到的这些，上海还援助了玛多县第一个牧民文化综合服务中心、生态移民定居工程、包虫病筛查和防控项目等，涵盖了教育基础设施建设、医疗能力提升、群众居住条件改善、产业发展能力提升等各个方面，使玛多县的教育环境、民生福祉、基础设施建设大幅度提升。通过这些受援项目的实施，有效解决了制约玛多县经济社会发展的问题，玛多县牧民人均收入由2010年的2531元提高到2019年的8615元，年均增长14.58%。

四任"上海县长"

2010年开始共有四批上海干部来到我们玛多，都是由黄浦区派出的，给大家印象最深刻的是第一批援青干部陈椰明县长。陈椰明县长2010年到我们玛多，那时候的援青干部不像现在都是两人组队，工作生活上还能够相互照应，陈县长来的时候就只有他一个人。当时我们县政府宿舍楼还没有建起来，陈县长只能住在一间50平方米左右的平房里，厕所、氧气、供暖统统没有，喝水要自己烧，取暖也要自己生炉子，可以说除了住的房子不是牛毛帐篷以外，生活方式完全和藏区群众一样。陈县长刚来的时候都没见过牛粪，更不用说用它生火了，但他很快就熟练掌握了操作技巧。我们这里的厕所都是旱厕，办公室也没有卫生间。一到晚上流浪狗特别多，据他跟我们描述，每天晚上出去上厕所就感觉好几双绿莹莹的眼睛盯着他，真是一段可怕又难忘的经历。

陈椰明县长不爱坐办公室，一有空就去基层了解民情，跟村支书聊天，到牧民家中"走亲戚"。他精神特别好，用我们的话说，是特别能"造"的一个人。在这里三年，几乎走遍了玛多大大小小的村镇。他跟我们说，既然来了玛多，与其待着在室内缺氧难受，倒不如出去转转，多认识几个人，多了解些情况。我们很多牧区牧民，包括一些老村支书，还有我们县政府里的许多同志，都知道陈县长，直到现在很多人都还记得他。陈县长特别有亲和力，上到局长，下到基层工作人员，任何人都可以直接找他汇报商量。他还在我们这里学会了骑马。三年援青结束的时候，我们给他起了一个藏族名字"次仁布措"，谐音"此人不错"。

后面几位县长来玛多的时候，居住环境相对好点，县政府建了宿舍楼，暖气、厕所都有所改善，但是自然环境还是相当艰苦，每个人都花了很长一段时间适应。第二批徐辰超县长在生态环保方面做了很多工作，我们的生态设施、环卫设施都是他带我们做的。玛多第一次到上海巡演也是徐辰超县长开始的。那是 2014 年，徐县长带领我们六十多人的大部队来到上海，那是玛多第一次在上海亮相。第三批的邵泉县长是个责任心特别强的人，工作作风扎实。他做了大量的工作，帮我们解决治包虫病的难题，还实施了乡镇卫生院标准化配套建设、村级卫生室标准化配套建设，县级医院医生和村医的培训，等等。玛多县地域面积广阔，不到 2 万人口分散在 2.53 万平方公里的土地上，有的时候从一户到另一户要走一整天，邵县长带着我们一个一个踩点，一个一个检查，亲力亲为，毫无怨言。张沈彬县长 2019 年才来，虽然时间不长，但很快就能融入。他为人特别低调，到玛多第一时间就和干部群众沟通，了解工作方法流程和这里的民俗文化，非常尊重我们，做决定之前都会询问各方的意见。

除了四位县长，还有周盛丹主任、夏彤主任和现在的严磊主任等，他们也都非常热心能干，和几位县长配合默契，给我们带了巨大的帮助。现在几乎所有的玛多人，除了孩童，都知道上海的黄浦区在援助玛多，都知道玛多有一位上海县长。每一届援青干部离开玛多的时候都会有很多人送行，牧民特地赶来与他们送别，敬献的哈达多到戴不下，场面非常壮观感人。牧民们不一定知道每位县长的名字，但都亲切地称他们为"上海县长"。

学习"上海精神"

上海干部在玛多工作非常不容易，我们都看在眼里。两地环境和气候天差地别，上海海拔低，氧气充足，四季分明；玛多平均海拔 4500，一年 365 天冰期达 275 天，没有春夏秋冬之别，只有冷暖之分。上海干部在这里饮食也非常不适应，高原上连面条都煮不熟。再加上交通闭塞，远离家乡，生活各方面都很不方便。每位上海干部来玛多的第一个星期都睡不着觉，尤其是邵县长，刚到的时候每天睁着眼睛等天亮。可以说每一位上海干部都是冒着生命危险在为我们玛多做贡献。

◀ 黄浦区党政代表团
调研黄河乡寄校

在这样严酷的自然条件、滞后的经济社会现状下，上海的干部没有抱怨，而是以饱满的精神状态主动适应高原的挑战，在身体极度不适的情况下坚持以高昂的激情，满腔的热情投入工作。到岗后的第一天就与县长一起下乡、入村、进帐，了解县情及民俗民风。任期内，吃着安眠药入睡、吸着氧气办公或休息那是常事，但这并没有影响他们的工作热情，他们始终坚持做到与我们的干部同甘共苦，把玛多人民当作自己的亲人，努力为援助地区尽绵薄之力。我们的干部看到他们这么努力，没有任何理由不去辛勤工作，没有任何理由不努力做出奉献。

此外，援青干部吃苦耐劳、求真务实、科学严谨、坚持原则的工作作风给玛多广大干部群众留下了深刻的印象。上海援青干部以特有的改革创新精神，独到的眼界和胸襟，务实求真的工作精神在玛多大地上掀起了一股改革务实创新之风。上海援青干部工作细心、认真的形象，潜移默化地影响了当地干部，致使援青干部们与当地干部们一起团结干事、激情干事、踏实干事、有效干事，养成能够在有限的时间内创造无限的优秀习惯。

期待未来合作

十年对口支援让玛多获得飞速的发展，玛多县的城乡基础设施建设、畜牧业产业化发展、医疗卫生服务水平、各项惠民利民政策都迅速提升。但总体而言，我们的经济社会发展水平依然滞后，致贫返贫的因素依然存在，主要有以下几方面原因：一是经济总量相对较小，各类建设项目都有很多短板。玛多的工期比较短，每年能够施工的时间只有 4 个月左右，一般是 5 月 15 日以后开始，正式作业要到 6 月份，9 月份又要停工；另外高原缺氧，工人的身体承受能力有限，也大大影响施工进度。这些都是制约玛多各类建设项目的不利因素。

二是产业发展滞后。玛多产业结构单一，主要以畜牧业为主导，就业范围狭窄，自我造血能力较差，这其中还有生态环境保护方面的制约。玛多县地处三江源核心区，是国家的重要生态安全屏障，是"中华水塔"的重要组成部分。上海援青资金曾经在黄河源头建设旅游配套设施，修整了黄河源景区标志性建筑"黄河源纪念碑"，修建游客中心、景区木栈道以及环卫设施，当时投资了 300 多万。我们在旅游这块也做过推广，玛多和上海多家旅行社建立了合作关系，有段时间上海来玛多的游客特别多。2017 年，玛多县被列入国家公园黄河源园区核心保育区。根据三江源国家公园管理局要求，红线以内的基础设施全部要拆除，里面的牧户要搬迁出来，所有的牛羊全部都要清退出去。同样，当初援建的牛头碑景点相关设施、木栈道等都被拆除。现在我们在旅游这块重新探索出路，主要做高端旅游，往生态体验方向发展。

三是思想方面较为局限，包容性较弱，对于接受新事物的能力较弱。比方说我们实施的牧民异地搬迁工程，帮助牧民脱贫致富，同时也是出于保护生态环境的考虑，许多牧民离开祖祖辈辈生活的牧区，搬迁到专门为他们建造的牧民定居点生活。但是对这些已经习惯了放牧生活的牧民来说，既不会使用电饭煲、电磁炉等家用电器，也难以快速掌握新的就业技能，新的生活方式不是一朝一夕就能适应，我们在这方面还得下更多的工夫。

2020 年是对口援青十周年，期待两地能够继续加强合作，努力在教育扶贫、健康扶贫、就业扶贫、生态扶贫、消费扶贫等方面加大协作力度，尤其是加大在农畜产品和传统手工艺精加工、包装、销售等方面的合作支持帮扶，更好造福两地人民；做好对口支援项目工作，推动各项对口支援项目落实，努力在组织领导、资金支持、人才支援、民生事业发展、脱贫攻坚巩固提升、乡村振兴战略实施等方面升级加力；同时希望黄浦区继续发动企业、社会组织以及各方力量助力玛多建设，进一步加强两地的紧密对接，深化在教育、卫生、文化、旅游等方面的双向交流，为实现玛多县全面小康、共同富裕而不懈努力。

2019 年 3 月，玛多县正式脱贫摘帽，在全州率先实现贫困县摘帽，贫困人口全面"清零"，这一来之不易的成果和黄浦的倾力援助密不可分。玛多人民感谢黄浦区对玛多县的无私帮助和支援！感谢黄浦区选派的援青干部能够积极适应艰苦的工作生活环境，不畏艰险、克服高寒缺氧等一系列困难，主动作为，率先垂范，用实际行动践行了"干玛多事，做玛多人"的承诺！上海对口支援玛多项目的实施，解决了群众所思所盼的现实问题，使广大受益户充分感受到了党中央、国务院和上海市委、市政府的关怀和温暖，实现了经济效益和社会效益的双赢。玛多人民永远记得上海和黄浦的深情厚谊。我们将继续积极做好对口帮扶各项工作，借黄浦之力助推玛多取得新发展。

家国责任　思茅情怀

　　朱根生，1957年10月生。曾任黄浦区豫园街道武装部部长。1997年7月至1998年12月，为上海市第一批援滇干部，挂职担任云南省思茅地区行政公署计划经济委员会主任助理、副主任，负责扶贫帮困联络工作。

口述：朱根生
采访：胡永隽　彭　华
整理：胡永隽
时间：2020 年 3 月 12 日

1996 年中央召开扶贫工作会议后，各省市结对帮扶工作就行动起来了。当年 10 月，时任上海市市长徐匡迪率团到思茅地区（2007 年 1 月更名为普洱市）考察，与思茅地区签署了《关于上海市四区与云南省思茅地区对口帮扶协作会议纪要》，明确上海市南市、杨浦、金山、普陀四区对口帮扶云南思茅地区 8 个县，拉开了上海帮扶云南的序幕。当时，南市区对口帮扶的是澜沧和孟连两个县。根据要求，每个区需派一名扶贫帮困联络员落实帮扶项目，1997年 6 月，组织上就派我到思茅去挂职锻炼，任思茅地区行政公署计划经济委员会主任助理、副主任。

初识思茅贫困状况

思茅地区位于云南省西南部，东临红河、玉溪，南接西双版纳，西北连临沧，北靠大理、楚雄。东南与越南、老挝接壤，西南和缅甸毗邻，有"一市连三国、一江通五邻"之称，是一个集"边、少、山、穷"为一体的地区，下辖1 个市辖区、9 个自治县，居住着汉族、哈尼族、彝族、拉祜族、佤族、傣族等 14 个世居民族，少数民族人口占 61%。境内群山起伏，山地面积占 98.3%。

◀1997 年 10 月，孟连县南
雅乡希望小学重建前

◀1999 年 3 月，孟连县南
雅乡希望小学建成

自然生态环境优越，森林覆盖率达 68.83%，先后荣获"中国特色魅力城市
200 强""中国最具生态竞争力城市""国家园林城市""国家森林城市"等称号。
然而，思茅地区水利化程度仅 26%，工业化率约 19%，10 个县（区）均属于
滇西边境片区县，9 个还未脱贫。1998 年，全区地方财政收入 3.68 亿元，人
均地方财政收入 151 元，人均粮食产量 321 公斤，财政自给率只达到 28.3%，
7 个县属于国家级贫困县，尚有 39 万人未解决温饱。

　　与南市区对口的澜沧拉祜族自治县和孟连傣族、拉祜族、佤族自治县，都
是国家级贫困县。澜沧县平均海拔 800 多米，土地面积 8807 平方公里，是思
茅地区土地面积最大的县，其中山区、半山区占 98.8%。少数民族人口约占

76%，当时有 19 万人尚未解决温饱。1998 年全县地方财政收入 2707 万元，人均地方财政收入 55 元，人均粮食 292 公斤；人均受教育年限 1.4 年。孟连县平均海拔 500 多米，土地面积约 1893 平方公里，其中山区、半山区占 97.8%。少数民族人口约占 88%，当时有 3 万人尚未解决温饱。1998 年全县地方财政收入 1867 万元，人均地方财政收入 169 元，人均粮食 402 公斤；人均受教育年限 1.7 年。

当地农民生活在贫困线下，吃的大多是玉米、野菜、山笋，住的是用竹子、泥巴、稻草搭建的竹楼，底下养牲口，楼上住人。不少人家屋子里是家徒四壁，没有厨、桌、床，一根竹竿上挂着的衣服便是家中的全部家当。屋子中间的空地上支着一个三脚架，上面一年四季搁着一口被烟火熏得黑黑的锅，吃什么就在锅子里煮什么。一家难得有一件像样的服装，村子里的人出门穿的很多是国内各地捐赠来的衣服，谁出门就谁穿。当地人的耕作几乎还停留在原始的刀耕火种的自然经济状态，放一把火，烧出一片空地来，撒上种子，然后坐等老天爷的恩赐，明年再换一块地耕种。除了"靠天吃饭"的粗放耕种方式显得落后外，这种称作"轮种地"的生产方式倒也是祖先流传下来的合理的耕作理念。由于思茅地区大都是山地，经雨水冲刷后，种子流失得很厉害，当地人称之为"三跑地"——跑土、跑水、跑种子，因而收获颇少。当地的水资源也十分匮乏，用水要到很远的地方去挑，因而大多数人家人畜同饮一盆水，传染病源无法得到控制。贫困还连锁带来教育的问题，当地的人受教育程度低，学生入学率低，教学质量低，学龄儿童辍学率高。乡间学校一般都是"复式学校"，有的甚至是一师一校，所有的年级、所有的课程都由一位老师承担，老师教了一年级的课，让这部分学生做作业，再教二年级的。一到四年级在乡里的小学读书，五年级后才到县中心小学，因而受教育程度尚未普及到小学四年级的水平。当地教育设施极其简陋，许多地方的学生都是在竹子搭建的、四面透风的教室上课；就算是泥瓦房也由于建造标准低，加上南方雨水的影响，危房居多。不少山里的孩子去上学，都是背着一周需要的米和家里种的白菜、柴火去上学，有的因为家里穷，不少适龄学童辍学在家。当地缺医少药，看病要走一天的路程到乡里卫生院，因而当地人有病也不常看医生，有时就弄些大烟叶镇痛，因此寿命普遍不高，平均寿命只有四五十岁，远远低于全国平均水平。一些村民因病致贫，使当地贫困群众"雪上加霜"。由于交通闭塞，信息闭塞，绝大多数人一辈子困在山区，没有到过县城。

跑点路上

初到思茅，我们上海去的 4 个联络员准备到对口的贫困县去调研看一看，遇到的第一个问题就是交通。思茅地区是山区，山路坑坑洼洼，盘山公路一公里要拐十多个弯，一小时只能开 20 多公里，上下颠簸，左右摇晃，车上的人常常呕吐。"晴天一身灰，雨天一车泥"，下大雨时道路会一下子变得泥泞起来，车轮陷进洼地出不来，当地人称之为"晴通雨阻"。车子开进山区就没有了时间概念，堵上半天是常有的事，最怕的是刚才还晴空万里，转瞬就乌云密布、大雨倾盆，因为下雨容易发生滑坡和塌方，然而这样的事还是常常会发生。有一次，我们 4 个联络员从景东县往市里赶路，结果碰上下大雨，发生泥石流，山上的大石头滚下来把路给堵死了。因为只有这一条路，我们只能等在那里，要等到修路的推土机开过来推掉泥石堆才能继续开车。这一等就等到了晚上，最后我们只好从泥石堆上爬过去，再让对面派车子过来接。大家浑身湿透，又

◀ 1998 年 6 月，云南省普洱市澜沧县音筒乡勐糯村卫生站建成

脏又累，100 多公里的路开了五六个小时，直到凌晨一两点钟才到达目的地。这样的事我一共碰到 3 次，其他联络员也碰到过。

由于水土不服，我们常常皮肤过敏，奇痒难忍。又由于天气潮湿，衣服晾晒三四天也不会干，没得换了，湿的也只能穿在身上。

然而跟工作上的艰辛相比，生活上的不适算不上什么。我长期在上海市区工作，现在一下子来到农村，很多工作都不懂。养鸡养鸭、科学种地、土建施工……这些都需要从头学起。我们没有固定休息时间，一有空不是跑点就是读书。我用了两个月的时间，把澜沧和孟连下面所有的乡都跑了一遍。帮扶工作刚刚开始时，我们工作上最大的难点是当地群众的不理解。一方面是对扶贫工作的不理解，当地以农耕为主，生活自给自足，老百姓没有见过外面的世界，他们容易满足于现状，不认为自己很贫穷，觉得不需要帮扶。另一方面是对资金使用的不理解，扶贫工作起初是直接给钱给物资，政府再分发给大家，现在转变方式，资金大部分都用于基础设施建设和项目，老百姓不明就里，误认为资金都被政府用掉了。对于这些不理解、不配合，我们只能耐着性子，一遍遍向老百姓宣传、解释扶贫政策和联络员的职责，一点一点改变他们的观念。

办法总比困难多

针对澜沧、孟连两县贫困面广量大、缺衣少被现象严重、教育卫生事业滞后、生产方式陈旧、生活习惯原始、基础设施落后、历史欠账过多的贫困现状，南市区与思茅地区确定了优先开发和扶持的重点项目，我们联络员在思茅的主要任务是帮助当地落实扶贫帮困项目。

我们学饲养，教会村民改放养为圈养，提高养殖产量；教给农民市场经济的知识和道理，鼓励他们把自家多余的农作物、山货、家畜拿到集市上去卖，再买回必需的生活用品。南市区委、区政府了解情况后，发动全区解囊帮困，开展经济合作，帮助两个县分别成立"海澜经贸发展股份有限公司"和"海连经贸发展股份有限公司"，豫园集团、西门集团根据当地农民生活所需各捐赠30 万元货物，经由这两家公司销售给农民。我们学水利，帮助农民引水进村，引水灌溉，人畜分饮，防治传染病的发生和传播；学耕种，教会农民把坡地改作梯田，减少流失，提高收成；学科学种田，教会农民合理规划种植频率，提高土地利用率。市里鼓励农民种植经济作物，我们联系上海焦化厂收购蓖麻子，落实当地糖厂收甘蔗，购买果树苗分给农民，想办法提高农民种植经济作物的积极性。3年内帮助澜沧和孟连各建了两个农作物开发示范村，根据村里需要，澜沧选择了排水沟、沼气池，孟连选择了种植经济作物，每个示范村资助15万元，共60万元。

教育、医疗水平落后是云南贫困地区最大的民生问题，也是最大的短板。1997年，时任上海市协作办副主任的谭甦萍三次深入对口地区有关县、乡调研考察，提出了"治穷先治愚、扶贫先扶智"的思路，并在帮扶地区率先实施以"造血"功能为切入点的建设希望工程和"白玉兰"卫生室等公益事业帮扶项目。"再苦不能苦孩子，再穷不能穷教育"，我在思茅帮扶一年半，另外一位同事接着帮扶一年半，这3年中，我们帮助当地建了3所希望小学（澜沧2所、孟连1所），每所援助资金为25万元，共75万元。后来，时任上海市市长徐匡迪个人捐款30万元在澜沧建希望小学，这样一共4所希望小学。我们学建筑施工，看图纸，选地址，等项目资金到位后，先发放5万元开工费催促开工，之后监督施工进度和质量，项目竣工后现场拍下学校照片再发放剩余的20万元资金，确保援助资金专款专用、落实到位。为了缓解农民看病难，我们帮助建了8所白玉兰卫生室，每所援助资金3万元，其中2万元用于建平房（医生住房、治疗室、药品储藏室），1万元是赠送的药品。当地的赤脚医生经过培训后成为卫生室医生，吃住在卫生室里，给农民看病。虽然卫生室设备比不上医院，医生也只能看一些小毛小病，但确确实实改善了当地农民的就医条件。

援助思茅期间，我们援建干部克服了许多困难，在改善当地的教育卫生等条件、加强两地经济协作、发展地方经济方面做了许多工作，帮助对口县解决了许多实际困难，还为当地经济的发展和社会的进步献计献策，为加快解决对口县贫困群众的温饱问题做出了贡献。当地农民深深感谢我们这些上海来的"恩人"。1998年年底我离开思茅的时候，南市区的对口帮扶工作已经完成

1998 年 6 月，云南省普洱市孟连县腊垒乡班顺村卫生站建成

了 4 个农作物开发示范村，组建了 2 家贸易公司，新建了 2 所希望小学和 8 个白玉兰卫生室，捐赠了 3.2 万册图书、60 吨衣被，资助贫困学生 200 名。澜沧县有 4.2 万人基本解决了温饱，孟连县有 1.62 万人基本解决了温饱，当地人的生活水平有了明显的提高。但是，由于贫困面积大，贫困程度深，扶贫帮困工作的任务还很艰巨。我相信，只要人人都献出一份爱心，思茅定会拥有美好的明天。

思茅记事

孙杏祥，1958年8月生。曾任黄浦区区级机关党工委书记。2003年5月至2005年5月，为上海市第四批援滇干部，挂职担任云南省思茅地区专员助理，主要负责思茅地区上海扶贫工作的落实和澜沧县、孟连县的对口帮扶工作。

口述：孙杏祥
整理：彭　华

让我说说云南扶贫工作的那段经历，其实援滇已经是十多年前的事了。说点什么呢？一个上午，我在书房里整理电脑相册，准备上传云盘，自从学会利用云盘，我庞大的照片数据找到了保存的地方，记忆的线索可以无限延伸。一组拉祜族山寨小学开学典礼的照片引起了我的关注，画面中，孩子们整齐地排列在操场上，那一张张质朴的笑脸让我仿佛又回到了昨天。

大山深处的真实

到云南后，我们在省委招待所学习培训了一个星期。这一天，就要去思茅了！我们4位援滇干部（分别来自黄浦区、普陀区、杨浦区和金山区），坐上思茅地区派来的面包车，车在盘山公路上左盘右旋，翻上落下，一路行进。窗外，郁郁葱葱的山林，充满画意的景色，使我们一时忘却了紧张和晕车的烦恼，心情顿觉舒畅起来。对于我们这批从城市里出来，满眼都是水泥大厦的上海人来说，眼前的景象真是太美了。我们几位同行的援滇干部对着窗外的景色，不停地赞叹："好美的风景啊。"可是，特地赶到昆明来接我们的思茅地区扶贫办的那主任却对我们说："你们啊，只看到大山的外表，看到她的美丽的一面，还没有看到大山里面的情况。你们以后进了山，会有新的感受。"我们当时只顾着窗外的美景，完全没有明白那主任话里的意思！

2003 年 6 月，也就是到思茅后的第二个月，我头一次去澜沧县蹲点。到了县里后，由县扶贫办的赛主任陪同考察山寨，确定当年的扶贫点。那天我们去的地方是南岭乡，一路上都是崎岖颠簸的山路，有的路段还是泥泞的土路，连越野吉普都很难走，途中就有过车轮陷入泥中，大家下来推的情形。一路风尘来到山上的寨子。在海拔 2000 多米的群山之中突然出现的山寨，远看，绿树掩映，清泉环绕；近观，池塘点点，野花满地，空旷而充满野趣的环境是很吸引人的。此刻，新鲜感占据了主导，一路疲劳顿时消失。

车到村口，村里干部在等着我们。进入寨子，眼前是另一番景象：散养的鸡、猪、狗，四处活动，到处乱跑，寨子里污水横流，环境脏乱。这时我想起了那主任的话，我知道，我们来的目的不是旅游欣赏美景，是要深入了解，找到我们工作的方向。村民居住的地方都是茅草屋，一间间，一排排，杂乱无序地建在山腰上。或许因为长期缺少对外交往的缘故，这里的人们对于外人的到来，总会流露出陌生和好奇。我们在寨子里转了一圈，了解了一些基本情况。一路上就近走访了几户村民。记得有一户人家，当我弯腰钻进茅草屋，室内光线暗淡，一对年长的夫妻坐在屋里，我跟他们打招呼，表示慰问。他们听不懂我们的话，看到我们的到来，忙准备起身，我马上示意他们坐下，老人微微笑着算是招呼，我也只能微笑着朝老乡点头。我们走上前，通过县、村二级干部翻译拉拉家常，询问了一些生活上的问题。

到思茅不久，我学会了关心群众的方法。走进农户家，我都要揭开饭锅，看看锅里有没有留有米饭或者做饭的痕迹。如果有，说明这家人的温饱不是问题。如果锅里是野菜之类的，则有可能是出现了粮食短缺的问题了。此外，我还注意观察屋里的绳子上晾晒衣物的情况，进一步了解村民基本生活状况。一般情况下每家都有一些衣服。但也有个别困难的家庭，家里面的衣服是轮着穿的。谁外出，谁穿，兄弟之间，姐妹之间合用一套衣服，就连哥哥妹妹同穿一套衣服的都有。

那天，村干部还带我们去村里的小学看看。所谓学校，就是山腰空地上一间木板房，大约二三十个平方米，四面透风，课桌是用木板钉的长条桌，凳子

◀ 澜沧县南岭乡山区村寨旧貌

也是用长木条做的，没有像样的桌椅板凳，十分简陋。我走近窗口看了下，里面有十来个学生上课。孩子年龄大小不一，大的约十二三岁，小的只有七八岁。四年级的孩子和一年级孩子在一起上课。教室边上，有一块活动场地，大约 200 平方米的操场，没有任何设施。木板房边上挂着一口钟，非常显眼。我们等了一会，老师下课后出来和我们打招呼。村干部介绍说，他既是校长，也是授课老师。一个人承担了全部授课任务，既教语文，又教数学，还教体育。既要备三四年级的课，还要准备一二年级的课。说体育课，其实是监督学生活动活动而已。有时他还要帮孩子烧饭。听完介绍，我对这位老师充满了敬意。我们在一旁说话交流的时候，学生们也都出来了。他们站在远处，默默地望着我们。他们有些害羞，不愿靠近我们。但我能看懂孩子们的眼神，那里面充满了对学习文化知识的渴望。

没有来云南思茅之前，特别是没有进入大山之前，我无论如何都不能想象眼前的这番景象。老乡住的都是茅草屋，学校就是这么简单的一间木板房，生活中有时会断粮，身上穿的衣服还不够每人一套……走进大山，走进村寨，走进村民家中，才会感知发展的不平衡，感知贫困山区老百姓的艰辛，感知乡村教师是多么的不容易。虽然我知道这些村寨的情况不代表思茅整个地区，而且这里的贫困也是由于历史原因和恶劣的山区自然条件造成的。但第一次进入大山深处，山上的贫穷落后使我体会了扶贫办那主任说的那句"进了大山会有新的感受"的含义。我们几个援滇干部站在群山环抱的山腰上，放眼望去，大山是美丽的，老乡却是贫困的。孩子是天真的，而学校的条件却是非常落后的。此时的我，外表是平静的，内心却是汹涌澎湃。现实情况给我的冲击真的很大、很震撼。当时我想，能不能用好我们有限的扶贫资金，给予这个山寨的老乡们实实在在的援助，让他们生活能一点点好起来，改变一下现在的贫困状况。尤其是一定要想办法让这里的孩子，有一个好的学习环境。等他们将来长大了，有了知识，就能成为当地建设的主力军，彻底摆脱贫穷落后的命运。思来想去，我突然意识到自己来云南思茅工作的方向似乎已经有了，肩上的责任一下变得重起来。

一波三折建起学校

考察好寨子，回到县城，回到思茅，我的脑海里始终回荡着南岭乡拉祜山寨的情形，大山里面有我惦记的老乡、难忘的老师和充满渴望的孩子。特别是那木料拼成的透风漏雨的教室，孩子们稚嫩的脸庞和充满渴望的眼睛，总是在我的眼前闪现。我暗下决心，在推进扶贫项目中，一定要把小学的改建优先纳入当年计划中。

然而，在和县里扶贫办商议项目时，我们意见出现了分歧。由于援助经费有限，对是否改建小学有不同的看法，县里希望先完成茅草屋改建计划。当时我们刚提出整村推进的概念，每个点的扶贫资金 25 万至 30 万元左右。如何把茅草屋改建和建设学校统筹好，各自想法不完全一致。县里希望先完成茅草屋改建计划，而上海的年度援助资金要用于多个地点，因此也拿不出更多的资金。无奈之下，我找澜沧县的书记、县长，指出整村推进的重要性。希望茅草屋和学校一起改造，让孩子们尽快有个好的学习环境。县领导最终同意了我的建议，并共同商议第二年把上海的扶贫资金、省里的扶贫资金打包用于南岭乡的扶贫建设，搞一个标准较高，规划较全面的整村推进的援助计划。

◀ 澜沧县南岭乡综
合改造工程

　　我为什么坚持要先搞学校改建呢？因为此前的一个关于当地受教育程度的调查让我寝食难安。当时澜沧县老百姓的文化程度普遍偏低，接受新事物的能力太弱，使得社会经济发展很慢，同时扶贫工作的推进也很难。所以，早一天建好希望小学，孩子们就能够早一天学习，山寨的明天就早一点有了希望。因此，我们的第一个项目就是建设学校。

　　意见达成一致后，我们决定在南岭乡山寨修建一所小学。我在村里征求意见时，村里的干部希望把小学盖在山上。他们认为孩子们太小，不能天天跑很远的路去上学。学校在家附近，有利于寨子里孩子们上学。在与当地教育局同志沟通时，他们则希望改建的小学盖在山坝，服务更多周边的孩子，把孩子们集中到一起学习。这确实让我左右为难。后来我接受教育局同志的意见，把学校建在山坝下。我认为，当地同志还是实事求是的，毕竟，既然要建一所新的、规范的学校，就要尽量扩大它的效益，能让更多的孩子享受到较好的学习环境。同时，我们也请乡党委、乡政府做一个全面统筹的计划，协调好山上孩子们的教育，要让山上的孩子们能够来到山下静下心来读书学习。

　　决定把学校建在山坝后，对于学校的具体地址，又有了分歧。两套方案，一是在山坝的原校址改扩建，经费相对可以节省些。而我则认为，应该要选一个交通相对便利的地方。而且学校要有操场，让孩子们有一个打打球、奔跑活动的场地。我的意见和建议，得到了县里同志和乡镇干部的理解和支持，他们都非常积极地配合我们的工作。我则加强资金面上的协调，把项目所需资金给予统筹解决。学校的建造，由县里具体负责，我们援滇干部不直接参与。但对工程的质量，我们要监督把关。每个月到了县里，我必到施工现场去转一转，看看进度怎么样？看看工程质量如何？看看用的材料，是不是货真价实？对钢筋的批次、水泥的标号，我都拍照留存。每次到了工地，我都关照随行的县扶贫办干部，请他们多费心；也会拜托工地施工人员，请他们一定要确保质量，按照合同要求，把学校建设好。由于雨季的关系和资金到位的延迟，开工晚了一些，后期施工队有抢进度的现象。我到现场反复关照，必须按照施工规范，把学校建造好。施工现场发现一些小问题，则会严肃地对他们说，如果建设有问题，一定会追究责任。最终，在当地干部认真负责的工作下，在各方的支持和配合下，我们援助的小学按时保质建造好了。看到一幢非常漂亮的教学楼出现在我们规划点的时候，我的心里别提有多开心，感觉履行了一次重托，完成了一个使命。

就想为当地多做一些

学校造好后要开学啦，怎样为新落成的小学再做一些事情，我想到了上海后方。在区领导的支持和号召下，区里相关部门和有能力的企事业单位，为学校捐赠了图书、影像设备和电脑等，使学校有了一些较先进的教学设备。孩子们背的书包也是上海捐助的。还清楚记得，当年来这里检查的黄浦区领导听说孩子们冬天睡觉的时候，没有御寒的棉被，直接睡在木板上，当即对我说，你去为学校里的孩子们买一些棉被。我拿着区里计划外的捐赠资金，赶紧为孩子们买来了军用毛毯，使孩子们在冬天有一个温暖的床，让他们感受到黄浦人民的温暖。

山里的孩子，非常渴望学习，有了好的学习环境，他们比以前更努力了，学习热情高涨。一次在和县里扶贫干部聊天的时候，他们告诉我，这些孩子中

▶ 2004 年 10 月,
黄浦区代表团向
澜沧县民族小学
捐赠学习物品

有非常出类拔萃的。其中有一个拉祜族的小姑娘,还代表少数民族的儿童,到北京去开会呢。我听了非常高兴,就和团县委的同志一起去看望这个小姑娘,勉励她好好学习,长大了为拉祜族、为澜沧山区多贡献力量。

按照上海市的要求,我们黄浦区年年超额落实帮扶资金。同时,还动员社会各界,共同帮助云南思茅。有一件事,我至今历历在目。黄浦区的一家外资企业,把公司西藏路凯德置地广场门店开张第一天的全部营业利润贡献出来,捐给区慈善基金会。区慈善基金会会长联系我,我马上牵线搭桥,把捐款用于在思茅建造希望小学。两所希望小学建好后,他们的大老板,新加坡嘉德置地集团主席廖文良先生特地赶到思茅,参加希望小学的落成典礼。我作为上海的援滇干部,也作为思茅市市长助理,陪同参加了落成典礼的整个过程。当时廖文良先生看到思茅的希望小学质量好、环境好,非常满意。他在落成典礼会上动情地说:"孩子们,今天你们有了新的学校,有了学习机会,我感到特别高兴。你们不用感谢我,这是我们企业对社会的回报。现在有政府对你们的关心,有上海对你们的支持,体现了共同富裕的美好愿景。上海扶贫政策效果好,上海建造的希望小学好,你们好好学习,将来一定能够有大的发展,会有成就的。"

我记得在黄浦区"十三五"规划纲要里有一句话:"按照精准扶贫、精准脱贫的要求,全力做好对口支援工作。"我想,继续做好对口扶贫帮困工作,是我们应尽的责任。这不仅是政府的使命,也是一个援滇工作者的心愿,是援滇干部终身的责任。

为思茅扶贫开发尽绵薄之力

胡向明，1966年6月生。现任黄浦区区级机关党工委副书记。2005年5月至2007年5月，为上海市第五批援滇干部，挂职担任云南省思茅市发改委副主任，主要负责澜沧、孟连两县的扶贫工作。

口述：胡向明

采访：黄　峻　彭　华

整理：彭　华

时间：2020 年 3 月 10 日

　　2005 年 5 月，我有幸代表黄浦区赴云南对口帮扶支援。当时，我们黄浦区与普陀区、金山区、杨浦区共 4 个区组成了一个联络小组，对口支援思茅市。思茅市一共 9 县 1 区，市政府所在的区以及景谷县条件相对比较好一点，不属于上海市帮扶的范围，另外 8 个县都是我们的帮扶对象，每个区对口 2 个县。虽然我挂职单位是在思茅市发改委，其实主要的工作内容是定点帮扶澜沧和孟连两个贫困县。为尽快熟悉掌握当地情况、开展工作，到思茅一个月后，我们联络小组就集中下县了。我们联络组的 4 个成员深入到 8 个对口帮扶县调研，历时 13 天，行程 3000 多公里，实地查勘了重点村建设、学校、村卫生室、产业开发等 40 多个项目点。这一次的调研，让我们看到了在祖国的西南边陲，广大偏远山区仍然大量存在的贫困状况，对思茅地区贫困农村的现状有了初步的直观了解，受到了一次特别深刻的国情教育。我们深感肩上的重任与使命，决心尽己所能，把思茅当作家乡一样去建设。后来基本每个月我都要到这两个县查看帮扶项目的推进情况。

政府出力　整村建设

　　1998 年起，上海市开始对云南省的贫困山村开展对口帮扶，并确定要"重心向下、进村落户"，其帮扶重点在于解决贫困人口的四个基本：即基本生产、基本生活、基本医疗和基本教育。1998 年，时任上海市委书记黄菊到云南考察，充分肯定了由上海援滇干部创造的"以自然村为单位，开展进村入户"的帮扶方法，建议把"脱贫示范村"改称为"温饱试点村"，就是希望把扶贫帮困工作基础做得更实，并且以点带面，逐步提升帮扶工作水平。1999年，云南省政府办公厅正式印发通知，推广"上海云南建设温饱试点村的做法和经验"。之后，"试点村"开始了快速发展模式。由最初实施"五个一工程"（一所学校、一个卫生室、一批沼气池、一批小水窖、一批种植项目），逐步发展为"推广一个优良品种、培育一批致富带头人、援建一个农贸市场、建设一个科技文化活动室、完善一批公共基础设施"，再发展到以行政村为单位进行规划，以自然村为单位组织推进，先后建设一批温饱试点村、安居温饱试点村、脱贫奔小康试点村、白玉兰扶贫开发重点村，形成递进式对口帮扶模式。

　　在思茅的两年里，我在广泛调研的基础上，根据当地实际，围绕贫困地区

◀ 2006 年，黄浦区领导视察援建整村推进项目工地

群众最迫切需要解决的问题，重点开展白玉兰扶贫开发重点村建设，通过通路、通水、通电、通信息等"整村推进"的模式，改善当地百姓的生活条件。同时，加强希望小学、乡（镇）卫生院（室）等社会公共基础设施建设，帮助当地群众提高文化素质、转变思想观念，把有限的资金用在贫困地区群众最迫切需要解决的问题上，扩大帮扶资金的影响面和覆盖面。

云南山地多，黄浦区对口的澜沧、孟连两县，尤其是澜沧县，面积大，居住点特别分散，村民又大多住在山上，电网很难拉上去。再加上这里一年中半年旱季、半年雨季，每逢雨季，山上的水流下来，人就根本没法往上走。因此，我们把散居在各处的小村庄，进行集中安置，造新房，通水、通电，同时配备活动室、医务室等基础设施。

在整村推进的过程中，我们也遇到了一些困难。由于云南的少数民族大多住在山上，如澜沧县的拉祜族、西盟县的佤族等，都是从部落社会直接跨越到现代社会的。长期以来的山居生活，使当地人养成了烤火的习惯，我们给他们造好了房子，他们却不愿意下来住，因为没有炭火。有的村民来到了新住所，由于住不习惯，又跑回山上去住自己原来的房子。

因此在建设集中安置点的时候，我们开始注意兼顾当地人的生活习惯。比如说村民习惯烤火，原来他们都是在屋里烤火，但是这样很容易把家里熏得到处黑漆漆的。我们就帮他们在屋外建一个专门烤火的地方，这样既兼顾了当地人的生活习惯，也帮助他们改善了居住环境，保持了室内的整洁。又比如当地人善歌善舞，平时或节庆的时候，喜欢在一起唱唱歌跳跳舞，我们就专门建造一个可供他们活动的操场，让他们可以继续保持这样一种文化传统和生活方式。集中建造的房子比村民们原先的居住条件要好很多，有水、有电，交通也相对方便，一开始不适应的人，慢慢地改变，愿意从山上搬下来住。并在集中安置点安居乐业。

整村推进项目的设定，我们有一个基本的流程。当地根据我们当年提供的资金数，先做一个计划，包括准备做哪些项目，以及实施方案等，由我们来最后审定。我们会考察这个项目的可行性，以及这个项目是否是大多数人得益的，确实是能够解决当地的一些困难的问题，使他们的乡村面貌有所改善，等等。

比如，孟连县的一个村寨，有一条小河，原先用几根绳子拉在河的两边铺上竹排当作桥，只能走人，拖拉机过不去。开车必须绕很大的一个圈子。因此，当地提出了想要搭一座铁桥的计划，我也十分认可这个项目。当时，正好孟连县跟缅甸的边境口岸有一个铁桥要拆除，他们就想把这个铁桥移过来，这样车和人就都可以走了，既解决了问题又节约了资金。我走的时候，这个项目还没有完成，因为要等那座铁桥拆除，我把这个项目移交给了后一批的援滇干部。

我们就是这样，一个项目一个项目踏踏实实地做，实实在在地解决当地人困难，给他们的生活带来便利。两年里，上海市及黄浦区在澜沧、孟连两县累计投入财政帮扶资金 1440 余万元，建设白玉兰扶贫开发重点村、希望小学、卫生院（室）等各类项目 48 个，一定程度上改善了帮扶地区的面貌。

众人拾柴　教育扶贫

治穷先治愚、扶贫先扶智。援滇期间，我多次下县开展调研，看到当地教育设施十分简陋，许多地方的学生都还在四面透风的教室里上课。不少山里的孩子去上学，都是背着一周需要的米和几片白菜、柴火去上学，因为家里穷，还有不少适龄学童辍学在家。在深入调研的基础上，我撰写了《教育扶贫是加快贫困地区脱贫致富的有效途径》一文，并想方设法筹集更多的社会资金，争取多开展一些教育扶贫项目。

我们那时的教育扶贫项目，最主要的还是帮助当地建希望小学。一般是一个村里，或者一个乡里、镇里建一个，每所希望小学基本都是 2 层楼、6—8 个教室这样的规模，如果有多余的资金，我们再配套一些教学用品和书桌等。建设所需的费用部分是上海的帮扶资金，当地也配套一部分。比如，我们建一所希望小学，上海投入 25 万，当地也要投入部分资金，包括投工、投料，投人力，或者直接配套资金等。

在资金、项目这一块，市里鼓励我们援滇干部，如果有能力，在完成本职工作以外，可以再争取一些社会资金。两年里，我积极通过各种渠道，向社会

◀2006 年，勐朗镇黄浦新村希望小学揭牌

有关方面呼吁反映，在完成年度财政资金安排的建设项目外，得到了不少爱心人士的帮助和支持，争取到了一些额外的帮扶资金。

我是从外滩街道出去的，街道领导非常关注和重视我的援滇工作。街道在社区中专门开展了一次募捐活动，20 余家社区文明单位共筹集约 32 万元。我们用这笔钱，在计划项目之外，为孟连县娜允镇的一所学校援建了一幢教学楼，并提供了一些教学设备。

在云南工作的第一个春节假期，我回上海和家人团聚。正月里，亲戚们坐在一起吃饭，互相寒暄。爱人的叔叔得知云南那边的情况后，跟我说："正巧，我有个朋友，他最近也在做公益项目。我去跟他说说，他应该乐意帮忙的。"就在过年的这几天里，叔叔帮我联系上了上海超耀贸易有限公司经理，他表示愿意捐资 20 万元。回到云南后，我和当地政府商量，用这笔资金援建了澜沧县糯扎渡荒坝河村希望小学。希望小学建成后，我联系这位经理，请他来看看。他在电话里说："我相信你的工作，只要小朋友有安全、明亮的教室上课，我就很开心了！"。

2007 年，经朋友引荐，我认识了郑德明、许虹夫妇，他们想要为云南的贫困地区做点事情，并随我一同来到了澜沧县进行实地考察。一开始，我们

▶ 2005 年，黄浦区教育局对口帮扶孟连县红塔中学捐款仪式

建议他们援建一所希望小学，但他们说：我们想把钱用到人身上，直接帮扶到人。因此，他们在澜沧设立了"宏天教育基金"，用于奖励优秀教师以及学习优异的学生。原先的计划是直接捐献 50 万元，在澜沧县一中设置教育基金，用基金的运转收益来对学校的优秀老师和学生进行奖励。但当地表示没有这样的资金运转能力，而如果把钱直接存到银行里，靠银行的利息收益是很低的。因此，郑德明、许虹夫妇向当地承诺，每年提供这笔基金的理财收益金 7.5 万元用做奖励资金。后来，他们又以自己儿子的名义在澜沧的富邦乡设立了一个 50 万元的教育基金，用于帮扶整个乡的教育事业。自 2007 年设立起，这两个基金一直运行至今。每年夫妻俩都要去当地看一看，有时一年要去好几趟。对教育特别上心的他们，还时常组织当地的老师到上海培训。2010 年上海世博会的时候，他们还组织当地的老师和孩子们来观看世博会。

此外，黄浦区各职能部门也纷纷慷慨解囊，助力扶贫。区教育局向定点帮扶的孟连县红塔中学捐赠价值 38 万余元的校服 1800 套；外滩街道办事处捐赠孟连县扶贫办帮扶款 3 万元，捐赠价值 8600 余元的电视机、DVD 播放机等一批物资；区金外滩集团公司和外滩街道办事处分别向贫困学生捐款 12000元……大家用不同的方式，尽己所能，为思茅的扶贫事业添砖加瓦。

家庭的温暖　组织的关怀

两年里，我得到了来自组织的关怀和家庭的温暖，这是我做好扶贫工作的底气和力量源泉。

当地各级党政部门给我们援滇干部提供了优良的环境。思茅市委、市政府、县委、市政府以及各有关部门给予我大力支持，在组织上关心信任、工作中支持配合，尤其是我所挂职的市发改委，始终把我当作部门的一员，在工作上一视同仁，生活中关怀备至，为我的工作、生活创造了优越条件。

派出单位对我们的援滇工作给予高度重视和大力支持。两年里，我无时无刻不感受到上海市、区政府，外滩街道以及各职能部门和社会各界的亲切关怀，市、区领导经常慰问走访，派出单位在资金、项目、人才等方面鼎力支持，帮扶职能部门在项目规划、建设实施中支持指导，为帮扶工作创造了良好的环境。

家人的理解与支持更是给了我莫大的温暖与力量。2005年我去云南的时候，正值儿子幼升小的关键时期，爱人平时的工作也比较忙，他们单位正在进行机构改革，除了工作，她还要准备自学考试。又要工作，又要学习，又要照顾孩子，那段时间，她的压力真的很大。而我的父亲已80岁高龄，原来是跟随我一起生活的，我去云南后，考虑到家里的情况，我将父亲送到了兄弟家，由他们负责照顾。

虽然家人对我离开上海到云南工作颇有微词，但在我到云南后，他们却是全力地支持我，让我没有后顾之忧。

来了云南没多久，家里就传来噩耗。2005年10月到12月，短短两个月里，我的堂哥、爱人的外公、叔叔相继离世。联络组考虑到我的情况，要安排我回上海办理家人的后事，但当地的工作实在太繁忙，让我抽不开身。爱人来了电话："家里的事情我们都会处理好，你回来，也帮不上什么忙。比起家里，当地的村民更需要你，你就安心工作，家里有什么情况我会及时跟你沟通的。"有了这颗定心丸，我决定留在云南，继续工作。

正是有了家人的理解与支持，我得以安心工作，把思茅当作第二故乡，克服生活习俗、语言沟通等诸多不便，较快地融入了当地的环境，与当地老百姓打成一片，全身心地投入帮扶工作，获得了当地干部群众的信任。舍小家，为大家，我克服种种困难，发扬特别能忍耐、特别能吃苦的精神，坚守工作岗位，并得到组织上的肯定，被思茅市委组织部通报表扬，被评为思茅"十五"扶贫开发先进个人，连续两年被市发改委评为"优秀党员"和"优秀公务员"。

两年的援滇生涯是我人生非同寻常的一段经历，我将永远难忘在思茅工作的岁月，将永远铭记思茅人民的深情。在这里，我经受了磨炼，得到了锻炼、积累了一笔宝贵的人生财富！

坚持"大扶贫" 援滇传佳音

林晓东，1969年6月生。现任上海黄浦投资控股（集团）有限公司党委副书记、副董事长、总经理。2016年6月至2019年7月，为上海市第十批援滇干部，挂职担任云南省普洱市人民政府副秘书长、兼西盟佤族自治县县委常委、副县长，负责推进沪滇东西扶贫协作，协助普洱市常务副市长分管发改、财政、金融和税务工作。

口述：林晓东
采访：胡永隽
整理：胡永隽
时间：2020 年 3 月 10 日

　　2016 年 6 月 20 日，肩负着组织的嘱托，带着黄浦人民的期盼，我们上海第十批援滇干部踏上了赴云南对口帮扶的征程。当时我已经超过了规定年龄，但组织上考虑到我在金融办工作，有招商引资的工作经验，还是派我去了。我支援的地方是普洱，担任普洱市人民政府副秘书长，也是普洱扶贫小组的小组长。普洱位于云南西南部，是云南最大的一个州市。全市范围内有拉祜族、傣族、佤族、彝族、哈尼族等几十个少数民族，少数民族人口占比很高。云南省的民族工作做得比较好，当地少数民族和汉族之间比较融洽，工作上、生活上和汉族比较接近，因此我们到了以后能比较快适应。

　　上海与思茅地区（2007 年 1 月更名为普洱市）帮扶协作始于 1996 年。经过 20 多年的对口帮扶，普洱经历了一个比较快的发展阶段，市区范围的生活水平大有改善。原来我们都觉得去对口扶贫的地方是很贫穷、落后的，但是住在普洱市里，大家并没有觉得普洱如想象中那么贫穷和落后，不过县里、乡里各方面仍落后很多。普洱市的 10 个县（区）均属于滇西边境片区县，9 个还未脱贫。刚开始，黄浦区对口帮扶普洱市的澜沧县、孟连县，2017 年下半年加强了帮扶力度，开展东西部扶贫协作，又增加了江城县、西盟县和景谷县，至此，黄浦区对口帮扶县达到了 5 个，其中江城和澜沧是深度贫困县。

村民安居工程

每年年初，我们都要安排对口帮扶的项目，村里的道路、路灯等基础设施的建设都要排计划。这几年，项目数量年年在增加，帮扶力度也不断在提升。2016 年我们刚去的时候，每个县一年总的资金是 800 万元左右，2017 年是 1000 多万元，之后资金量每年增加，一年比一年力度大，现在澜沧县每年是 1500 万元资金。

我们在普洱遇到的一个比较大的困难，就是坐车的问题。云南很大，单普洱市就有 3.7 万平方公里，面积相当于 6 个上海。我们从市里下乡、下项目点，路上的条件比较艰苦，距离远而山路崎岖，乘车的时间相当长，有时一天都到不了一两个乡。云南是"州州通高速"了，比如普洱市是有高速的，但是没有做到"县县通高速"，为了迎接 2020 年"脱贫奔小康"的目标，目前正在紧锣密鼓地修路，接下来高速会通到澜沧县。

澜沧县地处西双版纳、临沧、普洱三州（市）交汇处，与缅甸接壤，总面积 8807 平方公里，为云南省第二大县。那里的特点是"少、老、边、低、富"。"少"，即少数民族，澜沧是全国唯一的拉祜族自治县，县境内居住着拉祜族、佤族、哈尼族、彝族、傣族等 20 多个少数民族，少数民族人口约 40 万人，占总人口的 75%。"老"，即革命老区。澜沧县是云南确定的 47 个革命老区县之一。"边"，即地处边境，有 5 个少数民族跨中缅边境而居。"低"，即收入低。澜沧属少数民族"直过区"（"直过"特指 1949 年后，直接由原始社会跨越、过渡到社会主义社会），经济社会发展滞后，是国家和云南省扶贫开发工作重点扶持县。"富"，即资源相对富集。土地资源丰富，人均土地面积 20 多亩；矿产资源丰富，有铁、铅、锌、褐煤等 30 多个金属、非金属矿种可供开发利用，其中铁矿资源储量占全省的一半多；水能资源、光热资源、古茶资源、少数民族文化和自然生态旅游等资源也十分丰富。扶贫最大的困难不在于基础薄弱，而是人心是否能够凝聚。因为社会发展程度相对滞后，澜沧县当地经济模式单一，以农耕为主，农户生活需求较低，怎样发动农户积极性，从

"要我富"到"我要富"?"水滴石穿",我们援滇干部一直在推进这方面工作。澜沧县拉巴乡芒东村是一个典型的民族直过村(拉祜族)。全村共约 2000 人,其中,拉祜族 1000 余人。据 2015 年统计,芒东村共有民房 537 户,其中达标房 237 户,未达标 300 户。我们当年即把安居房建设作为工作重点,建新房除了政府补助一部分资金外,村民还需自筹一部分资金,但与以往不同的是,村民可以"投劳折资",即只需出劳动力参与建房,即使是参与建自家的房屋也可用劳动付出抵消相应的工程款。这项举措一下子提升了当地村民的参与度,也调动了村民们主动改善居住条件的积极性。

"金融 + 产业"模式

当前扶贫攻坚已经进入到了一个关键阶段,金融扶贫发挥着十分重要的作用。传统的扶贫集中于政府投资的基础设施和农村安居房的建设,因而对资金需求很大,市场有一定波动的产业经济却涉足不多。我们积极配合普洱市相关部门,推动与上海安信农业保险公司合作推进政策性农产品价格保险,从 2016 年 8 月起,在普洱市宁洱县进行咖啡价格保险试点,全县共完成咖啡价格保险 15132.8 亩,完成目标的 100.89%,其中建档立卡户 6171.5 亩,达到了全覆盖,受到了咖农和龙头企业的欢迎。这次咖啡价格保险就是以"保险 + 贫困户"的形式,设置咖啡保险价格,在市场价格低于保险价格时由保险公司赔付咖农,最大限度地减少了市场价格波动带来的损失。

2017 年,在充分调研的基础上,我们进一步拓展金融扶贫的覆盖面,推出金融扶贫 2.0 版。橡胶是普洱地区产业扶贫的重要支柱产业,普洱市 2016 年橡胶种植面积为 157.54 万亩,产业覆盖人数达到 21.2 万人,橡胶产业的发展吸纳了大量农村剩余劳动力。2012 年后受国际、国内形势影响,天然橡胶价格长期跌破成本线,农户增产不增收、割胶不赚钱的现象时有发生,对橡胶产业助推脱贫攻坚造成了极大压力。5 月,我们在西盟县、宁洱县、江城县、孟连县四县开展天然橡胶价格保险试点。项目采用"保险 + 期货 + 扶贫"新模式,通过开发天然橡胶期货价格指数扶贫保险,为农户提供市场风险保障,与期货公司签订场外合作协议在期货市场对冲风险,探索了一条风险管理和分

▲2019 年 5 月，云南省普洱市澜沧县云山村集中养殖小区建成

散的完整路径，打造风险管理新模式，保障项目稳健运行。总保费规模 322 万元，共承保橡胶 4.4 万亩（折合 3533 吨），为试点地区胶农提供 16545 元 / 吨的价格托底保障，提高胶农生产积极性，促进橡胶产业健康发展。项目共赔付 501.4 万元，帮扶建档立卡贫困户 1600 余户，户均赔款达 3133 元，赔款不经过第三方，直接到投保农户及建档立卡贫困户账户，真正实现了精准脱贫。

结合普洱"素质型"贫困，贫困县无支柱产业的情况，我们努力提升当地"造血"功能。经我们多方联系、搭建平台，上海黄浦区投入产业资金数千万元，帮助孟连、澜沧两县建起了咖啡基地和咖啡豆加工厂，援助孟连县建起了饲料加工厂，扶持建设滇沪合作澜沧种猪分厂，帮助澜沧县惠民茶场进行技术改造，建成茶园、优质咖啡生产示范基地、石斛基地、火龙果基地、砂仁等产业项目。同时，加强上海和普洱产业合作。2018 年 6 月 21—26 日，在上海大世界举办"上海黄浦 云南普洱扶贫协作文化活动周"。活动内容主要包括开幕式，云南普洱上海招商推介会，普洱绿色旅游、健康生活目的地推介日，普洱茶推介日，普洱精品咖啡推介日，普洱绿色食品推介日，"天赐普洱·世界茶源"非物质文化遗产推介日等系列主题活动。6 月 21 日下午，在拉祜纳·云南时尚餐厅举行云南普洱上海招商推介会。借助上海大市场、大平台，展示普洱绚丽多彩的民族文化，打通普洱资源与上海市场对接通道，培育壮大普洱特色优势产业，将资源优势转化为经济优势，携手打赢打好精准脱贫攻坚战。我们感觉这也是很好的一种尝试。

我们在澜沧县有一个云山村整村的帮扶项目，时任上海市委副书记、市长应勇专门到云南考察深度贫困情况，在普洱就看了云山村。云山村是当地的一个深度贫困村，村里都是泥土路。房子都是草房，走进去漆黑一片，只有很暗的蜡烛灯，家里什么都没有，只在地上支着一口锅，下面一直烧着火。房间里没有床，村民们平时就睡在泥地上。应勇市长看到这些很难过，感慨改革开放那么多年了，老百姓还是生活在这样的环境中。后来我们集中了1500万元帮扶资金，上海市另外配套了400万元，共1900万元重点用于这个村的帮扶，澜沧县里还配套了其他资金对这个村进行彻底改造，建造道路、房屋、下水道、房前屋后生产配套设施（猪圈、牛圈等），组织村民种植核桃、茨竹、魔芋等经济作物，开展猪、牛养殖，村里还组织了生产合作社，组织村民互帮互助。这个项目作为东西部扶贫协作的示范工程，取得了很好的成绩。2019年应勇市长又去了云南，没有去云山村，但我们专门做了项目介绍给他看，他对帮扶的成效很满意。产业扶贫一般见效没有那么快，而这个项目我们当年开工、当年完成、隔年就见效，是我们对口帮扶中集中优势力量取得比较明显成效的一个例子。

教育和医疗扶持

扶贫先扶智，教育需先行。孩子是国家的未来，是家庭的希望，一个地区，一个村寨、一个家庭的脱贫首先必须从娃娃抓起。贫困地区的教育质量低，工作条件差，教师知识结构老化，年轻的老师来了又走了，这些问题都是贫困地区脱贫致富的拦路虎。2015年11月29日，中央颁布《中共中央 国务院关于打赢脱贫攻坚战的决定》，提出的目标是，到2020年，稳定实现农村贫困人口不愁吃、不愁穿，义务教育、基本医疗和住房安全有保障。

根据"两不愁三保障"的要求，我们从提高教育质量入手，把上海黄浦区好的教育资源与普洱的教育相对接。2016年11月，在区教育局的大力支持下，黄浦区教育专家团赴普洱开展了为期一周的校长和骨干教师的培训，区教育党工委高度重视，根据澜沧县和孟连县教育培训的需求，从教育系统内精心挑选出一批业务能力强、教学管理经验丰富的优秀校长和教师赴澜沧县和孟连县开展教师培训工作。培训团成员结合澜沧县和孟连县教育实际，对接广大教师的现实教学需求，围绕"学校教育管理""学校德育管理""初中物理课程教学"和"初中化学课程教学"四个方面认真准备讲义和PPT，对培训课题质量认真把关，通过学校初审、试听、个别交流的形式，对讲课内容进行反复修改和完善，最终形成切合澜沧县和孟连县教学实际的讲课提纲。在讲课过程中，由于两地教育水平差距较大，有老师不时提出一些问题。针对老师们的诸多疑问，培训团专家们及时调整了授课内容，力争能够更加贴近澜沧县和孟连县教育的实际情况，更加贴近解答澜沧县和孟连县教师的疑虑困惑，通过互动让培训效果更佳。专家们开展的讲座内容丰富，在展现上海市先进教育特色的基础上，结合了对口县城边疆教育现状，提出了符合当地教育实际的相关教育理念，令在座老师们耳目一新，受益匪浅。很多老师认为此次授课内容对自己的教育观念产生了很大的影响，深受澜沧县和孟连县教师们的欢迎。培训期间，培训团还与澜沧县教育局和孟连县教育局分别开了两次座谈会。培训专家们都与当地教育局领导就培训的情况进行了细致的分析与深入的沟通，为如何提高当地的教育质量献计献策。在此基础上，我们每年在帮扶项目中都把校长、教师进修培训项目放在重要位置，先后有80余名普洱的中小学校长、教师赴黄浦区进修、学习，跟班锻炼，把黄浦区好的教学理念和方法带回普洱，为普洱培养了一支带不走的教师队伍。

医疗方面的对口帮扶，当地也是很急需的。因为看病难，当地"因残致贫"的情况不少。除了缺乏医护人员，卫生室、所，医院也很缺少。针对这个问题，这几年我们积极补医疗基础设施的短板，建成"白玉兰"村级卫生室73个、医技楼2幢，扩建乡镇卫生院2所，改善了当地就医条件。我们对儿童先天性心脏病的治疗，是从我的"挂靠村"里的一个小孩子开始的。我下乡到这个村时，看到一名兔唇患儿，于是咨询黄浦区合作交流办，寻求区内颌面部整形方面的帮助力量。区合作交流办联系到第九人民医院的副院长，了解到

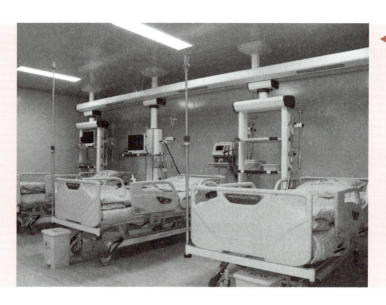

◀ 2019 年 11 月，云南省普洱市西盟县首个重症医学科建设项目完成

该患儿的兔唇有可能是先天性心脏病引起的，要治疗兔唇就要先治疗心脏病。于是我们又通过区合作交流办、区政协与上海市浦东儿童医学中心联系，落实专家、商议治疗方案，后来儿童医学中心和景谷结对帮扶就明确下来了。除了景谷县，我们还对澜沧县等周边几个县当地儿童先天性心脏病做筛查和排摸，鼓励县里贫困户患儿到普洱市里来治疗，由上海派医生到市里给患儿进行专项治疗和手术，这是实实在在为当地老百姓做好事。

2017 年 12 月 4 日，黄浦区、普洱市东西部扶贫协作座谈会在普洱市召开，黄浦区教育局与普洱市教委、黄浦区卫计委与普洱市卫计委分别签署了《教育帮扶协议书》和《卫生帮扶协议书》，加强教育领域和医疗卫生方面的人才交流培训、基础设施建设等帮扶，为普洱市脱贫攻坚提供更多助力。

牵线搭桥　助力脱贫

在对口帮扶过程中，我们积极探索引入社会力量，形成以政府引导、企业出资、社会各方参与和监督的帮扶工作机制，让更多的贫困人群享受到社会的温暖和关爱。

2017 年新学期伊始，澜沧县特殊学校的孩子们收到了一份特殊的开学礼

◀2018 年 10 月，云南省普洱市勐梭镇肉牛养殖场建成

物，由上海宏天教育奖励基金捐赠的崭新的床上用品整整齐齐地放在了学生们的宿舍中。根据澜沧县教育局反映存在贫困学生缺乏棉被过冬的问题，以及向对口帮扶的上海市黄浦区提出协助解决的请求，在我的积极协调下，由上海兴全基金管理有限公司全额出资，"上海宏天教育奖励基金"杉树公益基金会具体运作，在学校开学之际，为澜沧县 11 个乡镇、51 所学校捐赠价值近 150 万元的学生床上用品，受益学生近万人。在此基础上，县教育部门结合学校的宿舍卫生习惯的养成教育，提高学生文明素质，改善了校容校貌。我还利用回沪出差、探亲的机会，拜访一些企业和部门，积极争取他们到普洱来参观考察、奉献爱心。在我的牵线搭桥下，赛生医药（中国）有限公司向普洱市捐款 50 万元，用于改善澜沧和孟连两县的卫生设施，保乐力加（中国）销售有限公司向普洱市贫困学生捐赠了 200 套学习用品，上海集成电路设计孵化基地高管和部分企业代表在基地负责人的率领下，赴西盟县和澜沧县开展扶贫和捐赠助学活动。通过努力，越来越多的爱心企业投入到对口帮扶的队伍中来，帮扶工作的环境和成效得到了提高。

在动员社会力量投身对口帮扶的同时，我立足当地实际，积极穿针引线，搭建交流平台，努力促进黄浦与普洱在经济发展、社会事业、人力资源发展等方面的合作交流。联系区相关职能部门赴普洱就加强教育扶贫、健康扶贫，探索引导社会力量参与对口支援工作进行调研，推进精准扶贫、产业对接、人才培训以及劳务合作落到实处。区四套班子领导先后对东西部扶贫协作和对口帮扶的普洱市、澜沧县、孟连县和西盟县的脱贫攻坚工作和黄浦区对口帮扶项目落实情况进行考察，签订帮扶协作协议；黄浦区商务委、新世界集团、豫园集团、淮海集团、上海第一食品有限公司、上海新天地旅业集团等企业赴普洱考察高原特色农副土特产，与普洱市商务局、农业局、招商局、茶咖局进行沟通和交流。通过两地政府和企业的交流，增强了了解，建立了工作对接机制，推进沪企入滇、云品入沪等工作。我们为普洱当地产品进入上海市场搭建平台，在上海举办的中华老字号博览会黄浦展区设立普洱专区，推介普洱产品。黄浦区委书记、区长杲云率黄浦区党政代表团一行到普洱市开展扶贫对接工作，为做好黄浦区与普洱市东西协作、合力攻坚奏响了最强音。

扶志尤感重要

通过东西部扶贫协作，目前的成效是比较明显的，黄浦区对口的 5 个县里已经有 3 个县脱贫摘帽了，还有两个深度贫困县 2020 年也要考核验收，下一步就是巩固脱贫成效，防止返贫。"脱贫奔小康"是比较长期的，考验比较艰巨。当地人比较容易满足，幸福感很强，觉得生活和原来相比已经好很多了：原来没有水泥路，现在都改成了水泥路；原来吃饭吃不饱，现在三餐不愁，顿顿有肉。生活好了，他们没有内生的紧迫感，也没有进一步改善现有生活面貌的动力，走出去的意愿也不是很强烈。为了帮助贫困老百姓增加收入，同时培养他们的劳动技能，每个县都组织当地的贫困户到上海来开展劳务协作，让他们接受新理念、掌握新技能，回到家乡可以为建设出力，这既有短期效应，也有长期的作用。因此，劳务协作这方面的任务是蛮艰巨的，需要双方共同努力。

我们一直觉得"贫困县"是穷，但是当地领导说，云南特别是普洱不是穷，贫困的根本问题在"困"上，人被困住了，出不去，进不来。一方面是交通的原因，当地原本山高路远，交通不便，信息闭塞。硬件设施随着国家的投入会逐步好起来，现在路通了，高速修好了，高铁在修，信息高速公路也发展得很快，除了山里有时信号不好，县城里信号都很好，网络信号也都覆盖到。另一方面是观念的原因，老百姓的生活、生产观念比较落后，这是下一步当地政府要重点做的工作。现在每年普洱市都派干部到上海挂职，挂职时间半年以上。人员的交流不仅是开眼界，也是真正融入上海的工作当中，一些好的观念、做法能够相互交流，这对于当地进一步解放思想、提高素质是必要的。

2018 年普洱的财政收入是 50 多亿，而财政支出是 250 亿，200 亿是国家财政转移支付，缺口很大。脱贫以后，如果国家转移支付没有了，当地发展就难以为继。当时我和普洱常务副市长非常重头的工作就是"三保"：保运转、保工资、保民生，压力一直很大，我们都觉得需要通过产业的发展、实体经济的发展来增加财政收入。当地对东西部扶贫协作也有更高的期盼，希望当地的产业能够和上海对接，但这是有梯度差的，如果当地没有实体的经济支柱产业，还是比较难的。一是市场，当地的产品、包装、生产工艺等不一定能被上海老百姓接受；二是价格，云南那边一般都是小农经济，东西"样样好，样样少"，价格并不便宜，与上海本地、安徽、山东的产品相比没有价格优势。我认为需要有一家龙头企业来带，但这里面有很多问题要解决，上海企业去普洱建厂、实际经营并投入生产是不现实的，只有当地整合力量，上海对接它的销路问题，这是上海能够做一些努力的，也是我们下一步巩固脱贫成效，深化东西部扶贫协作要进一步实践和探索的。

决胜精准扶贫攻坚战

尹晔，1973年4月生。现任中共黄浦区南京东路街道党工委副书记。2018年8月至今，为上海市第十批援滇干部，挂职担任中共云南省普洱市景谷傣族彝族自治县县委常委、副县长，协管全县东西部协作、脱贫攻坚、招商引资等工作。

张辉，1981年7月生。现任中共黄浦区社会工作委员会副书记。2019年7月至今，为上海市第十一批援滇干部，挂职担任中共云南省普洱市澜沧拉祜族自治县县委常委、副县长，主要分管东西部扶贫协作工作。

李澄，1977 年 11 月生。现任黄浦区政府研究室副主任。2019 年 7 月至今，为上海市第十一批援滇干部，挂职担任中共云南省普洱市西盟佤族自治县县委常委、副县长，分管东西部扶贫协作工作。

姚炜，1983 年 12 月生。现任黄浦区小东门街道办事处副主任。2019 年 7 月至今，为上海市第十一批援滇干部，挂职担任中共云南省普洱市孟连傣族拉祜族佤族自治县县委常委、副县长，分管东西部扶贫协作工作。

刘杨，1983 年 3 月生。现任黄浦区淮海中路街道副主任。2019 年 7 月至今，为上海市第十一批援滇干部，挂职担任中共云南省普洱市江城哈尼族彝族自治县县委常委、副县长，分管东西部协作、供销社、口岸办，协管脱贫攻坚工作。

口述：尹 晔 张 辉 李 澄 姚 炜 刘 杨
采访：黄 峻 胡永隽 彭 华
整理：黄 峻 胡永隽 彭 华
时间：2020 年 1 月 21 日 2020 年 3 月 11 日
2020 年 3 月 16 日 2020 年 3 月 24 日

2017 年起，黄浦区对口帮扶云南普洱的贫困县，在澜沧、孟连的基础上又增加西盟、景谷、江城 3 个县。我们这批人中，来得最早的是尹晔，作为第十批援滇干部的增援，2018 年 8 月就来到了景谷；第十一批援滇干部从 2019 年 7 月开始，其中张辉来到澜沧，李澄来到西盟，姚炜来到孟连，刘杨来到江城。

景谷县，全称景谷傣族彝族自治县，因穿城而过的景谷江（威远江）得名，全县面积 7777 平方公里。全县常住人口中有汉族、傣族、彝族等 26 个民族，少数民族人口占全县总人口的 48.1%。景谷县主要特点为"五优""三独""三特"。"五优"：即森林资源优、矿产资源优、热区资源优、水能资源优、旅游资源优。"三独"：即独有的宽叶木兰化石、独有的龙血树野生群落、独有的佛迹文化。"三特"：即特色林产工业体系、特色高原农业种植、特色少数民族文化。

澜沧县，全称澜沧拉祜族自治县，因东临澜沧江而得名，是全国唯一的拉祜族自治县。全县面积 8807 平方公里，居云南省第二位、普洱市第一位，其中山区、半山区面积占 98.8%。与缅甸接壤。有拉祜族、汉族、佤族、哈尼族、彝族、傣族、布朗族、回族等 8 个世居民族，少数民族人口占全县总人口的 79%，其中拉祜族、佤族、布朗族 3 个"直过民族"人口达 22.88 万人。全县建档立卡贫困人口 12.04 万人，贫困发生率高达 29.33%，是整个普洱市唯一的国务院挂牌督战县。境内土地、森林、矿产、水电等资源丰富，作为茶树原产地中心地带和普洱茶的故乡，境内有野生茶树 11.8 万亩，景迈山千年万亩古茶林正在申报世界文化遗产。

西盟县，全称西盟佤族自治县，是全国两个佤族自治县之一，"西盟"为拉祜族语，即产金子的地方。全县面积 1353.57 平方公里，均为山区。与缅甸接壤。全县有汉族、佤族、拉祜族、傣族、彝族、哈尼族等 24 个民族，其中，少数民族人口占 94.15%；佤族占少数民族总人口的 71.36%。

孟连县，全称孟连傣族拉祜族佤族自治县，"孟连"系傣语谐音，意为"寻找到的一个好地方"，素有"边地绿宝石""龙血树故乡"的美誉。全县面积 1893.42 平方公里，其中山区面积占 98%。与缅甸接壤。有以傣族、拉祜族、佤族为主的 21 个少数民族，少数民族人口占全县总人口的 86.5%。孟连具有独特的区位和丰富的物产资源，是云南省通往缅甸、泰国等东南亚国家的重要门户；孟连娜允古镇是中国保存最好的傣族古城。

江城县，全称江城哈尼族彝族自治县，因李仙江、勐野江、曼老江三江环绕而得名。境内土地面积 3428.73 平方公里，人均土地面积达 42.32 亩，热区面积和人均土地面积居普洱市首位。生态优渥，全县 99.6% 为山地，森林覆盖率达 68%。与缅甸、老挝接壤，是云南省唯一一个与两个国家陆路接壤的县，素有"一城连三国"之称。有哈尼族、彝族、傣族、瑶族、拉祜族等 24 个少数民族，少数民族人口占总人口的 80.6%。江城有其特有的"三神"文化（神圣的国门文化，神奇的生态文化，神秘的民族文化）。

2019 年 4 月 30 日，景谷县、西盟县、孟连县率先脱贫摘帽。

补短板　精准施策

在对口帮扶云南普洱五个县的工作中，我们坚持问题导向，聚焦深度贫困地区、贫困群体，找问题、补短板、促攻坚，精准施策，着重开展产业扶贫、易地扶贫搬迁和"携手奔小康"等精准扶贫项目。

"产业扶贫是群众稳定脱贫的根本措施"，对西盟这样缺少产业支撑的县来说，产业扶贫尤为重要。当地通过深入调研，认为西盟县纬度低、生态环境优良、雨量充沛，饲草资源基础好，发展肉牛养殖最具优势和潜力。从 2017 年开始，黄浦助力西盟新厂镇阿莫村实施了肉牛养殖项目，采用"企业 + 专业合作社 + 贫困农户"的模式，依托云南省三江并流农业科技股份有限公司新建标准化肉牛养殖小区，规划建设牛圈，企业负责组织牛源供应、垫资供应精饲料、养殖管理技术指导和肉牛收购，合作社负责动员组织农户种植饲草饲料和安排农户喂养，农户负责按照企业制定的养殖规范进行喂养。项目计划总投资 300 万元，申请上海援滇资金 200 万元，整合部门配套资金 100 万元。这个项目惠及建档立卡贫困户 320 户 1022 人；当年就带动建档立卡贫困户脱贫 33 户 98 人。2018 年，我们又在勐梭镇班母村实施一个肉牛养殖新项目。项目投资 400 万元，采用"公司 + 基地 + 建档立卡农户"的产业发展扶贫模式，采取"入股分红、周转使用、利益共享、风险由企业承担"的方式，把资金入股到公司，由公司统一购买肉牛，并统一集中饲养。贫困户按签订协议分红受益，并带动就业和提供饲草获得收入。由贫困户按标准提供养牛饲料和参加养殖培训，获得生产收入（种植一亩地两季饲料收入 2100 元；参加养殖培训补助 400 元，加上资产收益分配 400 到 600 元，参与项目的贫困人口可获得收入 2900 元以上）。该项目惠及建档立卡户 200 户 702 人。

牛场的建立，带动了"粮改饲"的发展。建档立卡贫困户每年用 1 亩地种植两到三季青贮玉米或皇竹草，完成青贮玉米 8 吨或皇竹草 11 吨的定量供应任务，就可获得 2100 元现金收入。同时，建档立卡贫困户利用农闲时间，到牛场参加技术培训，还可获得培训补贴 400 元。在龙头企业的引领下，催生了一批适度规模经营的养殖大户、种植大户、运输大户等新型经营主体，辐射带动贫困户和其他农户共同发展肉牛产业，实现稳定致富。在西盟，云岭牛产业实现了从无到有、从有到优的跨越式发展，已成为西盟县的"一县一业"主导产业。

◀ 江城县特色黄牛养
殖（放养的黄牛）

　　在云南省深度贫困县之一的江城，我们发现，县里原先虽然有几个比较成规模的产业，比如香蕉和坚果种植，每年大概有 30 万亩的香蕉、30 万亩的夏威夷果从江城县送到全国各地。但是，这些产业的加工链条都很短，产量虽大，但实际上对于当地政府以及大多数老百姓来说收益不大，贡献值低，属于我们说的"大产业、小产值"。针对这个短板，我们聚焦当地比较有群众基础的产业，帮助他们把这些基础产业发挥好，并延伸其产业链条，让更多人受益。江城人有一个习惯——几乎家家户户都养牛，少一点的养两三头，大一些的养殖户会养 100 头左右，江城比较大的养牛场大约有 600 头牛。我们就把这些资源整合起来，通过培育龙头企业，提升企业技术含量，以"冻精"改良技术迅速扩大企业规模，企业受益后，主动帮助乡村建立养牛合作社，带动家家户户的百姓养牛增收。另外，我们再将后期的屠宰场、牛肉加工厂筹建起来，把产业链做长，让老百姓可以在各个环节上受益。比如，当地的黄牛质量很好，生产出来的牛肉干，当地人觉得很好吃，但我们之前尝试输送到上海市场，却不符合上海人的口味。我们就帮助江城生产出适合上海人口味的牛肉干，现在已经调试出了 8 个口味，估计不久就可以到上海市场销售了。

　　澜沧县勐朗镇唐胜村上犁头寨是汉族和少数民族混居区，原来是茶马古道上的一个小村寨，这里有山泉流过，自然生态非常好，村民也特别勤劳，澜沧县城农贸市场卖的蔬菜很多就出自这个村寨，但是蔬菜品种单一，难以形成规模。我们着眼整村功能提升打造，以扶持上犁头寨的蔬菜种植产业为重点，接下来准备打造几个温室大棚，发展休闲农业和特色蔬果种植等，县城的老百姓双休日可以来这里住民宿、农家乐，进行垂钓、采摘等休闲娱乐。到 2020 年底，上犁头寨将成为澜沧县城周边休闲的一个好去处，其传统的蔬菜种植产业将得到明显提质增效。

普洱地区多为山地，山区占比为 98.3%，尤其一些偏远的山区，居住点特别分散，山高坡陡，供水、供电难度大，只能发展一些自给自足的自然经济，贫困群众吃水、行路、看病、上学样样艰难，脱贫致富更是难上加难。"一方水土养活不了一方人，对缺乏基本生存条件地区的农民来说，帮助他们挪出'穷窝'，才是拔掉'穷根'的唯一出路"。

比如景谷县，我们了解到，县城周边的老百姓生活水平相对而言还可以，但是靠近澜沧江一带，特别是边远乡镇、高山地区的老百姓生活还没有达到中央"两不愁三保障"的标准，贫困程度较深。脱贫有一个经济指标，就是家里所有的收入核算，年人均收入 3500 元、一个家庭 10500 元年收入就算脱贫，但是这个标准很多人达不到。因为整个县地域太大，地广人稀，一个村可能有 20 个黄浦区这么大，村民小组叫寨子，一个村可以有 20 个寨子，每个寨子相距七八公里，老百姓是散状型居住，所以贫困的程度也是分散的，比较难集中脱贫。2019 年 4 月 30 日景谷县脱贫，县里贫困人口还剩 1114 人，贫困发生率降到了 0.4%，但是这 1114 人是分散在全县 7777 平方公里范围内，基本上就是 7 平方公里里面找一个人，很分散。所以"五个一批"中有"易地搬迁一批"，就是要把他们搬出来，搬到道路两边交通方便的地方、中心城镇，相对的集中，那配套设施也可以相对集中。

但是易地搬迁出来也有问题，因为农民的土地还在里面，所以接下来乡村振兴的核心就是农村集体土地的流转。脱贫攻坚以后要防止返贫和巩固提升，我们现在重点沪滇项目就是要解决易地搬迁以后搬得出、稳得住，还要能致富的问题。我们在景谷县的光照资源较好，搬迁安置区积极推广"光伏 + 种

◀ 2019 年，碧安乡易地扶贫安置点村级光伏扶贫项目建成前的情况

植""光伏 + 养殖""光伏 + 农产品深加工"等模式，增加搬迁群众收入。如在碧安乡的上海市对口支援项目，投资 600 万元在易地搬迁农户房顶建设 843.25 千瓦分布式光伏发电站，光伏发电解决产业就业 265 户 1012 人，截至 2020 年 2 月底收益金额 12.8 万元。

"东西部扶贫协作，携手奔小康"是我们的重要扶贫项目，包括"街镇结对""村企结对"和"学校、医院结对"等内容，通过结对，帮助当地补齐人才、教育、医疗等短板，打通发展瓶颈。

以孟连县为例，2019 年，我们在深化两地人才交流方面，协调上海南汇教育集团与孟连县教育局结对，派出 50 余名教师到沪学习，带动全程教学；举办孟连贫困劳动力培训 1 期 98 人，举办复合型管理干部培训班，新型合作组织、致富带头人培训班，累计为孟连培训干部、致富带头人 78 人次，累计帮助贫困人口 679 人实现稳定就业，超额完成沪滇办下达的目标任务。我们实施校医结对，促成黄浦区四川南路小学与孟连县第一小学、上海市尚文中学与孟连县第一中学结成对口帮扶学校，上海第九人民医院黄浦分院与孟连县人民医院结成对口帮扶医院，引入先进教学、医疗资源，促进孟连教育、卫生水平发展。落实到东部结对省市就读职业学校贫困学生累计 53

名，2019 年就读的 19 名，毕业贫困学生实现就业数 9 人。我们还引进先进技术，组织第九人民医院黄浦分院到孟连县人民医院开展义诊、举办学术讲座、捐赠医疗设备，促成县人民医院筹建乳腺外科疾病治疗专家工作站及石氏伤科专家工作站。我们还牵线搭桥，引导黄浦区企业与孟连县 13 个深度贫困村结对，"百企结百村，携手奔小康"。据统计，黄浦区自 1996 年结对孟连县以来，共选派超过 57 名优秀青年教师到孟连县当地支教；派出超过 260 名讲师团成员到孟连讲学；选派医护人员支医 39 人，医疗队开展巡回医疗，义诊 3.5 万余人。

抓优势　多点开花

我们立足普洱的资源禀赋和产业基础，以发展绿色经济为重点，广泛培育多种特色产业，推动当地把资源优势、生态优势和区位优势转化为扶贫攻坚的发力点、拳头项目。

孟连是发展绿色经济的理想之地，具有"糖胶茶咖"四大传统产业，其中孟连咖啡的品质在全国乃至世界都是比较好的，是雀巢、星巴克等在国内的主要货源地之一。除了传统产业，这两年我们在孟连重点发展"两牛"产业，第一个"牛"是牛油果（又名鳄梨），第二个"牛"是肉牛。2017 年县里提出了"稳定粮食生产，巩固提升糖胶茶咖传统产业，大力发展牛油果和肉牛产业，适度发展其他特色产业"的产业发展思路；2018 年下发了《关于加快牛油果和肉牛养殖产业发展的通知》，把牛油果和肉牛产业作为群众增收、农村发展重要产业加以培育和扶持。我们积极引导孟连产品参加上海市对口帮扶地区"百县百品"活动，孟连牛油果成功获评首批"百县百品"。2019 年 10 月 17 日，上海对口地区特色商品展销会举办，中共中央政治局委员、上海市委书记李强，上海市市长应勇在孟连的牛油果展台上，驻足停留了好几分钟，李强书记还问我们"牛油果的种植纬度是多少?"这是相当专业的问题，因为牛油果的种植条件很苛刻，没有合适的纬度、没有合适的土壤、没有相应的气候条件，是种不出好的牛油果的。当天下午，云南省委书记陈豪、省长阮成发也来到孟连的展台，对孟连县发展牛油果产业给予了很高的评价。引入产业难，发展产

◀ 2018 年 9 月，上海黄浦援建孟连"一县一业"牛油果基地项目建成

业更难，振兴产业难上加难。2018 年沪滇资金用于孟连牛油果产业发展的比例约 20% 出头，2019 年增长到近 40%，2020 年达到了 60% 有余，相信在不久的将来，孟连的牛油果会满山遍野，绿了青山、富了口袋。

孟连气候好，土壤条件适宜牧草生长，少数民族群众历来都有肉牛养殖的习惯，县委、县政府也高度重视肉牛产业发展工作，2014 年起实施了"'千户万头'肉牛养殖增收行动计划"，对当地农户来说，这种新型产业发展模式实现了多渠道增收：一方面，农户到养殖场打工，可以获得劳务收入，还可以学到技术，为今后自己养好牛打下基础；另一方面，农户通过种植出售皇竹草、青玉米饲料、甘蔗梢和稻草等可以获得收入。截至 2019 年末，全县肉牛存栏3.1 万头（黄牛 1.3 万头、水牛 1.8 万头），能繁母牛存栏 0.66 万头，肉牛出栏1.32 万头；肉牛养殖规模 20 头以上的养殖场有 174 个；有天然草原（林下草地）28.45 万亩，有人工种草 2.77 万亩，年产各类秸秆 8.5 万吨，年产甘蔗梢8.4 万吨。2019 年实现畜牧业增加值 15.18 亿元，同比增长 5.6%。经过几年的发展，肉牛产业已逐渐成为县里的支柱产业之一，对促进全县农业增效、农民增收做出了积极贡献。这几年牛肉价格一直居高不下，我们觉得肉牛产业是有发展前景的，我们愿意把有限的资金投入到这些有无限发展潜力的产业当中去。截至 2019 年末，我们统筹整合财政涉农资金及上海对口帮扶资金，共投入财政资金 7439.35 万元，用于扶持肉牛养殖产业发展，建成 11 个 200 头以上的规模养殖场，正在建设 1 个规模养殖场，有效促进了肉牛养殖产业的健康有序发展。

滇南当地的猪叫小耳朵猪，猪肉很好吃，有猪肉的香味，是云南的特产。2018 年，我们在景谷县设立了一个项目，叫滇南的黑毛猪实训基地。我们的养猪场还把江苏盱眙的猪和小耳朵猪进行杂交，保证肉质更好、出肉率更高，每一头猪基本上在 200 斤左右。2019 年 9 月，全国的猪价由于受到非洲猪瘟和进口猪肉环保标准等因素影响，涨幅很大，当时投资 400 万元，现在评估已经有 2000 万元了。这个项目对带动当地老百姓脱贫是很有帮助的。养猪场的工人全部是当地人，而且这个产业并不局限在养猪场里面，它其实是猪的一个产房，集中饲养了 3000 头猪，产出小猪以后发给村民饲养，村民必须按照规定程序用配套饲料饲养，养大以后再回收，这个过程是监控的。扣除饲料和猪种钱，养猪户就增收了，而且效益很高。

西盟县地处怒山山脉南段，属中高山峡谷地带，植物资源丰富、气候温和、四季如春，雨水充沛，植物生长周期长，花期长，无污染，是中华蜂理想的自然栖息地，为发展养蜂生产提供了优越条件。

西盟县勐梭镇富母乃村中蜂养殖基地是黄浦区对口帮扶的项目之一，隶属于班母村委会，地处水源地保护区域。全村 47 户村民，除 1 户"五保户"外，46 户都是建档立卡贫困户，发展底子薄。为帮助村民们真正找到发展方向，从 2018 年开始，黄浦区在西盟县实施蜜蜂养殖项目。当年投入资金 800 万元，在中课镇、翁嘎镇、新厂镇、勐卡镇、力所乡、勐梭镇、岳宋乡 7 个乡镇实施蜜蜂养殖，与云南丁氏蜂业工贸有限公司合作，采取"公司＋合作社＋贫困户"的合作模式，由公司集中进行养殖，共养殖中蜂约 1 万群。在富母乃村，由公司布局养殖基地，我们出资为村民们购买蜜蜂，寄养在养殖基地，出蜜后的收益归村民所有。合作期限为 3 年。按照约定，头 3 年，村民们每箱蜜蜂可以分到 1000 元。3 年后，蜜蜂正式移交给村集体集中养殖，有意愿、懂技术的村民可以向村集体租用蜜蜂，除租金外都是自己的收益；其他村民可以按照

◀ 上海黄浦对口帮
扶中华蜂养殖项
目基地的蜂农在
认真查看蜂箱

自己所有的蜜蜂数量，继续从村集体按比例分红。在基地寄养期间，基地也雇用了建档立卡贫困户参与养殖，在发给贫困户工资的同时，也给了贫困户学习蜜蜂养殖技术的机会。

　　为了进一步激发群众的内生动力，蜜蜂养殖的分红并不是直接给到村民，而是需要村民用"公共服务"来换。富母乃村还专门成立了脱贫工作委员会，委员会的成员包括卫生委员、宣传委员、生产委员等，都是由贫困户担任。委员们除了搞好自己的生产生活，还要根据村委会的安排，配合组织村民打扫村里的卫生、参加文艺活动等。委员们没有报酬，村民们参加"公共服务"后，才能把分红领到手。

　　2019年，西盟全县投入扶持资金2400万元，养殖中蜂3万群，带动5118户15561人贫困群众，户均增收2300元。目前，西盟县的中华蜂已经达到7万群，几乎可以说是国内养蜂种群最大的一个集中养殖地。

　　江城县有一个很独特的优势，它同时连着老挝、越南，在整个普洱市的规划中是把江城作为面向南亚和东南亚的辐射中心来定位的。我们深入江城的养牛场、养猪场、牛油果基地、火龙果基地、坚果基地、沃柑基地、勐康口岸、龙富通道等产业基地，聚焦总书记对云南提出的跨越式发展、绿色生态发展、面向南亚东南亚辐射中枢的要求，撰写江城协作扶贫产业发展调研报告，向县委、县政府提交"一体两翼"（高科技、高附加值农业为主体，边贸物流和生态文旅为两翼）的产业发展建议。2020 年我们也在调整援助方向，帮助县里开发其面向越南和老挝的口岸，打造一个中国、老挝、越南三个国家都能够实行边民互市的贸易区，通过这样的贸易方式来带动整个县城经济的发展。

在澜沧，我们利用当地丰富的生态资源优势，以中国工程院定点帮扶澜沧拉祜族自治县为契机，充分发挥院士专家作用，突出科技示范带动作用，吸引农业龙头企业发展林下三七等绿色产业。中国工程院朱有勇院士长期扎根澜沧，发展林下有机种植，即不用农药，不用化肥，用自然界相生相克的原理，把病虫害降到最低，让农作物有机生长。我们与朱院士的科研团队合作，统筹双方的经费，建立中草药的种植基地。澜沧有大片的思茅松松林，林下适合种三七。思茅松松针落下来后在地上形成厚厚的一层，像棉被一样，有保温保湿的效果，思茅松还会分泌一种物质，这种物质恰好能抑制三七的病虫害。这里种出来的三七绝不打农药，是真正汲取日月精华和天地灵气自然生长出来的。三七之所以叫"三七"，有一种说法是种了 3 年后，就不适合再种了，需要修整 7 年。因此，我们收割三七后，就种滇黄精、白芨，收割之后，再种第二轮三七。我们采用这样一种生态的种植模式。同时，援建三七酒厂，利用三七的花茎制酒，延长三七的产业链，提高产品附加值，更好帮助当地村集体经济的发展。此外，我们还积极帮助当地发展花椒等香料种植，2020 年我们利用黄浦区对口援助资金在勐朗镇罗八村援建了一座花椒烘干房，将直接服务于 392户农户 3599 亩花椒地，为花椒产业发展提供保障。

澜沧的景迈山有着世界上目前连片面积最大、保存最完好的人工栽培型古茶园，号称千年万亩古茶园，有着得天独厚的原生态自然环境，目前正在申报世界文化遗产。2020 年上海九泽在景迈山地区投资兴建的安缦酒店已经开工建设，普洱茶小镇、华为庄园也即将投入建设。未来，景迈山将成为高端的康养胜地，这也是澜沧接下来的发展重点。

出长效　巩固提升

近年来，黄浦区充分发挥自身优势，不断开阔思路、创新举措，研究制定个性化的帮扶措施，努力开创优势互补的合作新模式，探索普洱扶贫可持续发展的新理念、新做法。

2017年，上海市市长应勇到澜沧，阮成发省长陪同他到竹塘乡云山自然寨视察调研。云山是一个典型的直过民族聚居村寨，共有6个村民小组，农户均为拉祜族。全寨有农户218户765人，其中建档立卡贫困户174户574人，贫困发生率高达75%，村民住房以竹笆房、木板房、挂墙房等简易住房为主，寨内道路泥泞、人畜混居，村民生活条件十分艰苦。看了之后，应勇市长深受触动，他眼含热泪说，没想到中国还有这样贫困的地方，上海应该下大力气帮助当地改变这个现状。

我们分了两年时间，共筹集1900万的资金，整合地方自筹资金774万元，对云山村进行整村提升改造，实施产业发展、农村建设、技能培训等3大类16个建设项目，助推云山自然寨整体脱贫。

我们请了上海的设计师进行免费公益设计，将云山村近200座农户住房进行了危房改造。同时，配备太阳能路灯，进行路面硬化，并将所有的猪圈、牛圈外迁，集中建造养殖小区。整村打造之后，老百姓住房从过去的木板房、竹片房、土基房过渡为富有民族特色的砖混结构大瓦房，农户进出的泥巴路变为宽敞笔直的硬化路，人畜分离、雨污排放、安全饮水、亮化美化等项目实施后，村内基础设施配套得到完善，村民的生活发生了历史性、革命性、根本性的翻天覆地的变化。

我们还把村功能提升、环境打造与产业发展结合起来。包括猪、牛的养殖，花椒的种植，苹果梨等水果的种植等产业扶持项目充实进去，并引入本地农业龙头企业，探索建立"公司＋基地＋合作社＋农户"的扶贫模式。通过发展生猪养殖、种植经济作物、组织务工就业等途径，云山整村年均增收248.4万元以上，农户234户784人得到产业扶持，44户74人实现就近就地就业，19户21人实现异地转移就业，贫困群众年人均纯收入增加1500元以上。

◀ 澜沧县竹塘乡云山自然寨整村提升项目

　　除了加大产业扶持力度，我们还将技能培训叠加进去，开展种植、养殖、民族手工艺制作等培训共 5 期 892 人。同时改造民族文化展示馆，新建村民小组活动室和村民小组活动场地，丰富村民的文化生活。我们还引入社会组织上海阳光善行公益事务中心，实施"呀咪呀吧"助学计划，对学龄前儿童开展普通话培训、个人卫生习惯养成等综合素质提升项目。通过这些项目的叠加，形成一套组合拳，有效提升了东西部扶贫协作的整体效益。

　　在两地的合力帮扶下，云山自然寨在房屋圈舍、道路交通、饮水安全、人居环境、产业发展等各方面发生了翻天覆地的变化，贫困发生率由 70% 降至 3% 以下，探索出了一条深度贫困地区跨越发展的新路子。

　　这个项目以后，从 2019 年开始，我们的东西部扶贫协作项目普遍按照这样整村推进的思路来进行。既输血又造血，既扶贫又扶志、扶智，打出一套扶贫组合拳。甚至有的规模比较大的寨子，我们分几年来实施。比如东回镇班利村的班利大寨，共有 462 户。因为寨子比较大，如果要一次性投入的话，实施难度非常大。2019 年的时候，我们解决了寨子里的串户路硬化、雨水沟渠建设、集中牲畜养殖房建设等问题，把寨子里的猪外迁，成立合作社，进行规模化集中养殖。2020 年，我们还要增加一个新的项目，因为班利村是远近闻名的拉祜摆舞之乡，离机场只有 20 分钟车程，我们把当地的民族文化特色挖掘出来，打造文化扶贫项目。我们准备对班利民族文化展示舞台进行提升改造，在周边建一个农特产品交易展示中心，把这里打造成一个民族文化和农特产品对外展示的窗口。以后，在这边还可以发展民宿，联合当地旅行社吸引参观、旅游的人进来，观看民族歌舞表演之余，还可以在农特产品交易中心购买当地特色农副产品、品尝少数民族特色餐饮，用民族文化吸引人，带动消费。

考虑到澜沧基础比较薄弱，2020 年我们的重点项目还将聚焦整村打造。我们在县城周边和偏远乡镇分别布点，以"整村功能提升 + 产业发展项目"的模式，既输血又造血，把村基础设施完善起来，把产业配套带动起来，把扶贫、扶智、扶志结合起来，发挥帮扶资金的最大效益，帮助他们长期稳固脱贫不返贫。

消费扶贫，是中央和市委、市政府大力倡导的，也是今年我们在景谷县全力推动的新模式。让云南的产品进入上海市场，是比较难的。云南各个县都是宝山，有很多好东西，比如说三七、天麻、玛卡、小香猪，但就是运不出来、消化不掉。从县里运到上海，中间有一个很重要的跳板"昆明"，许多产品连昆明都到不了，就难以形成物流链。所以现在最关键的是要发挥好昆明的枢纽作用，与昆明对接，解决昆明到县里这最后 500 公里的问题。云岭牛能进上海就是因为有普洱金孔雀绿色牧业有限公司投资，我们县里养的牛运到昆明，他们再从昆明发到上海。今年我们县里设了一个屠宰的项目，就是在猪舍里就地屠宰，除了猪，还可以杀鸡、鸭，先供应普洱和昆明，打好昆明这一仗，进上海才不是空谈。另外，云南的东西都是农产品而不是商品，要经历一个规模化、商品化、集聚化的过程，所以在产品认证、产品商标、产品标准上也要给予帮助。在消费扶贫方面，接下来还要与黄浦优势对接，保证渠道相对共享，真正做到扶贫到位。在黄浦区委、区政府的支持下，河南路开设了一个黄浦对口支援地区农产品的展示厅，2019 年 10 月 17 日区政府开设展销会，大楼里摆放的自动售卖"红色盒子"卖的饮料就是支持我们景谷县的。我们的饮料、牛肉已经开始逐步走进黄浦，这也开启了一种消费扶贫的新模式。"授人以鱼不如授人以渔",打通消费渠道,建立农产品产业链,是为当地打造带不走的致富手段,也是我们目前正在努力的方向。

我们的扶贫工作,中央的提法是"中央要求、地方所需、上海所能",对于我们黄浦援滇工作来说,应该再加一个"黄浦所长"。黄浦是金融强区,我们发挥了这方面的优势。拿江城来说,我们尝试通过金融手段实现扶贫资产资本化,使扶贫资产发挥更大的效能。我们现在正在筹划把江城所有的国资公司整合成一家公司,把江城相应的各种资产跟资本注入这家公司,评级之后形成资本化,通过这家公司进行融投资的一些运作,来解决当前全县财政上面遇到的一些问题。我们也找了一些上海的会计师事务所协助我们完成这项工作,提升项目的金融运作和抵抗风险能力。同时,针对橡胶价格长期低迷,胶农损失较大的情况,援滇干部主动与上海期货交易所沟通,设计"期货+保险"的橡胶金融产品,以保险手段锁定橡胶价格,以期货交易对冲保险风险,用期货市场的获利来弥补保险的赔付损失,实现胶农、保险公司、期货公司多赢的局面。

我们黄浦区是中国共产党的诞生地,区内红色资源丰富。在援建的过程中,我们发挥黄浦区作为党的诞生地所在区的优势,通过党建引领援建。

2019 年的 9 月下旬,由中共上海市黄浦区委、中共普洱市委、中共一大会址纪念馆主办的"伟大开端"——中国共产党创建历史图片展在云南省普洱市开展。图片展分为"前赴后继救亡图存""风云际会相约建党""群英汇聚开天辟地"三个部分,图片近 300 张,以图文并茂的形式,生动回顾了中国共产党的光辉历史,生动展示了我们党的建党精神。当地党员干部对此次图片展反响热烈。在市里的初心展结束之后,我们又在普洱市下辖的 9 个区县进行巡展,展览同样受到了极大的欢迎。党员干部们认为这是强化党建引领援建,依托区域化党建平台,助力普洱打赢脱贫攻坚战的又一次生动实践。通过将党的初心出发地的红色资源辐射到对口支援地区,拓展红色文化覆盖面,激励党员干部牢记初心使命,进一步激发打好脱贫攻坚战的激情和信心。

脱贫路上有你我

"一次云南行，一生云南情"，云南是一个美丽的地方，也是一个神奇的地方。

援滇干部到云南先要过三关。尹晔对此有着特别深的感受——

饮食关。由于景谷地处热带，离缅甸、老挝、泰国很近，饮食口味偏酸辣。"一方水土养一方人"，景谷这个地方热，湿度大，所以要吃点酸的排毒排湿。老百姓吃水果是蘸盐吃的，切好水果，弄一盘盐、一盘辣椒，然后混好请你吃，说是蘸了盐、辣椒，就觉得水果格外甜。我第一次吃一下子懵了，现在也习惯了。2019年，我在半坡乡连续呆了100天，当地的同志都对我很好，想把最好的东西给我吃，云南有吃花、吃果、吃虫的风俗，当地老百姓都很习惯，但是我一开始实在下不了手，去了一年半以后基本也习惯了。接受当地的饮食也是一种融合，当地老百姓很淳朴，他们觉得你能吃他们的东西，就是和他们融为一体，就是这么一个简单的想法。这就是饮食关，它也是当地领导干部对你是否融入当地的一种考验。

饮酒关。我去的地方比较多，云南是我看到酒风最彪悍、最淳朴的地方，因为老百姓喜欢喝酒，酒也是很重要的一个交流工具。我们想和老百姓亲近，不喝他们的茶，要喝他们的自烤酒，这也是老百姓的一种认可方式，他觉得家里什么都没有，但是酒是自己酿的，喝了他酿的酒就是他的亲人，他有许多话就愿意跟你讲；如果不喝他这个酒，就是看不起他。这酒都是自烤酒，或者叫苞谷酒，每家每户可以不种地、不养猪，但自己酿酒是必需的工作，而且每家酿出来酒的度数、口味都不一样。关于这个酒，在脱贫攻坚过程中，县委、县政府开了多次会议，针对领导干部下乡饮酒问题制定了18个条例，这在上海是不太可能发生的事。所以说饮酒这一关也是非常难过的一关。

语言关。开会的时候，基本所有领导都说云南话，因为他们的普通话不太标准，我们只能去适应，过了两三个月听懂的词汇能增加10%到20%，这是有个过程的。我到景谷一年半，现在只要他们不讲地方俚语，我基本就能听懂。

对李澄来说，工作的同时还要自学好多门功课，感觉就像上了一所综合性大学——

首先，要上农业技术课。这一课非常现实，而且非常直观，不是从课本上学，而是在实际工作中边看边学。比如来了之后，就遇到了两次重大灾害。一次是草地贪夜蛾，这是一种农作物的虫害，当地花了好多钱去扑杀。还有一次是非洲猪瘟，整个省的猪都不允许出入，不能流通。西盟养猪的人不少，这次非洲猪瘟对当地的影响非常大。有一次，我们工作外出，车子经过一个路口，看到工作人员正在喷洒药水进行消毒，养的猪都扑杀了。他们告诉我，这个病毒不怕低温，怕高温。非洲猪瘟不会人畜共感，但很难防止，属于接触性传染，如果一只鸡飞到这个猪棚，又飞到另一个猪棚，病毒就被带过去了……就是这样，我们在现实中学习农业技术课。

我们还要学水利工程课。西盟是全国降水量最大的县之一，但就是在这样一种情况下，当地依然缺水。为什么？一个原因是存不住水，再一个是因为村民们大都住在山上，水接不上去。而且这两年云南干旱多，水库的水位也下降了。如何帮助当地解决水利工程以及人畜饮水问题，这都是我们要在实际工作中去学习、去解决的。

此外，要学好经济课。我们援滇干部的主责主业，就是管好上海每年给县里的资金项目安排，从招投标、项目设计、前期论证，到后期的资金拨付、项目管理保证金、审计，等等，这些程序我们都要熟悉，要搞懂。虽然我之前是搞经济的，但我们黄浦区的经济和当地的经济完全是两回事，黄浦的经济工作主要是以招商引资为主；在这边我们主要是做好项目资金的管理，因此，要学的还有很多。

对于我们援滇干部来说，最幸福的事莫过于当地群众对我们的认可。刘杨深有感触——

我挂包的高地社区共有 284 户农村村民（其中建档立卡户 105 户），266 户城市居民，还有 30 余户外来和外国人口，人员结构极其复杂，是全县人口情况最为复杂的区域，也是县领导最为担心出现错评、漏评的区域。半年来，我们整合各方资源募集水泥黄沙 400 多吨，组织每家每户自己动手，改建厨房

◀ 江城县高地社区基础设施建设（建好的道路和操场）

73 间、翻新立面 12 户、绿化庭院 67 户、美化道路 2000 多米，村民屋内屋外的生活环境都发生了很大的变化，村民的精神状态也为之一变，脱贫给他们带来的自信彻底改变了原本等靠要的思想，一些原本有些怨言的村民也纷纷邀请我们去屋里喝茶、吃饭。村民在山上掏了蜂巢，会打电话来，让我们过去一起分享，让我有机会体验了将蜂巢直接放到嘴里嚼的感觉。

原计划 2020 年 2 月 1 日，即大年初七，中央要安排第三方考核，因此春节我没有回上海。当地有一个风俗，过年的时候家家户户会杀猪，正好那段时间是脱贫攻坚最紧张的时候，大概过年前一到两个月我基本上都待在寨子里，前后到七八十户村民家里吃了杀猪饭。杀猪饭一共有 8 个菜，菜的组成都是有一定规矩的，其中一定有一道红肉、一道白肉，红肉是用当地的一种红色果子烧出来的，白肉则有点像我们上海的白切肉。其实每家每户的杀猪饭基本都是一样的，但我觉得这里面包含的感情却是不一样的。其中有一户，因为家里经济条件不太好，又不能"套进政策"，过去闹得挺厉害。我们在了解他的困难后，想方设法找了很多水泥等建设原料，帮他把家门口的院子用水泥全部硬化，并把他家门前的路都铺好。这个小伙子现在对我们的态度变化特别大，他邀请我们去他家里吃饭，直接带着我们到自家屋顶上，从小鱼池抓出鱼来烧汤给我们吃，这种亲近感让我特别感动……虽然时间不长，但跟当地老百姓接触下来，我真的非常想帮他们多做一些事，我也希望他们能够通过自己的努力，能够生活得越来越好。

对姚炜来说，孟连已然是第二故乡，可亲又可爱——

初到孟连，有几个不适应的地方。孟连属南亚热带气候，我到孟连时正值夏天，这里的夏天比上海更热，当地又没有在住处安装空调的习惯。县城坝子纬度低，含氧量高，晚上睡觉很容易出汗热醒，一个晚上我要醒两三次，每次都要起来擦干汗水才能再继续睡。这样的情况持续了两个多月，直到雨季到来才凉快一些。当地口味偏酸、重辣，很多挂职干部吃不惯，肠胃也不太适应，经常腹泻，只能自我调节，后来才慢慢地适应。云南是典型的喀斯特地貌，水质不太好。用作生活用水问题不大，但是作为饮用水容易引发结石。孟连有21个少数民族，每个少数民族都有自己的民族语言，十分复杂。当地开会时，领导以讲云南普通话为主，带着不同的口音和语言习惯，我们只有在特定语境下才能理解。得益于对语言的敏感，我用了一个多月就基本能听懂了。

迅速适应之后，我觉得孟连真是一个好地方。这里民族融合，文化多元；山清水秀，环境优美。虽然在黄浦对口支援的5个县里，孟连县地理位置最为偏远，但是县城内有曾代表傣族世袭土司统治的宣抚司署，历史可追溯至元朝。孟连又是黄浦与云南省最早结对的贫困县之一，渊源深厚，当地干部群众对上海黄浦来的挂职干部很有感情……这些都让我觉得自己跟孟连很契合，越来越喜欢这个地方。当然，在走村串户的过程中，也会发现孟连的脱贫攻坚和经济社会发展还有很多短板，这也让我备感责任和压力，希望能竭己所能做点实事。2020年底，我去看望了几位20世纪60年代末70年代初知识青年上山下乡时来到孟连后就留下来的老同志，很受感动。我们两三年的援滇经历和他们"献了青春献子孙"驻守边疆一辈子，真的不能比。但得益于这几年中央、上海市和区里的大投入、大平台，通过大家的努力，对改变当地基础面貌，带动增收致富，引导观念转变等肯定能做得更多。

对于援滇工作的酸甜苦辣，张辉感触颇深——

先说说甜的事。拉祜族人民比较内敛，就拿云山村来说，过去要是有领导干部去村里，老百姓会躲起来，若问他们问题，哪怕听得懂普通话，他们也只是腼腆地笑笑。2019 年项目验收的时候，情形就完全不一样了。全村男女老少都跑了出来，一些老人，满脸沧桑，他们不善言辞，但就是一直紧紧地拉着我们的手，不停地说"感谢共产党！感谢政府！"我想，这是他们最朴实最真挚的情感流露。那个时候，作为援滇干部，我们觉得只要能得到老百姓认可，对他们有帮助，我们再多的付出都是值得的，这个是甜。

再来说说苦的事。现在基础设施好了，从县城到乡镇到村上基本都是硬化路，虽然山路十八弯容易晕车，但还算好走。但到村寨的道路就不一样了，到了雨季特别难走，下乡的时候，越野车开在泥浆路上，感觉车子在漂移，抓地不牢，路的一边是悬崖，坐在车里的人，心都是揪着的，落石、泥石流、塌方都比较普遍，回头看时后背一身冷汗。到了寨子里，因为老百姓的住房大都建在山坡上，有的非常陡峭，有的串户路没有硬化、没有台阶，地上还长满青苔，一不小心就会滑跤。野外蜜蜂多，热了，外套一脱，就会被蜜蜂蜇，一蜇就肿起来……

心酸的事也有。我们原来在与缅甸接壤的雪林乡，由上海爱心企业和爱心人士捐资，按 NBA 标准做了一块球场，非常高端大气上档次。但是，后期维护却跟不上，当地缺少后期维护保养的意识，非常可惜。后来我们也反思，扶贫项目要跟当地经济社会发展相适应，太超前不行。

我们每家建档立卡户的门口都张贴有一张"家庭明白卡"，清清楚楚注明家里有几口人，有多少地，一年产出多少，享受了多少帮扶政策等。在澜沧，大部分农户家庭少则有十几亩地，多的几十亩，甚至上百亩，应该说自然禀赋是好的。但澜沧是全国最大的直过民族地区之一，所谓直过民族，就是由原始社会末期、封建领主制向地主制转化时期直接过渡到社会主义社会的民族。澜沧直过民族总人口达 28.85 万人，占全县总人口的 58%，所以更多的是一种素质性贫困。因此我们的帮扶工作任重道远，但我们也坚信，只要我们真心实意、真抓实干地帮助他们，激发他们的内生动力，就一定能帮助他们实现长期稳定脱贫。

对我们这些援滇干部来说，援滇工作教会了我们要"奉献＋贡献"，面对落后的面貌、贫瘠的经济，只能不计个人得失地去奉献才可能换来整体局面的进步。习总书记在《摆脱贫困》一书中论述到"治政之要在于安民，安民之道在于察其疾苦"。"去民之患，如除腹心之疾"，脱贫后工作任务依然繁重，援助任务依然艰巨，我们将以"滴水穿石"的精神为此工作奉献自己的光和热。

架起"连心桥" 同心共追梦

　　肖英，1974年8月生。2002年8月至今在思茅市（2007年更名普洱市）扶贫办工作，先是从事部门财务工作，参与对口帮扶资金管理；2016年6月起，任普洱市扶贫办帮扶协作科科长，负责沪滇扶贫协作的日常工作，从组织领导、人才交流、资金使用、产业合作、劳务协作、消费扶贫、携手奔小康等方面具体推进沪滇扶贫协作。

口述：肖　英
采访：黄　峻　胡永隽　彭　华
整理：胡永隽
时间：2020 年 4 月 17 日

　　我们普洱市地处云南省西南部，国土面积 4.5 万平方公里，辖 9 县 1 区，103 个乡（镇），少数民族占总人口的 61%，有 14 个世居民族，其中拉祜族、佤族、傈僳族、布朗族是从原始部落社会直接过渡到社会主义社会的"直过"民族。有 9 个少数民族自治县，澜沧县是全国唯一的拉祜族自治县，墨江县是全国唯一的哈尼族自治县。与越南、老挝、缅甸接壤，有国家一类口岸 2 个，二类口岸 1 个，17 条陆路通道，国境线长 486 公里，具有"一市连三国、一江通五邻"的区位优势，也是我国面向南亚、东南亚辐射中心的前沿。享有"天赐普洱·世界茶源""中国咖啡之都"等美誉。

　　我是 2002 年 8 月到思茅市扶贫办工作的，开始时从事单位财务工作，后来参与对口帮扶资金拨付，2016 年 6 月任帮扶协作科科长后，全面参与对口帮扶业务工作。从 2002 年开始接触上海第三批援滇干部，到 2019 年已经是第十一批了，这期间，黄浦区加大了人才支持力度，援滇干部从开始的每批 1 人增加到现在的每批 7 人，他们一茬接一茬奋斗、一任接一任攻坚，克服种种不适，更替接力、真抓实干，发挥特长优势、贡献才智，一年年动心动情、艰辛耕耘，创造性开展各项工作，使对口帮扶项目一件件得到落地落实。在普洱边疆大地浇灌出友谊的花朵，结出一串串丰收的果实，留下了一个个感人的故事。

接力赛中的拼命郎

自 1996 年来，每批援普干部都是黄浦区精挑细选的骨干人才，他们舍小家，不远千里来到我们这里，走遍这里的村村寨寨，因地制宜地做规划、推项目，组织扶贫帮困，更为普洱的脱贫攻坚出谋划策，并调动一切资源，精准扶贫，助力贫困人口实现脱贫。

2001 年，上海第三批挂职干部来的时候，我们这里的工作条件比较艰苦。交通出行方面，我们这里都是盘山公路，道路没有硬化还是泥路，下乡时越野车整个车身沾满了泥巴；山路颠簸弯道多，100 公里要开 3 个多小时，很多人都晕车；挂职干部们雨季也要下基层，经常会遇到山体滑坡、山石滚落、泥石流等突发情况，非常危险。后来随着道路的修建，路况有了改善，但一些县的道路还是很不好走。2016 年 7 月，我和挂职干部们一起去澜沧县，半路遇到大巴翻车事故，我们就被堵在了路上。他们第一次遇到这种情况，心里都很着急，担心的不是个人安全而是这路还能不能继续走。山路恢复通车后，

2019 年 12 月，云南省普洱市景谷县永平镇大平掌易地安置搬迁点雷沃公司扶贫车间建成，图为无筋豆（长豇豆）分拣中心

因为想把堵车耽误的时间抢回来，车子加快了速度，再加上山路弯道多，挂职干部们晕车了，但他们一声不吭还是坚持坐车到了县城。在县城吃过午饭后，我建议他们先休息，不去项目点了，但是他们说："不行，不能因为我们的不适应耽误工作，"然后又继续到村寨子里的项目点去调研老百姓生产生活情况，了解他们生活的困难和需求，并通过自己的资源来解决这些困难。饮食方面，我们这里饮食口味偏酸辣，他们刚来时不太习惯，经常肠胃不适，但是他们都默默克服了，一直坚守岗位，从来不请假。语言方面，我们这里的老百姓大都是少数民族，尤其是一些"直过"民族，他们不会说汉语也听不懂普通话，与挂职干部交流时有诸多障碍和不便，然而这些挂职干部适应能力都很强，一段时间后就能听懂本地老百姓的方言，不用普通话与他们交流，甚至能跟我们老百姓唱民歌，与老百姓同吃同住同劳动，等等，这些都令我们很感动。

我印象最深的是从 2016 年来到普洱挂职的第十批干部，他们的挂职时间从两年延长到三年，其时又是脱贫攻坚任务最艰巨的时候，工作纪律要求特别严格，帮扶力度大幅增加，项目资金管理更加规范，各项巡视检查多且严，工作量大。承担着东西部扶贫协作工作的同时，还要兼顾县上的招商引资等其他工作。他们刚到普洱时，克服饮食不适应、工作环境的恶劣，在村上与老百姓同吃同住，指导少数民族群众脱贫致富。他们不畏艰难、下沉基层，兢兢业业奉献，深得贫困地区干部群众的一致好评，为加深两地间交流合作架起了"连心桥"。

"上海理念"的积极影响

黄浦和普洱开展对口帮扶以来，挂职干部们以热情的态度、务实的作风和高效的工作，把新理念、好经验带到普洱，出主意、想办法、支实招、办实事，为普洱的经济和社会发展注入新活力、增添新动能。

例如沪滇合作项目中农村基础建设和产业发展这些项目，我们一般的做法就是解决住房、保障交通安全出行，要求和标准比较低，有多少钱办多少事。挂职干部们来了以后，他们审核项目资料，眼光比较长远，项目规划起点比较高，遇到资金缺少的情况，就调动个人资源请相关部门或朋友帮忙，免去一些规划、设计等前期费用，节约下来的资金就可以加到建设成本中去，提高了资金利用率。因为资金有限，以前我们的项目都是一些小项目，分散而且点多，资金投入像撒胡椒面，帮扶效果不太理想。挂职干部们到项目点调研，用"上海理念"帮我们出主意，在申报项目时集中到一个点，交通、饮水、产业等帮扶项目都放到一个贫困村，整村推进，这样既改变了村容村貌，又解决了整个村的贫困问题。如我们澜沧县竹塘乡的云山村，以前村里全部是泥巴房，路面全是烂泥路。挂职干部去调研的时候恰恰是雨季，路面很滑，行走艰难。他们在村里看到贫困情况，都说没有想到村民们的生活还这么困难，后来就开始规划从整体上帮扶。2017 年，我们在云山村投入 1900 万资金，2018 年又陆续投了一些，现在云山村的房屋、道路、绿化，包括老百姓的精神面貌都有所改变，已经打造成了一个很美丽的乡村，甚至可以开发民宿，因为它是按照上海的标准规划设计的。这种做法当时在普洱是比较少见的，是挂职干部们帮我们打开了思路。现在我们做项目也会比较集中，集中力量办大事，"整村帮扶"出现了很多亮点……这些潜移默化地影响着普洱的干部群众，现在，普洱的干部群众学习挂职干部们抓工作的气魄、解决问题的方法、真情为民的作风，提高了工作能力和水平。

多措并举显成效

2016 年 7 月 20 日，习近平总书记在银川主持召开东西部扶贫协作座谈会并发表重要讲话。讲话强调，西部地区特别是民族地区、边疆地区、革命老区、连片特困地区贫困程度深、扶贫成本高、脱贫难度大，是脱贫攻坚的短板，进一步做好东西部扶贫协作和对口支援工作，必须采取系统的政策和措施。会议后，黄浦区对口帮扶县由 1996 年的澜沧、孟连 2 县扩大到澜沧、孟连、西盟、江城、景谷 5 县。这几年主要做了这些工作：第一个是领导高层互访。每年双方党政主要领导专题研究脱贫攻坚工作，召开高层联席会议，全力推动扶贫协作工作。第二个是逐年增加援助项目资金。4 年（2017—2020 年）累计投入对口 5 县 6.67 亿元，实施了 400 余个协作项目。从产业发展、农村

◀ 2019 年 12 月，
云南省普洱市景
谷县荷兰豆种植
项目建成

基础设施建设、人才支持、劳务协作等方面，助推普洱市经济社会发展。第三
个是加大专业人才帮扶力度。从 2019 年开始，黄浦区每年选派 16 名教师、医
生赴普洱开展为期半年的帮扶工作，并另外派出一批教育、医疗专家到普洱
开展培训，2019 年全年培训教师、医生 800 余人。同时，普洱选派骨干教师、
医生到黄浦区跟岗学习，大幅度提高了普洱的教育和医疗水平。第四个是优化
产业合作项目，多措并举促进"沪企入普"。出台优惠政策，引导上海企业落
地普洱，通过协作资金援建了 44 个扶贫车间，吸纳 3300 余人就业，助力脱贫
攻坚。通过搭建平台，打通农副产品销售渠道，动员各方力量开展消费扶贫，
建立长期稳定的产供销机制，推进"普品入沪"，更好带动普洱市贫困地区农
业产业转型升级，帮助贫困人口稳定增收脱贫。第五个是稳步推进劳动力就业
工作。2017 年来实现 1.19 万贫困人口转移就业，增加贫困人口收入。第六个
是多层次、多方位开展结对帮扶。截至 2019 年底，黄浦区 9 个街道 2 个社区
结对普洱市 5 个县 9 个贫困乡镇和 2 个贫困村，10 所学校结对 5 个县 10 所学
校，5 家医院结对 5 个县 5 家医院，125 家企业结对对口县 174 个深度贫困村，
按照"三带两转"（带人、带物、带产业和转观念、转村貌）的总体思路，采
取产业联村、项目带村、智力扶村、捐赠助村等多种形式，增加贫困户收入，

▲ 2019 年 12 月，蔬菜扶贫车间建成，助力脱贫攻坚

推动贫困户脱贫致富奔小康。

近年来，在省委、省政府的坚强领导下，在上海市和黄浦区、金山区的倾力帮助下，普洱市的脱贫攻坚取得了阶段性胜利，人民生活水平显著提升，精神面貌焕然一新，构建出政治稳定、经济发展、社会和谐、民族团结、边疆安宁的大好局面。经济社会呈现高质量跨越式发展良好态势。全市 GDP 年均增长 10.2%，高于全国 3.2 个百分点，高于全省 0.9 个百分点。2019 年全市实现生产总值 875.28 亿元，增长 8.1%；固定资产投资增长 26.6%，增速全省第一；城镇和农村常住居民人均可支配收入 31456 元和 11502 元，分别增长 8.1% 和 10.7%。

我们一起加油干

由于特殊的历史、社会、自然等因素，普洱市还存在以下困难：一是脱贫攻坚任务仍然艰巨。到 2019 年底，全市剩余贫困人口 6525 户 17709 人，很多都不具备自我发展能力和条件，无法依靠产业就业帮扶脱贫，贫困程度深、减贫成本高、脱贫难度大，大多需要通过社会保险、社会救助、社会福利等综合保障措施兜底保障。二是素质型贫困问题比较突出。普洱市社会发育程度低，缺教育、缺科技、缺文化情况突出，部分贫困群众沿袭传统的生产生活方式，科技意识、市场意识、发展意识淡薄。三是历史发展欠账比较多。普洱是我国西南边陲重镇，长期以来，国家赋予普洱守土固边的责任，工作重心主要在维护民族团结、巩固边疆稳定上。直到 20 世纪 90 年代初，工作重心才转向经济建设，经济社会发展总体滞后，基础设施、公共服务等方面历史欠账多。四是巩固脱贫成果任重道远。全市存在返贫风险的人口 2.71 万，存在致贫风险的农村边缘人口 3.53 万，合计 6.24 万人，占 2013 年底贫困人口总人数的 11.42%。五是工作推进中存在薄弱环节。从各种巡视巡察和检查考核情况看，易地扶贫搬迁后续产业发展、就业扶持以及社会治理还有很多短板弱项，安全饮水保障、人居环境提升等还有差距；产业带贫长效机制、巩固脱贫成果防止返贫长效机制还不健全等。

2020 年，我们脱贫攻坚的重点是实现剩余 1.77 万贫困人口全部达到脱贫标准，已申请摘帽的澜沧县实现脱贫摘帽，全面消除绝对贫困，巩固脱贫成果。接下来，一是努力在产业发展、干部人才交流、教育文化卫生、劳务协作、携手奔小康、消费扶贫等方面加大协作力度，助力普洱提升脱贫质量。特别是发动社会力量为助推澜沧、江城县巩固脱贫成效积聚力量，推动各街道、区属企业、非公企业、社会组织加大帮扶力度。二是努力在协调共建扶贫产业园上下功夫。沪滇经济合作仍有较大的发展潜力和空间，合作双赢的潜力尚未充分发挥，希望推动有投资意向的企业到普洱市投资兴业，把普洱市作为东部地区产业转移的重要承载地之一，加快引进资金、技术、管理、人才等要素，打造沪滇扶贫协作产业基地，提升发展能力和"造血"功能，拓宽就业渠道，带动更多的贫困户增收致富。同时，搭建平台，拓展渠道，打造品牌，着力培育产业链和产销对接渠道，积极推动普洱市特色农产品进入上海消费市场，带动贫困人口长期持续稳定增收。三是努力用好黄浦在教育、卫生等方面的人才优势，争取更多优秀教育、医疗人才到普洱交流帮扶，拓展深度和广度，持续培育几个黄浦有特长、普洱有需求的特色学科；继续帮助培训优秀基层干部，开展多层次、全方位的人才交流。

感谢上海市及黄浦区各级领导干部对普洱的关心、关注和支持！通过两地广大干部群众心连心、肩并肩、手牵手的共同努力，普洱市的经济社会发展和沪滇扶贫协作工作一定会取得新的更好的成绩。普洱市一定能如期打赢打好脱贫攻坚战，与全国全省同步，全面建成小康社会。

黄浦区援派干部名录 ①

姓　名	援助区域	任　　职	批　次	时　间
唐新民	西藏	日喀则地区商业局副局长	第一批	1995.5-1998.5
孙明根	西藏	日喀则地区食品厂副厂长	第一批	1995.5-1998.5
郑文龙	西藏	日喀则地区计划委员会副主任	第一批	1995.5-1998.5
王家栋	西藏	定日县委副书记、常务副书记	第一批	1995.5-1998.5
陈伟国	西藏	定日县县委办副主任	第一批	1995.5-1998.5
方立平	西藏	日喀则地区商业局常务副局长	第二批	1998.5-2001.5
刘树升	西藏	日喀则地区卫生局常务副局长	第二批	1998.5-2001.5
沈兴龙	西藏	日喀则地委上海广场副总经理	第二批	1998.5-2001.5
黄建荣	西藏	定日县委副书记、常务副书记	第二批	1998.5-2001.5
王舟波	西藏	定日县城建局局长	第二批	1998.5-2001.5
吕　军	西藏	日喀则地区受援办副主任	第三批	2001.5-2004.6
郑晓东	西藏	日喀则地区文化局副局长	第三批	2001.5-2004.6
黄　伟	西藏	萨迦县委副书记	第三批	2001.5-2004.6
李　政	西藏	定日县城建局局长	第三批	2001.5-2004.6
刘　辉	西藏	日喀则地区萨迦县委副书记	第四批	2004.6-2007.6
吴墩才	西藏	日喀则地区教育局专业技术干部	第四批	2004.6-2007.6
沈永兵	西藏	定日县委副书记	第四批	2004.6-2007.6
张来治	西藏	定日县委常委、县委办公室主任	第四批	2004.6-2007.6
戈　珺	西藏	萨迦县委常委、常务副县长	第五批	2007.6-2010.6
杨新平	西藏	日喀则地区人民医院副院长、党委委员	第五批	2007.6-2010.6
吕冬峰	西藏	定日县委副书记	第五批	2007.6-2010.6
朱畅江	西藏	定日县委常委、常务副县长	第五批	2007.6-2010.6
周红卫	西藏	萨迦县委常委、常务副县长（副处级）	第六批	2010.6-2013.6
薛　飙	西藏	萨迦县发改委主任（正科级）	第六批	2010.6-2013.6

①　该表根据黄浦区委组织部门提供的资料整理。

（续表）

姓　名	援助区域	任　职	批　次	时　间
汪　珺	西藏	定日县住房和城乡城建设局局长	第六批	2010.6-2013.6
钱德怀	西藏	定日县委常委、办公室主任	第六批	2010.6-2013.6
王海云	新疆	阿克苏地区第二医院妇产科副主任（副科，主治医师）	第一批	1997.8-1998.7
雷红星	新疆	阿克苏市三中教师	第二批	1998.8-1999.7
俞　东	新疆	阿瓦提县二中教导主任	第二批	1998.8-1999.7
吴尧鑫	新疆	上海市第三批援疆干部联络组组长、阿克苏地委副书记	第三批	1999.6-2002.6
王　政	新疆	温宿县委常委、副县长	第四批	2002.7-2005.7
徐国愚	新疆	温宿县委副书记	第四批	2002.7-2005.7
周志勇	新疆	温宿县二中英语老师	第四批	2002.7-2005.7
吴　成	新疆	上海市政府驻新疆办事处主任、上海市第五批援疆干部领队、新疆阿克苏地委副书记	第五批	2005.7-2008.7
陈　亮	新疆	阿克苏地委办公室副主任	第五批	2005.7-2008.7
朱继伟	新疆	温宿县财政局副局长	第五批	2005.7-2008.7
王　宇	新疆	温宿县卫生局副局长	第五批	2005.7-2008.7
黄剑钢	新疆	上海市政府驻新疆办事处主任、上海市第六批援疆干部领队、新疆阿克苏地委副书记	第六批	2008.7-2010.12
张　平	新疆	阿克苏地区教育局副局长	第六批	2008.7-2010.12
赵先进	新疆	阿克苏地区旅游局副局长	第六批	2008.7-2010.12
马一翔	新疆	温宿县人民医院院长助理	第六批	2008.7-2010.12
吴剑秋	新疆	叶城县委副书记（正处级）	第七批	2010.8-2013.12
许金武	新疆	叶城县人力资源社会保障局副局长	第七批	2010.10-2013.12
田逢其	新疆	叶城县城乡建设局副局长	第七批	2010.10-2013.12
杨映齐	新疆	叶城县发展改革委副主任	第七批	2010.10-2013.12
孙　杰	新疆	叶城县经贸局企业经营管理人员	第七批	2010.10-2013.12
陈　龙	新疆	叶城县国家安全局副局长（副科）	第七批	2011.7-2013.12

（续表）

姓　名	援助区域	任　　职	批　次	时　间
范毅清	新疆	叶城县第二中学副校长、教师领队	第七批	2010.8-2013.7
杜锦虎	新疆	叶城县第二中学教师	第七批	2010.8-2011.2
姜家祥	新疆	叶城县第二中学教师	第七批	2010.8-2011.2
黄火箭	新疆	叶城县第二中学教师	第七批	2010.8-2011.2
沈　毅	新疆	叶城县第二中学教师	第七批	2010.8-2011.2
黄达兴	新疆	叶城县第二中学教师	第七批	2012.1-2013.7
赵国清	新疆	叶城县第二中学教师	第七批	2012.1-2013.7
施裕辉	新疆	叶城县第二中学教师	第七批	2012.1-2013.7
楼晓明	新疆	叶城县第二中学教师	第七批	2012.1-2013.7
季学斌	重庆万州	万县五桥区区长助理	第四批	1997.9-1998.9
孙明泉	重庆万州	万州区五桥管委会主任助理	第五批	1998.9-1999.9
赵世龙	重庆万州	万州区五桥管委会主任助理	第六批	1999.10-2001.10
李　昉	重庆万州	万州区五桥管委会主任助理	第七批	2001.10-2003.10
康永利	重庆万州	万州区三峡移民对口支援办公室主任助理	第九批	2006.1-2007.12
严　冬	重庆万州	万州区委副秘书长	第十批	2007.12-2010.1
郭　锐	重庆万州	万州区三峡移民对口支援办公室主任助理	第十一批	2010.1-2012.1
何利民	重庆万州	万州区委副秘书长	第十二批	2012.1-2013.12
陈兴祥	重庆万州	万州区委办副主任	第十三批	2013.12-2016.12
张建敏	重庆万州	万州区三峡移民对口支援办公室主任助理	第十三批	2013.12-2016.12
周　磊	重庆万州	万州区政府办公室副主任	第十四批	2016.12-2019.12
黄　磊	重庆万州	万州区水利局局长助理	第十四批	2016.12-2019.12
万明民	重庆万州	万州区政府办公室副主任	第十五批	2020.1-2023.1
姜轶栋	重庆万州	万州区水利局对外合作科副科长，万州区对外支援领导小组办公室副主任	第十五批	2020.1-2023.1
陈椰明	青海	玛多县委常委、副县长	第一批	2010.7-2013.7

（续表）

姓　名	援助区域	任　职	批　次	时　间
李　峻	青海	上海援青干部联络组领队、青海果洛州委常委、副州长	第二批	2013.7-2016.7
李国球	青海	果洛州委副秘书长	第二批	2013.7-2016.7
徐辰超	青海	玛多县委常委、副县长（副处级）	第二批	2013.7-2016.7
张　宏	青海	玛多县政府办公室副主任	第二批	2013.7-2014.2
周盛丹	青海	玛多县政府办公室副主任	第二批	2014.3-2016.7
邵　泉	青海	玛多县委常委、副县长	第三批	2016.7-2019.7
陈洪志	青海	果洛州财政局副局长	第三批	2016.7-2019.7
夏　彤	青海	玛多县政府办公室副主任	第三批	2016.7-2019.7
涂　攀	青海	果洛州人民医院副院长	第三批	2016.7-2019.7
朱　彬	青海	果洛州人民医院院办副主任	第三批	2016.7-2019.7
张沈彬	青海	玛多县委常委、副县长	第四批	2019.7-2022.7
严　磊	青海	玛多县政府办公室副主任	第四批	2019.7-2022.7
邱筱炜	青海	果洛州人民医院中层管理干部、心内科医师	第四批	2019.7-2022.7
刘　炎	青海	果洛州人民医院中层管理干部、呼吸科医师	第四批	2019.7-2022.7
高兴亮	青海	果洛州人民医院中层管理干部、普外科医师	第四批	2019.7-2022.7
朱根生	云南	思茅地区行政公署计划经济委员会主任助理、副主任	第一批	1997.6-1998.12
陆宏锦	云南	思茅地区计划委员会副主任	第二批	1998.12-2000.12
陈伟祥	云南	思茅地区经协办副主任	第三批	2001.5-2003.5
孙杏祥	云南	思茅市市长助理	第四批	2003.5-2005.5
胡向明	云南	普洱市发改委副主任	第五批	2005.5-2007.5
严瑞峰	云南	普洱市发改委副主任	第六批	2007.6-2009.6
汤　宏	云南	普洱市市长助理	第七批	2009.6-2011.6
徐　麟	云南	普洱市发改委副主任	第八批	2011.6-2013.6
沈　杰	云南	普洱市发改委副主任	第九批	2013.6-2016.6

（续表）

姓　名	援助区域	任　　　职	批　次	时　间
林晓东	云南	普洱市人民政府副秘书长、兼西盟县委常委、副县长	第十批	2016.6-2019.7
朱江伟	云南	孟连县委常委、副县长	第十批	2017.9-2019.7
阮　俊	云南	澜沧县委常委、副县长	第十批	2017.9-2019.7
曹　华	云南	江城县委常委、副县长	第十批	2017.9-2019.7
伊延辉	云南	景谷县扶贫办副主任	第十批	2018.1-2019.7
尹　晔	云南	景谷县委常委、副县长	第十、十一批	2018.8-2022.7
张　辉	云南	澜沧县委常委、副县长	第十一批	2019.7-2022.7
赖　江	云南	澜沧县扶贫办副主任（现借云南省扶贫办帮扶协作处）	第十一批	2019.7-2022.7
刘　杨	云南	江城县委常委、副县长	第十一批	2019.7-2022.7
吴　斌	云南	江城县扶贫办副主任	第十一批	2019.7-2022.7
李　澄	云南	西盟县委常委、副县长	第十一批	2019.7-2022.7
姚　炜	云南	孟连县委常委、副县长	第十一批	2019.7-20227
陆　军	江西	永新县县委副书记		2002.7-2005.7
朱晓东	江西	遂川县县委副书记		2002.7-2005.7

后 记

2020 年是全面建成小康社会之年。根据习近平总书记关于"脱贫攻坚不仅要做得好，而且要讲得好"和中央关于党史工作"一突出，两跟进"的要求，经中共上海市委同意，上海市委党史研究室组织全市各区党史部门，在各级党委领导下，编写的"上海助力打赢脱贫攻坚战口述系列丛书"，经过各方的通力合作，与大家见面了。

《黄浦的责任》是"上海助力打赢脱贫攻坚战口述系列丛书"中的一本。黄浦区委、区政府领导高度重视本书的编写工作，在黄浦区委组织部、区政府办公室以及有关方面的大力支持下，在三峡库区重庆市万州区，西藏日喀则地区定日县、萨迦县，新疆阿克苏地区温宿县、喀什地区叶城县，云南省普洱市澜沧县、孟连县、江城县、西盟县和景谷县，以及青海省果洛州玛多县等地黄浦援建干部和当地干部的积极配合下，区委党史研究室（区地方志办公室）全力以赴，通过查阅档案资料、口述采访等方式，忠实还原和记录黄浦区在上海市委、市政府的领导下，勇担历史责任，奋力脱贫攻坚的对口支援历程，真实展现了全国"一盘棋"，携手奔小康的信心和力量。

在此，我们要真诚感谢每一位口述者的精心准备和积极配合，他们在脱贫攻坚一线倾力付出的事迹，感染和激励着我们认真、倾心投入编写的全过程。限于篇幅，我们只是在援助历史长卷中截取了其中的片段，但我们希望通过本书的一个个片段，展现一幅全面小康路上接续奋斗的壮丽画卷，这是我们真诚的愿望。由于我们编写水平有限，书中难免会有疏漏和不足之处，敬请广大读者给予批评指正。

编者
2020 年 11 月

图书在版编目(CIP)数据

黄浦的责任/中共上海市黄浦区委党史研究室编.
—上海:学林出版社,2020
ISBN 978 - 7 - 5486 - 1703 - 7

Ⅰ.①黄…　Ⅱ.①中…　Ⅲ.①扶贫-经济援助-工作
概况-黄浦区　Ⅳ.①F127.513

中国版本图书馆 CIP 数据核字(2020)第 232581 号

责任编辑　许钧伟
封面设计　范昊如

上海助力打赢脱贫攻坚战口述系列丛书

黄浦的责任
中共上海市黄浦区委党史研究室　编

出　　版　学林出版社
　　　　　　(200001　上海福建中路 193 号)
发　　行　上海人民出版社发行中心
　　　　　　(200001　上海福建中路 193 号)
印　　刷　商务印书馆上海印刷有限公司
开　　本　720×1000　1/16
印　　张　20.5
字　　数　32 万
版　　次　2020 年 12 月第 1 版
印　　次　2020 年 12 月第 1 次印刷
ISBN 978 - 7 - 5486 - 1703 - 7/K・196
定　　价　98.00 元